广州律师业务研究丛书

Analysis of Typical Cases of Marriage and Inheritance in South China

华南地区婚姻继承典型案例评析

广州市律师协会 / 编

中国法制出版社
CHINA LEGAL PUBLISHING HOUSE

本书编委会

主 编

李小非

副 主 编

朱又又 马状立 李实忠 关 莹

成 员

郑 喜 林 萱 韩曼莉 孙艳丽

编 辑

邱佳成 卢舒婷 蒋题航 孙 羽

《广州律师业务研究丛书》编印说明

广州市律师协会（以下简称广州律协）创立于1988年，是依照《中华人民共和国律师法》成立的社会团体。广州律协依法实施自律管理，作为行业的自律性组织，规划发展战略，提供会员服务，促进行业发展。在广州改革开放和现代化建设的大潮中，广州律协坚持不断完善广州律师行业各项自律机制，做好内部建设，目前已形成专门工作委员会和专业（事务）委员会并驾齐驱，服务行业的局面。

广州律协一直致力于提升广州律师行业的专业化、品牌化、规模化发展。自1979年恢复律师制度以来，广州律师行业从无到有，形成了一支专业领域多元化、业务能力过硬、后备力量充沛的律师队伍。截至2020年5月，广州有近750家律师事务所，超过16000名执业律师，行业规模在全国省会城市中居首。律师业务领域越趋宽广，已逐步由刑事、民事领域的传统业务向知识产权、金融证券、电子商务、企业并购重组、高新科技、基础能源建设等新兴业务延伸。广州律师在维护社会公平正义、推进广州新型城市化发展等方面发挥着重要作用，业务能力和专业优势日益凸显。

党的十八大、十九大以来，随着全面深化改革、推进依法治国各项重大举措的实施，广州律师迎来了全新的机遇与挑战。在全面推进依法治国的时代背景下，政治、经济、社会、文化等各领域的改革发展都为律师创造了转型的契机。这也对广大律师发挥职能、履行使命提出了更高更艰巨的要求。站立在改革潮头的广州律师，迅速抓住发展机遇，广泛探索，深入钻研，将律师业务整体水平提升到更高的位置，做时代的弄潮儿。

《广州律师业务研究丛书》正是广州律协为提升广州律师理论及实务研究水平、促进多元化的交流、鼓励律师业务向更高层次发展而组织编著的。该丛书自2014年起组织撰写，旨在充分发挥广州律协各专业（事务）委员会的科研水平，总结广州律师业近年来在各领域的实务经验，展示业务成果和理论水平。

《广州律师业务研究丛书》作为为广州律师业提供专业、深度的案例分析和理论参考的书籍，具有以下特点：

其一，编审专业权威。丛书由广州律协有关领导组成的总编辑委员会审定选题，由资深律师、知名专家撰写研究性案例或论文，由相关专业（事务）委员会甄选及编辑，强调专业性，保持高水准。

其二，内容丰富多样。丛书内容覆盖面广，针对性强，有的是涉及新类型案件的，有的是分析疑难问题的，有的是源于现行法律尚未明确规定的或者在实践中存在分歧的。

其三，评析客观全面。丛书坚持以事实和法理为依据，对选取的案例进行客观全面的剖析和点评，务求使读者在全面了解案情、厘清法律应用逻辑之基础上，亦可作出自己的深入思考和客观判断。

其四，经验可供借鉴。基于广州律师业务拓展较快、专业化服务领域对实务水平要求较高的形势，丛书注重总结成功的业务经验，在实用性内容上加以延伸，为法律实务工作者提供业务策略和操作技巧上的参考。

《广州律师业务研究丛书》汇集了广州律师的业务成果，总结了广州律师的执业经验，反映了广州律师的理论水平、实务能力和职业风采。这是广州律协业务研究工作的最新尝试，必将推动律师业务总结和经验交流，推进法制进步和社会文明。

广州市律师协会

2020 年 7 月 30 日

目　　录

第一篇　离婚纠纷

第一章　感情破裂认定纠纷

第二章　家暴纠纷

第三章　离婚损害赔偿纠纷

第二篇 抚养纠纷

第一章 婚生子女抚养纠纷

第二章 非婚生子女抚养纠纷

第三章 探望权纠纷

第三篇　夫妻共同财产纠纷

第一章　夫妻共同财产认定与分割

第二章　夫妻财产约定

第三章　夫妻共同债务认定

第四章　扶养纠纷

第五章　同居关系析产纠纷

第四篇　继承纠纷

第一章　法定继承

第二章 遗嘱继承

第五篇 离婚调解

第六篇 新型家事纠纷

附录：

第一篇

离婚纠纷

第一章

感情破裂认定纠纷

闪婚容易、闪离难

郑 喜*

一、案情介绍

李某（男）与范某（女）均为90后，于2014年经人介绍相识，两人一见钟情，随后迅速坠入爱河并购置婚房，相识不到三个月便登记结婚。婚后不久，两人因李某与前女友的感情纠葛及房屋权属等问题矛盾不断，随即开始分居。鉴于此，范某坚持要求离婚，并多次与李某协商离婚事宜，李某则坚持必须满足自己提出的条件才同意离婚，范某愤而诉至某区法院要求离婚，并请求法院对两人购买的房屋等共同财产进行分割。

二、裁判摘要

一审法院基于李某与范某婚前有一定的感情基础，双方婚后无明显矛盾以及李某坚持不同意离婚并愿意主动修复双方关系的态度，最终判决不准予两人离婚。

三、裁判理由

法院裁判认为，和睦的婚姻以夫妻感情为基础，需要夫妻双方共同经营与呵护。李某与范某经他人介绍相识后相恋，最终自愿登记结婚，共同生活了较长一段时间，双方婚后理应建立了一定的夫妻感情。现双方之间因男方与前女友感情纠葛及房产权属问题发生矛盾，以致在夫妻间产生隔阂，在一定程度上影响了夫妻感情，经本院调解，被告承诺忠实于妻子，加强沟通以求增进夫妻感情。鉴于双方夫

* 郑喜，广东正大联合律师事务所律师。

妻感情未完全破裂，从维护家庭和谐角度出发，本院暂不准予双方离婚，希望双方能自我反省、改正己过、重归于好，李某理应恪守承诺、忠于家庭，更加关爱妻子以增进夫妻感情，维系和谐家庭。

四、案件评析

离婚自由，是指夫妻有依法解除婚姻关系的自由。但是，凡是自由都是有限度的，离婚是一项重要的法律行为，它关系到家庭的稳定、子女的幸福，所以不能滥用离婚自由。鉴于此，我国的法律、法规、司法解释等对离婚都作出了相对明确且具体的规定。

（一）离婚的方式

男女双方可以以协议离婚的方式在婚姻登记机关办理离婚手续，也可以通过诉讼方式由法院判决离婚，但诉讼离婚的方式相对比较复杂，必须遵循法定程序并符合法定的情形，否则法院很可能判决不准予离婚。诉讼离婚的特点主要体现在程序上的调解前置、时间限制、感情破裂的认定标准以及对特殊情形下的婚姻保护这几个方面。

1. 调解前置

《中华人民共和国婚姻法》[①] 第 32 条第 1 款和第 2 款规定："男女一方要求离婚的，可由有关部门进行调解或直接向人民法院提出离婚诉讼。人民法院审理离婚案件，应当进行调解；如感情确已破裂，调解无效，应准予离婚。"

《广东法院审理离婚案件程序指引》第 3 条第 1 款规定："离婚纠纷在登记立案前或者案件审理中未经调解的，人民法院不得进行裁判，但当事人坚持不愿调解，或者一方下落不明的除外。"人民法院审理离婚案件，应当积极消除当事人之间的对抗，优先使用调解方式解决纠纷。

由此可见，在离婚纠纷中，调解是前置程序，也是必经程序，即凡是离婚诉讼，必须先进行调解，只有调解不成才可能进入法院审理阶段，此举也是为了化解矛盾，运用柔和的方式解决婚姻纠纷。

2. 时间限制

《中华人民共和国民事诉讼法》第 124 条第 7 项规定："判决不准离婚和调解和

---

① 本书中的案例均根据现行有效的规定进行分析，《中华人民共和国民法典》将于 2021 年 1 月 1 日起施行，《中华人民共和国婚姻法》《中华人民共和国继承法》同时废止，相关条文对照可参见附录部分民法典婚姻家庭编、继承编与相关规定对照表。

好的离婚案件，判决、调解维持收养关系的案件，没有新情况、新理由，原告在六个月内又起诉的，不予受理。”也就是说，对离婚案件，法院经审理判决不准予离婚的，如果当事人在六个月内没有新的情况和理由再次起诉离婚，法院是不予受理的。此举同样也是为了让双方有充分的时间去化解分歧，好好生活。

3. 感情破裂的认定标准

人民法院审理离婚案件判决准予离婚的前提是双方感情确已破裂，《中华人民共和国婚姻法》第 32 条第 3 款和第 4 款规定：“有下列情形之一，调解无效的，应准予离婚：（一）重婚或有配偶者与他人同居的；（二）实施家庭暴力或虐待、遗弃家庭成员的；（三）有赌博、吸毒等恶习屡教不改的；（四）因感情不和分居满二年的；（五）其他导致夫妻感情破裂的情形。一方被宣告失踪，另一方提出离婚诉讼的，应准予离婚。”在本案中，虽然李某和范某之间有隔阂和矛盾，但是并不符合上述的法定情形，也不存在其他导致夫妻感情破裂的情形，因此，法院当然不会准予两人离婚。尤其需要指出的是，如果在庭审过程中另一方明确表明自己对配偶的重视，愿意改过自新，法院基本都会给予双方一次机会，而判决不准予离婚。由此可见，如果想一次达成诉讼离婚的目的，就必须符合上述法定的情形，换言之，就是必须提供充分的证据来证明双方的感情确实已经破裂。

4. 特殊情形下的婚姻保护

（1）保护军婚

国家法律对军婚有特殊保护的规定，具体是指中华人民共和国有关法律对现役军人的婚姻家庭，采取与其他人有区别的专门的保护措施。

由于现役军人的特殊工作性质、工作特点和肩负的特殊工作任务，对其婚姻家庭采取特殊的保护措施完全有必要，这种特殊保护主要有两个方面：

一方面，我国婚姻法对现役军人配偶要求离婚的问题，作了不同于普通离婚案件的特别规定，即“现役军人的配偶要求离婚，须得军人同意，但军人一方有重大过错的除外”。“军人一方有重大过错”，可以依据《中华人民共和国婚姻法》第 32 条第 3 款规定的：“（一）重婚或有配偶者与他人同居的；（二）实施家庭暴力或虐待、遗弃家庭成员的；（三）有赌博、吸毒等恶习屡教不改的”，以及军人有其他重大过错导致夫妻感情破裂的情形予以判断。

另一方面，《中华人民共和国刑法》在“妨碍婚姻、家庭罪”一章中，专门规定了破坏军婚罪，并且在量刑幅度上比相近的犯罪更重。如明知他人有配偶而与之结婚的，构成重婚罪，处两年以下有期徒刑或者拘役；明知是现役军人的配偶而与之同居或者结婚的，处三年以下有期徒刑或者拘役。这是从刑法角度来保护军婚。

（2）不得提出离婚的特别情形

《中华人民共和国婚姻法》第 34 条规定：“女方在怀孕期间、分娩后一年内或中止妊娠后六个月内，男方不得提出离婚。女方提出离婚的，或人民法院认为确有必要受理男方离婚请求的，不在此限。”此规定是针对女性在特殊时期给予的关爱保护，主要从保护妇女儿童合法权益的角度出发，不仅有利于减轻女方的精神、经济负担，也有利于胎儿和婴儿的成长、照料。作为丈夫，在妻子有上述情形时提出离婚，不仅侵犯了妇女儿童的身心健康的人身权，也与建设社会主义道德新风范相悖。这并不是剥夺男方的离婚自由权，只是在保护妇女儿童的合法权益的前提下，推迟了男方提起离婚诉讼的时间，在前述的三种情形消失后，男方仍可按婚姻法的有关规定提起离婚诉讼。

（二）律师提示

1. 为什么法律层面对诉讼离婚设置重重障碍，让诉讼离婚并没有那么容易呢？这无非是想告诉大家，婚姻不是儿戏，与其在合不来时考虑离婚，还不如在登记结婚时更为谨慎，树立正确的婚姻价值观，不因他人的干涉而勉强结婚，不因一时冲动而离婚，否则离婚的代价将会是巨大的，且耗时又耗力。

2. 我国实行婚姻自由、一夫一妻、男女平等的婚姻制度。登记结婚后要懂得珍惜家庭，夫妻之间应当互相忠诚，互相尊重。本案正是因为李某在登记结婚后与前女友产生感情纠葛才导致夫妻两人产生隔阂，从而导致范某诉请离婚。因此，登记结婚之后，夫妻双方都要注重自己的言行举止，对自己的配偶要忠诚、尊重，以免引发不必要的误会和矛盾。

3. 如果在登记结婚后，不幸遇到了《中华人民共和国婚姻法》第 32 条所规定的情形，那么作为善意的一方一定要懂得保护自己，要有风险防范意识和证据保留意识，不能盲目地因一时冲动而诉请离婚，提出离婚的一方如果想要顺利解除自己的婚姻关系，就要做好一定的准备。

首先，要注意收集证明夫妻感情确已破裂的证据，比如双方已经分居，一方在外租房居住的，就要提供租房协议；若双方同室分居的，就要尽可能提供书面的分居协议等予以证明。其次，要保留双方就离婚事宜协商的证据。有些离婚案件，一方当事人可能在庭上坚决不同意离婚，但是私下又与提出离婚一方沟通协商离婚事宜，这时应当将相关协商过程和证据予以保留并及时提供给法庭。最后，对于夫妻共同财产，平常要做个有心人，对家庭收入及财产做到心中有数，即使不能知道确切数额，也要知道财产线索，如存折的账号、股票账号、公司股权数额等，这样才能在婚姻危机发生时向法院提出调查取证申请，要求对夫妻共同财产进行公平分割。

涉外离婚案件中夫妻感情破裂的认定标准及司法实践

张少星*

一、案情介绍

2012 年方某通过亲友介绍在网络上认识了朱某，后两人开始恋爱，并于 2013 年 3 月登记结婚。登记结婚前，因朱某在德国留学，双方并未有过实际相处的机会，更是从未谋面，交流仅限于网络沟通，并且由于双方所处的生活环境、文化氛围、习俗兴趣完全不同，即使有网络聊天也不能进行深入的交流，因此，双方婚前感情基础非常薄弱。朱某回国登记结婚后仅与方某短暂相处了 3 个星期，之后朱某再次回到德国留学并至今未归国。

由于朱某婚后完全没有回国意愿，也从不关心方某的生活状况，更没有与方某生儿育女的意愿，方某无法再忍受这样的婚姻，遂欲与朱某离婚。方某曾经多次联系朱某，沟通离婚事宜，一开始朱某同意协议离婚，并认可双方没有共同财产需要分割，但是由于朱某身在国外，而协议离婚需要朱某回国办理离婚登记手续，于是朱某对离婚的态度发生 180 度的转变。多次沟通无效后，2015 年方某向广州市某区人民法院起诉，称其与朱某从未建立起深厚的感情，朱某婚后没有承担过任何家庭义务，双方分居已达两年多，矛盾已无法调和，夫妻感情早已破裂，且双方没有子女及共同财产、共同债权债务，请求解除与朱某的婚姻关系。

二、裁判摘要

广州市某区人民法院依照《中华人民共和国婚姻法》第 32 条第 2 款之规定，

* 张少星，广东金桥百信律师事务所律师。

判决准予原告方某与被告朱某离婚。

三、裁判理由

法院认为，婚姻以感情为基础，是否判决准予当事人离婚，应主要考察当事人之间的夫妻感情是否破裂。现原告坚持离婚，被告不配合签收诉讼材料，经法院多次通知参与庭审而拒不到庭，且没有提出任何抗辩意见，对离婚问题持放任态度，根据现有证据材料以及本院查明的事实可以认定双方感情破裂，无和好可能，故准予原、被告双方离婚。

四、案件评析

（一）本案的争议焦点

本案的争议焦点为：方某与朱某的夫妻感情是否确已破裂。《中华人民共和国婚姻法》第32条第2款和第3款第4项规定："人民法院审理离婚案件，应当进行调解；如感情确已破裂，调解无效，应准予离婚。有下列情形之一，调解无效的，应准予离婚：……（四）因感情不和分居满二年的……"法律规定夫妻二人由于感情不和的原因分开居住且分开居住的时间满二年，在"分居满二年"前面专门强调了一个限定条件，即"因感情不和"。本案中朱某与方某未能一起共同生活的原因是朱某为了追求学业，并非因为出现感情问题才与方某分开居住，因此，方某与朱某的夫妻感情是否真的破裂，成为法院的审理重点。

（二）法庭审理过程

本案中，由于被告朱某在国外，原告方某在起诉时向法院提供了朱某的联系方式等信息，法院多次电话联系朱某要求其提供国外的联系地址以便接收诉讼材料并参加法庭审理，朱某虽多次接听法院的电话却不配合法院的工作，法院在穷尽法律规定的送达方式后，采用了公告送达的方式向其送达传票。

虽然一开始原告方某和被告朱某分居不是出于感情问题，但是由于长时间的分居，缺少交流，双方不再履行夫妻之间互负的义务并且各自建立了新的生活方式，分居已经成为双方感情破裂的一种表现形式。鉴于被告朱某不肯明确表示同意解除与方某的婚姻关系，该案从立案到公告送达传票再到开庭已经耗时极长，为了防止被告有意拖延离婚诉讼，原告方某在律师的指导下收集证据，向法庭提交了社交软件的聊天记录、出入境记录等证据，用于证明双方虽然名义上是夫妻但是长期没有夫妻生活，被告朱某不肯毕业回国回归家庭。此外，方某还向法庭提交了证据证明与朱某曾同意协议离婚，但其后来得知离婚手续烦琐后反悔，不肯回国配合办理离婚手续。

庭审中，原告表示没有与被告朱某生育或收养子女，没有夫妻共同财产、共同债权债务需要法院处理，居住问题由原告自行解决，且自愿承担案件全部受理费。

为了查清原被告之间的婚姻感情状况，法官当庭致电被告朱某，询问是否为朱某本人，朱某回答是本人，后法官阐明开庭原告提出的证据情况并征询朱某是否同意离婚时，朱某未发表意见直接挂了电话，法官对于朱某这种逃避问题、放任的态度予以谴责。通过原告举证，结合被告朱某无正当理由拒不出庭，明知离婚诉讼却没有提出抗辩意见，法院据此可确认原、被告夫妻感情确已破裂，应准予离婚。

（三）律师提示

目前我国法院判决夫妻双方离婚的唯一法定标准是感情破裂，法律对感情破裂的情形采用了列举的方式。现实社会离婚率不断升高，其中双方分居成了一个司空见惯的原因，很多离婚诉讼中原告都是根据《中华人民共和国婚姻法》第 32 条第 3 款第 4 项的规定，以“因感情不和分居满二年”为由向法院起诉离婚，分居可能成为离婚的导火索，但不会必然导致离婚。

对于分居的原因有两种观点：一种观点认为，夫妻双方一开始分居必须是因为感情不和，如果非因感情不和而分居，不能认定为夫妻感情破裂没有再重归于好的可能，更不能因此解除婚姻关系。另一种观点则认为，无论因什么原因分居，夫妻双方分居之后感情变淡，因家庭琐事等原因产生矛盾，最终导致感情破裂，不能继续维持婚姻关系的，从分居之日到起诉时满两年就能解除婚姻关系。

具体到本案，法院采纳了后一种观点。被告出国留学，原被告双方在客观上停止共同居住，并且被告的态度表明其在主观上拒绝与原告共同生活。被告长期在国外生活，夫妻双方没有任何财产往来、没有性生活，即使原被告双方非因感情不和而分居或者分居之初感情尚好，但是分居之后夫妻双方感情逐渐淡化，经过沟通不能调和矛盾并且双方分居已满两年，法院可以认定夫妻感情破裂，因此该案中法院判决准予离婚具有充分的事实和法律依据。除本案以外，笔者也曾代理美国、委内瑞拉等国家和地区的涉外缺席审判案件，均取得了一次判离的良好结果。在该类案件中，经办法官往往因当事人不到庭而担心无法查明双方感情是否确已破裂，因而难以决断是否准予离婚，但是如果能够通过视频、实时通信、书面表达、证人证言、公证认证等方式补强法官内心确信，那么法官判决双方离婚的可能性将大大提高。

随着经济社会的发展，人们追求幸福的欲望越来越强烈，对婚姻观念的看法有所改变，离婚甚至已经是许多人从不幸婚姻中迈出的寻找幸福的第一步。我国婚姻法中规定“因感情不和分居满二年”可以认定为夫妻感情破裂，但是法律为保护夫妻之间的婚姻关系，规定了一个调解前置程序，尽可能挽回一段婚姻，促进家庭和谐稳定。感情作为一种精神层面的东西，伴随着双方的生活、情绪变化而不断变化，中立的第三人很难判断双方当事人间微妙的情感状态。在第一次离婚诉讼中，如果被告不到庭，原告往往很难争取到判决离婚的结果，而根据《中华人民共和国民事诉讼法》第 124 条第 7 项之规定：“判决不准离婚和调解和好的离婚案件，判决、调解维持收养关系的案件，没有新情况、新理由，原告在六个月内又起诉的，不予受理。”原告第一次起诉离婚法院判决不准予离婚，没有新情况、新理由，要在第一次离婚判决生效六个月后才能再次提起离婚之诉，大大增加了原告方的离婚成本。因此，如果夫妻一方想离婚并想减少离婚的成本，应当咨询专业的律师，通过律师的专业分析、代为起草文书、指导收集证据等工作，保障自己的合法权益，实现其离婚的目的。

感情破裂是离婚的依据

马状立*

一、案情介绍

原告刘某与被告卢某于2016年6月经人介绍认识，双方对彼此都有好感，遂确立恋爱关系并于2017年2月登记结婚，于2017年8月生育儿子卢某某。但在儿子出生后，双方不断发生争吵。原告认为在被告眼里原告只是生育工具，被告自恃学历较高，对原告根本不尊重，彼此之间无法正常沟通和交流。原告在这个家里无论如何勤勤恳恳，任劳任怨，均不能得到被告的认可。原告认为在一个没有感情的家庭中，是悲哀的，不想再继续这种生活，因此，原告选择解除婚姻关系，故起诉至广州市某区人民法院，请求判决：1. 原被告离婚；2. 儿子卢某某由原告抚养，被告每月支付抚养费3000元。

庭审过程中，被告辩称：不同意离婚，原被告相识后即住在一起，一直以来都是被告在操持着整个家，被告不但照顾原告的饮食起居，工作之余陪原告到处旅游，还承担大部分的家务和照顾儿子的责任。儿子出生后由于家务比较繁忙，压力倍增，既要照顾儿子起居饮食，又要为原告准备各种炖品补身体，实在精力有限，因而对原告有所疏忽。由于对原告的一些行为不理解而感到气愤，才一时冲动讲了些过分的话，这些话并非出自本意。被告保证以后会非常注意自己的言行举止。被告48岁才结婚生子，实属不易，对家庭备感珍惜，更不愿看到儿子因父母离婚而受到影响和伤害。原告却为了一时之气抱着儿子离家出走至今，拒绝联系并诉请法院要求离婚。希望法院多加协调，使完整的家庭不致分崩离析，避免可爱的孩子遭受不好的影响。

---

* 马状立，广东为峰（白云）律师事务所律师。

二、裁判摘要

经法院审理查明，原被告于2016年6月经人介绍相识，于2017年2月登记结婚并于2017年8月生育儿子卢某某。婚后双方因家庭琐事等问题发生争吵，但根据庭审情况及结合现有的证据资料来看，原被告双方夫妻感情尚未完全破裂。原告的诉讼请求不符合《中华人民共和国婚姻法》第32条的规定，故判决如下：一、不准许原告刘某与被告卢某离婚；二、驳回原告刘某其余的诉讼请求。

三、裁判理由

法院认为，夫妻感情是否破裂是判决离婚的法定条件。根据我国2008年《最高人民法院关于民事诉讼证据的若干规定》（现已被修改）第2条规定："当事人对自己提出的诉讼请求所依据的事实或者反驳对方诉讼请求所依据的事实有责任提供证据加以证明。没有证据或者证据不足以证明当事人的事实主张的，由负有举证责任的当事人承担不利后果。"原告主张与被告的夫妻感情已完全破裂而要求解除婚姻关系，但其就此提交的证据中无法证实上述事实，双方情况不符合《中华人民共和国婚姻法》第32条的规定，根据双方陈述及证据显示，原被告是因家庭琐事等问题发生争吵，被告不注意自己的言辞伤害了原告的自尊，事后亦未进行有效的沟通以化解争议。综观原被告之间的矛盾并不属于不可调和的矛盾，被告亦当庭表示不同意离婚且愿意改正自己的错误。因此，在家庭生活中，当婚姻出现危机时，夫妻双方均应努力挽救，均应给予对方一次机会缓和夫妻之间的矛盾，原告应珍惜夫妻感情。夫妻关系需要双方共同经营、维系、努力，只要双方从有利于家庭稳定的角度出发，日后遇事多沟通商量，互谅互让，互相尊重信任，夫妻关系是可以改善的，双方均应给予彼此一次机会修复夫妻关系。

四、案件评析

本案的争议焦点在于双方感情是否破裂以及孩子的抚养权归属问题。根据《中华人民共和国婚姻法》第32条规定："男女一方要求离婚的，可由有关部门进行调解或直接向人民法院提出离婚诉讼。人民法院审理离婚案件，应当进行调解；如感情确已破裂，调解无效，应准予离婚。有下列情形之一，调解无效的，应准予离婚：（一）重婚或有配偶者与他人同居的；（二）实施家庭暴力或虐待、遗弃家庭成员的；（三）有赌博、吸毒等恶习屡教不改的；（四）因感情不和分居满二年的；（五）其他导致夫妻感情破裂的情形……”

笔者认为本案中法院的判决有待商榷。首先，在一个离婚案件中是否应当判决离婚，只有一个标准，那便是夫妻感情是否确已破裂。其次，庭审过程中，尽管另一方坚持不同意离婚，这个不同意离婚的意思表示也不能作为判决不准予离婚的决定性因素。我国是成文法国家，只要符合法定情形就应当判决离婚，不符合就应当判决不准离婚。然而在司法实践中，有人往往将对方是否同意离婚以及第几次起诉离婚作为判断夫妻双方感情是否破裂的重要考量因素，而忽略双方感情破裂的其他直接证据。

从婚姻法理论层面上看，感情是否破裂，应当从婚前感情基础如何、婚后感情培养情况以及提起离婚的事发原因三方面进行分析，进而作出判断。在本案中，原被告的结合用社会上现在通俗的说法是“奉子成婚”。双方不仅年龄差距很大，而且都过了适合婚育的年龄，男方结婚时已经 40 多岁，女方也已经 30 出头，且原被告均为初婚，双方虽然年龄不小但实际上都没有什么家庭观念，亦未经历过婚姻状态。站在男方的角度而言，男方认为岁数大了，结婚就是为了传宗接代；站在女方的角度而言，女方认为对方经济条件好，自己成家之后可以不用那么辛苦。其实，这些观点是与现代的婚育观念相悖的，也是非常危险的，直接为日后的婚姻关系埋下隐患。现在的婚育观念是在有一定的感情基础上缔结婚姻、组建家庭。但在本案中，男女双方结婚的初衷并不是巩固两人之间的感情，而是各有“算盘”，女方在生育儿子后，原以为男方会对自己重视有加，没想到男方将所有的重心都放在了儿子身上，甚至对女方冷言冷语，毫不在意。男方的所作所为让女方在这个家庭中得不到关爱与温暖，让她觉得自己只是一个完成了使命的生育工具。这样的生活怎么会幸福呢？本案只是无数个家庭的缩影，夫妻之间产生矛盾的根源很可能就在于双方三观的不同，如果男方能认识到女方对于家庭的重要性，尊重并呵护妻子，让她感受到爱和温暖，而女方能够认识到自己有工作和收入的重要性，相信他们的相处将是另一番模样。

法律人不是破坏别人家庭的刽子手，而是帮助当事人解除痛苦的贵人。在冰冷的法律条文面前，我们更应该结合日常生活经验，从公序良俗的角度去理解和看待一段婚姻。

自古清官难断家务事，家庭幸福与否，如人饮水冷暖自知。现在的离婚诉讼周期很长，如果再加上审限之外的法定事由会更长，如立案前的调解程序，如冷静期，如管辖权异议审理，如调查取证期限，一审不服还会有二审程序，第一次判决不准离婚后，半年的期限内不能再行起诉等。因此，如果诉讼离婚将会相当耗时、耗力。

那么，立法者的原旨是什么呢？虽然我国婚姻法中的规定大多是从西方移植而来，但是毕竟我们是中华文化的血统，骨子里提倡以和为贵。这么多的法律规定均是为了给彼此机会，能够改善夫妻感情，挽救一个出现感情危机的家庭。这些规定在某种程度上确实能起到一定的作用。但是，不管怎样，在笔者眼里，在离婚案件中，应该实事求是、客观分析，以我国婚姻法及相关司法解释为基础，结合案件的具体情况进行综合审理，方能作出更为人性化的判决。有的当事人想离婚，痛不欲生，领个结婚证三分钟，拿份离婚判决书三年也不一定会实现。因此，认定夫妻感情是否确已破裂尤为重要，只有感情破裂才是判决准予离婚的唯一法定依据。

无行为能力人离婚相关问题探析

马状立*

一、案情介绍

原告刘某瑜是一级精神残疾人，被告赵某伟是二级精神残疾人，双方相识于工疗站，刘某瑜在其母亲的同意下与赵某伟的家人达成缔结婚姻的共识。双方在法定监护人的陪同下，于2016年8月在广州市某区民政局婚姻登记处登记结婚，婚后双方未生育子女，也没有收养子女。结婚后，两人只在一起短暂地共同生活了几天，随后原告刘某瑜便回娘家居住，双方分居至今。两人均没有生活自理能力，都需要家人与监护人的照料。刘某瑜在母亲去世后，便随妹妹刘某珊一起生活。赵某伟随哥哥嫂子一起生活。由于原告刘某瑜的低保证在赵某伟手里，所以，在领取了刘某瑜的低保金后，赵某伟便会叫刘某瑜出来喝茶。清明节的时候，刘某瑜也会陪赵某伟去祭祖。但这毕竟不是正常的夫妻关系，也不是正常的家庭关系。刘某瑜每天晚上自己写东西，要求离婚。其妹妹刘某珊无奈之下只能代其向广州市某区人民法院提起离婚诉讼。赵某伟的哥哥代理赵某伟参加诉讼。2018年3月，针对刘某瑜的第一次离婚诉求，广州市某区人民法院判决不准予双方离婚。判决后，原被告均没有上诉。判决生效后过了六个月，妹妹刘某珊作为法定代理人再次代表刘某瑜向广州市某区人民法院提起与赵某伟的离婚诉讼。

二、裁判摘要

庭审期间，原被告均表示没有夫妻共同财产及共同债权债务需要处理。法院认为，根据《中华人民共和国婚姻法》第32条规定："男女一方要求离婚的，可由有

* 马状立，广东为峰（白云）律师事务所律师。

关部门进行调解或直接向人民法院提出离婚诉讼。人民法院审理离婚案件，应当进行调解；如感情确已破裂，调解无效，应准予离婚。有下列情形之一，调解无效的，应准予离婚：（一）重婚或有配偶者与他人同居的；（二）实施家庭暴力或虐待、遗弃家庭成员的；（三）有赌博、吸毒等恶习屡教不改的；（四）因感情不和分居满二年的；（五）其他导致夫妻感情破裂的情形……”原被告婚后仅共同生活几天时间即分居至今，未建立深厚的夫妻感情，另原告曾以夫妻感情破裂为由向本院提起离婚诉讼要求与被告离婚，本院于 2018 年 3 月判决不准许双方离婚后，双方关系并未缓和，而原告再次提起离婚诉讼，可见其离意坚决，本院予以准许。双方表示没有共同财产、债权债务需要处理，应予准许。

法院认为，婚姻以感情为基础，现双方感情破裂，无和好可能，且一方坚持离婚，人民法院应予准许，双方没有财产需要分割处理。

三、案件评析

（一）刘某瑜系一级精神残疾，是否可以作为原告提起离婚诉讼？

无民事行为能力人往往在家庭关系中处于弱势的地位。在传统的家庭观念中，无民事行为能力人不被抛弃就不错了。若其离婚后生活无着落，将落入更加悲惨的境地。所以我国法律上一般不支持无民事行为能力人作为原告，提起离婚诉讼。

随着社会的发展，有的无民事行为能力人的原生家庭慢慢变得富裕了，或者因受赠、继承，甚至遭受到人身损害获得赔偿等，无民事行为能力人便有了属于自己的个人财产。在这种情况下，如果配偶不能很好地照顾无民事行为能力人，而是挥霍无民事行为能力人的个人财产，此时若一味地不允许无民事行为能力人提出离婚，则无法保护其合法权益。于是，在新的社会形势下，最高人民法院出台了《最高人民法院关于适用〈中华人民共和国婚姻法〉若干问题的解释（三)》。其中第 8 条突破了无民事行为能力人不能作为原告提起离婚诉讼的原有规定：“无民事行为能力人的配偶有虐待、遗弃等严重损害无民事行为能力一方的人身权利或者财产权益行为，其他有监护资格的人可以依照特别程序要求变更监护关系；变更后的监护人代理无民事行为能力一方提起离婚诉讼的，人民法院应予受理。”在本案中，原告刘某瑜的母亲在其结婚后便去世了，配偶赵某伟自己也是无民事行为能力人。所以，刘某瑜的妹妹刘某珊便自然而然地成为刘某瑜的监护人。赵某伟虽然也是无民事行为能力人，但在我国法律上并没有禁止无民事行为能力人作为被告的特别规定。

综上所述，刘某珊作为刘某瑜的法定代理人代为其提起离婚诉讼，在当下的中国不存在法律上的障碍。

（二）无民事行为能力的被告不到庭，是否可以缺席判决离婚？

在第一次离婚诉讼中，原告及其代理人到庭表达了希望判决离婚的意愿。但是，被告方无人出庭应诉。在这种情况下，按照《中华人民共和国民事诉讼法》的规定，人民法院可以作出缺席判决。但本案的被告是无民事行为能力人，直接作出判决是否合适？合议庭在合议后，走访了被告的家庭及所在地居委会。被告本人向法官表示不同意离婚。居委会也希望判决不准离婚，理由是，虽然大家都知道原被告没有一起共同生活，并且双方都是无民事行为能力人，俗称疯子，但被告毕竟是二级精神残疾，比原告的一级精神残疾要好很多，如果人民法院依照法律直接判决离婚，被告在此刺激下会不会更严重，更疯癫？为了社区的稳定，所以，居委会恳请人民法院能够判决不准离婚，让被告有个接受的过程，也算是尽最大努力为社区维稳做贡献。

（三）在本案中，是否应该坚持夫妻感情确已破裂作为判决离婚的唯一标准？

众所周知，在我国一个离婚案件是否应当判决离婚，只有一个标准，那就是夫妻感情是否确已破裂，并且我国的法律及司法解释进行了列举式规定，来表达立法原旨。如《中华人民共和国婚姻法》第32条第3款的五项列举，《最高人民法院关于适用〈中华人民共和国婚姻法〉若干问题的解释（三）》第9条的列举，最高人民法院印发《最高人民法院关于人民法院审理离婚案件如何认定夫妻感情确已破裂的若干具体意见》的列举。本案中，原被告在非正常的情况下相识，在双方监护人的合意下缔结婚姻。这种情况下，原被告双方是否有婚前的感情基础？婚后两人仅一起生活了几天便分居，这种情况下能否培养出夫妻感情？分居数年后，除了喝茶、吃饭，参加一些祭祀活动，可否直接认定夫妻感情确已破裂？

假如，原被告双方都是完全民事行为能力人，这个案件毫无悬念地应当判决离婚，认定原被告夫妻感情确已破裂，没有任何错误。

但作为中国的法律人，我们的认知和思维不应该局限于法律的规定，要有大局观念。虽然，判决不准离婚，会使得原告的离婚自由权一时受限，但是根据利益划分的比例原则，原告离婚后再婚的概率不大，也就是为了了结一件心事。被告有个缓冲过程，也可以慢慢地接受离婚的现实。在社区的帮助下，减少一个不稳定因素的发生。在运用法官自由裁量权的情况下，第一次离婚诉讼判决不准离婚，不得不说，审判者确实是充分考虑了各种因素。

在我国，结婚自愿，离婚自由。无论何种情况下都不能把两个没有感情的人捆绑在一起。婚姻不是卖身契！过了法律对婚姻案件特殊规定期限，也就是判决不准离婚的案件，原告六个月内不准再行起诉。六个月后，原告刘某瑜又一次来到了人民法院，这一次庭审，虽然被告赵某伟仍然没有到庭，但是在居委会的劝说下，被告赵某伟的哥哥嫂子作为赵某伟的法定代理人出庭表达了意见。庭审中，合议庭认定了原被告双方结婚后确实只是在一起生活了几天，婚前没有感情基础，婚后这几年也就是偶尔一起吃顿饭、喝喝茶，即便如此也要有他人陪同。法庭上，被告仍然表示不同意离婚，原告本人发表的意见思维混乱，前言不搭后语，提交了好几张信纸的书面意见。主审法官看后说，你写的这些资料我收下了，有四个字我是看懂了——离婚报告。

至此，这场特殊的婚姻纠纷也就这样缓缓地落下了帷幕。

第二章

家暴纠纷

田某某诉陆某某离婚纠纷案

李小非[*]

一、案情介绍

原告田某某与被告陆某某相识半年后，不顾家里人的反对，在没有深入了解被告的情况下，与被告登记结婚。婚后，由于原告与被告亲属共同居住，家庭事务烦琐，双方逐渐产生矛盾。原告每天工作结束后，回家还要承担全部家务，被告却不闻不问，加之生活习惯差异大，因此二人之间矛盾进一步扩大。但是，令原告最为绝望的是被告接二连三的家暴行为。在原告怀孕八个月时，被告便对原告实施了家暴，但随后被告向原告道歉并保证以后不再动手，年轻的原告选择原谅被告。

好景不长，被告在之后仍继续实施家庭暴力，甚至在一次家暴中，被告把原告按在床上狠打，原告报警求助，经法医诊断构成轻伤，被告被依法行政拘留三天。原告因此向法院提起了离婚诉讼，但由于被告哀求原告，希望给他改过自新的机会，于是原告决定原谅被告，并向法院申请撤诉。但是，被告并未因此改变，反而变本加厉，再次对原告多次实施严重的家暴行为，在之后的家暴中，被告甚至当着孩子的面暴打原告，原告只能再次报警求助。经法医鉴定，原告损伤程度为轻微伤。原告决定再次起诉离婚，但被告不同意，又一次恳请原告的原谅，并在法庭上当众下跪道歉。法院经审查后，认为夫妻感情还有挽回的余地，于是判决驳回原告的诉讼请求。经历了十几年的家暴生活及两次诉讼离婚均无法摆脱被告这样的家暴行为，原告心灰意懒，但为了不让家人担心，只能选择默默忍受。

在2018年3月，被告当着孩子的面再次对原告实施了严重的家庭暴力，致原告轻微伤，原告不得已逃出家门并报警求助。这次，派出所出具了《反家庭暴力告诫书》。被告一次次的恶劣行为深深地伤害了原告，原告终于醒悟，无论被告如何

* 李小非，广东五美律师事务所律师。

承诺和道歉，终究是江山易改，本性难易。因此，无论被告在原告离开家后如何道歉或找亲友对其进行劝告，原告都坚决不回家，并且决定虽然已经时隔十年但还是要再次提起离婚诉讼。在原告提起离婚诉讼后，法院经调查发现，被告对其实施家暴致原告离开家的第二天，便开始大额地提取现金。

原告起诉后，被告的答辩意见仍然是认为两人的感情并没有完全破裂，被告不存在家暴情形，有时可能会因为家庭琐事而发生争吵，自己没有控制好情绪，原告受伤只是由于不小心的互相拉扯而导致的，被告自己也有受伤，只是没有像原告那样如此小题大做。被告现在仍然很爱原告，双方还有和好的可能，不存在不可调和的矛盾，所以恳请法庭和原告给予两人和好的机会。另外，被告否认自己在转移财产，反而认为是原告在起诉前已转移了其名下的所有财产，因此被告认为原告提出多分财产的分割方案没有事实和法律依据。

二、裁判摘要

广州市某区人民法院经依法审理之后，作出一审判决：一、准予原告和被告离婚；二、对原被告的共同财产按照原告 55%，被告 45% 的比例进行分配（具体财产分配情况略）；三、被告支付精神损害赔偿金 30000 元给原告；四、其他判项略。

三、裁判理由

法院在分割夫妻共同财产时，一般适用平均分配的原则，即夫妻双方各占 50% 的财产份额。如一方存在过错而导致夫妻感情破裂的，有些法院或会根据个案情况，结合过错程度，在分割夫妻共同财产时对无过错方进行照顾。

根据《中华人民共和国婚姻法》第 46 条的规定，实施家庭暴力导致离婚的，无过错方有权请求损害赔偿。但是在现实情况中，家暴行为往往难以被认定，更别提精神损害赔偿了，家暴受害者难以维权。但在 2016 年《中华人民共和国反家庭暴力法》实施以来，社会各界对家暴行为越来越重视，对家暴行为的认定标准也变得具体明确，施暴者亦更容易得到应有的惩罚。

四、案件评析

本案的第一个争议焦点是对家庭暴力行为和精神损害赔偿的认定。本案中，原告虽多次遭受家庭暴力以及两次提起离婚诉讼，但均没有成功解除与被告的婚姻关系，且在生活中亦未能离开被告。由此可以看出，原告以往关于家庭暴力的证据并不充分。更重要的是，在原告内心其实与很多家庭暴力的受害者一样，都对施暴者有所留恋。这是基于施暴者在施暴后一次又一次“诚恳”的道歉及承诺，这让受害者产生一种侥幸心理，认为这次家暴行为是偶然事件，施暴者已经示好，那就不妨再给一次机会吧。于是，由于受害者自己对离婚的态度不够坚定从而影响了庭审效果，最终面临于己不利的诉讼结果。本案虽是第三次起诉离婚，但距上一次提起离婚诉讼已逾十年之久，因此对被告家暴行为的认定尤其重要。虽然原告之前的两次受伤分别被鉴定为轻伤和轻微伤，但是对于这些伤害，被告都一概否认，并未觉得自己的行为是暴力违法行为，只是争执中的误伤。而且被告认为时间已经过了这么久，即使当时是有家暴行为，原告亦已经原谅了他，又在一起共同生活十年之久，可见这些行为并未给原告带来所谓的伤害，因此不断恳求法官及原告再次给予机会。

由此可见，家庭暴力行为的认定极其复杂，多数情况下都是双方各执一词，说法大相径庭，真实性有待商榷，因此法院对于家庭暴力行为和精神损害赔偿的认定是非常谨慎的。但由于律师在代理本案时做了充分的准备，最终法院认定被告构成家暴，并判决其支付精神损害赔偿金。首先，律师帮助原告收集到了遭受家暴后的照片、验伤报告、被告及其家人联系劝告原告时口头承认暴力行为的录音材料以及在律师指导下取得派出所出具的《反家庭暴力告诫书》等证据，使得最近一次的家暴行为能有充分的证据予以证实。此外，律师在庭审前与原告确认其对夫妻感情的意见，明确其坚决离婚的态度后，律师为原告进行了庭前辅导，让其勇于表达自己受害的过程以及由此带来的伤害，并且必须坚定离婚的决心。另外，律师在庭审中对被告进行了发问，尽管被告一再否认家暴行为，但对于律师提出的当庭播放录音证据以及以往家暴行为与证据之间的关联关系时，被告表现得支支吾吾，言语无法自恰，这些都被合议庭成员看在眼里，从而坚定了他们认定家暴的心证以及确定了被告不知悔改的恶劣态度。根据《中华人民共和国反家庭暴力法》第 2 条的规定，家庭暴力是指家庭成员之间以殴打、捆绑、残害、限制人身自由以及经常性谩骂、恐吓等方式实施的身体、精神等侵害行为。被告在婚姻存续期间多次以殴打的方式伤害原告，符合家庭暴力行为的构成要件。根据《中华人民共和国婚姻法》第 46 条的规定，有家暴情形导致离婚的无过错方有权请求损害赔偿。最终，法院采信了原告的主张，认定被告存在家暴行为，并认为原告请求精神损害赔偿的理由充分并予以支持。因此，法院结合被告的经济状况及当地生活水平等实际情况，酌定被告支付原告 30000 元的精神损害赔偿。

本案的难点是如何让法院对夫妻共同财产作出倾斜性分配的认定。本案中，被告有严重的家庭暴力行为，对夫妻感情破裂负有主要责任，是过错方。同时，律师通过证明原被告家里多年的积蓄主要是靠原告父母帮助和原告辛苦经营企业所得的（被告的工作性质导致其收入金额十分固定，不可能积累如此多的家庭财富），且被告在原告搬离后大额提取资金，存在转移、隐匿夫妻共同财产的嫌疑。在法庭调查到被告与原告感情矛盾爆发后有大额提现的行为时，被告为了掩饰自己转移、隐匿财产的行为，自认家里拥有现金 100 多万元可以作为夫妻共同财产分割，法庭最终没有认定被告的行为属于转移、隐匿夫妻共同财产。但法庭根据《中华人民共和国婚姻法》第 39 条第 1 款“离婚时，夫妻的共同财产由双方协议处理；协议不成时，由人民法院根据财产的具体情况，照顾子女和女方权益的原则判决”的规定，从照顾女方权益的原则出发，判决对双方共同财产按照原告 55%，被告 45% 的比例进行分配，凸显了对无过错方的保护。这种对夫妻共同财产进行倾斜性分配的案例并不常见。原告对于这个结果表示满意。

家庭暴力是严重影响家庭和谐关系的恶劣行为。冰冻三尺非一日之寒，因家暴而提出离婚的当事人多是因为无法忍受加害者的暴力行为而站出来反抗。但反抗需要讲求方式方法，受害者要妥善保管家暴证据，在自己无法反抗的情况下，及时寻找家人、邻居或者警方的帮助，不要一味地委曲求全，纵容加害者不断伤害自己。在与对方不能协商一致的情况下，一定要找专业律师来解决问题，善于利用公权力保护自己，用法律武器维护自己的合法权益，而不是同样使用暴力去反击，这样只会加重双方的矛盾，成为彼此心中的痛。在家庭中，对于家庭暴力一定要做到零容忍，一味地放纵只会带来更深的伤痛。

随着社会的不断进步，针对这些侵害行为，我国已经出台了《中华人民共和国反家庭暴力法》等一系列法律法规及相关制度，使受害者有了站出来保护自己和家人的勇气，也切切实实地保障和维护了受害者的利益。

抚养权、抚养费与家暴之判定准则

郑 喜*

一、案情介绍

男方陈某与女方林某于2014年年初经人介绍认识，经家人催促，双方于2014年年底登记结婚。2015年年底，林某生下女儿陈某甲，林某称怀孕期间至女儿陈某甲出生，陈某一直对其和女儿置之不理。后林某无意中发现陈某与他人有暧昧关系，进而引发双方矛盾，陈某殴打了林某，林某被殴打后及时报警并去医院检查治疗，而陈某对此却毫无悔改之意。鉴于双方夫妻感情完全破裂，再无和好可能，因此林某于2017年5月起诉至某市某区人民法院，提出如下诉请：1. 请求判令双方离婚；2. 女儿陈某甲由林某抚养，陈某每月支付抚养费4000元；3. 陈某向林某支付精神损害赔偿30000元；4. 陈某承担本案的全部诉讼费用。

二、裁判摘要

某区法院对本案开庭审理后作出如下判决：一、准许林某与陈某离婚；二、离婚后，女儿陈某甲由林某携带抚养；陈某自本判决发生法律效力之日起每月支付抚养费1800元至陈某甲18周岁止；三、陈某享有每周探视女儿陈某甲一次的权利，具体探视时间为周六8：00—20：00，或周日8：00—20：00；四、林某与陈某各自名下的财产归林某、陈某各自所有。

---

* 郑喜，广东正大联合律师事务所律师。

三、裁判理由

法院认为，婚姻以感情为基础。林某与陈某婚前及婚后初期感情一般，后在共同生活中，因家庭琐事等产生矛盾，影响了夫妻感情。现陈某同意离婚，故认定双方感情确已完全破裂，对林某的离婚请求予以准许。林某主张陈某有家庭暴力，但根据现有证据，可以证实双方在争执过程中确有拉扯、推搡，但不足以认定陈某对林某实施了家庭暴力，故对林某关于要求陈某支付精神损害赔偿的主张本院不予支持。

关于女儿陈某甲的抚养问题。考虑到陈某甲尚年幼，且现随林某生活，故由林某携带抚养为宜；结合陈某的收入及实际生活所需，本院酌情判令陈某每月支付女儿抚养费 1800 元至其 18 周岁。至于探视，本院酌情判令陈某在不影响女儿正常生活和学习的情况下，每周末享有探视陈某甲一次的权利，具体时间为周六 8：00—20：00，或周日 8：00—20：00。

林某和陈某表示各自名下的财产归各自所有，法院予以照准，双方表示无共同债权债务需法院处理，法院不作调处。

四、案件评析

（一）争议焦点

本案的争议焦点主要有三个：1. 婚生子女的抚养权归属问题；2. 婚生子女的抚养费金额问题；3. 家庭暴力的认定标准问题。

在本案庭审过程中，林某与陈某双方均要求抚养女儿陈某甲。法院查明，陈某甲一直随林某生活，林某要求陈某每月支付抚养费 4000 元，陈某仅同意支付 1000 元。陈某在庭审中确认其年收入 100000 元左右。若女儿由林某抚养，陈某可每周探视一天，陈某要求每次探视 24 小时，林某只同意陈某白天探视。

《中华人民共和国婚姻法》第 36 条第 3 款规定："离婚后，哺乳期内的子女，以随哺乳的母亲抚养为原则。哺乳期后的子女，如双方因抚养问题发生争执不能达成协议时，由人民法院根据子女的权益和双方的具体情况判决。"在本案中，虽然陈某甲已经不再处于哺乳期，但是其年龄尚小，才一岁多，且在其出生之后一直由母亲林某亲自抚养照顾，为了保证其稳定的成长环境，陈某甲继续由其母亲照顾为宜。由此可见，在抚养权的问题上，并不是以是否在哺乳期来判定抚养权的归属，而是根据案件的具体情况，根据有利于子女成长的原则并结合双方当事人的实际情况来综合判定。

《中华人民共和国婚姻法》第37条规定："离婚后，一方抚养的子女，另一方应负担必要的生活费和教育费的一部或全部，负担费用的多少和期限的长短，由双方协议；协议不成时，由人民法院判决。关于子女生活费和教育费的协议或判决，不妨碍子女在必要时向父母任何一方提出超过协议或判决原定数额的合理要求。"根据这一规定，关于抚养费金额的问题，首先可以由双方协商确定，在双方协商确定不成时，由法院根据具体情况来判定。法院在本案的庭审过程中曾就抚养费金额问题进行调解，但由于林某与陈某的分歧较大，双方并未达成一致意见。最终，法院结合本案具体情况酌定抚养费标准为每月人民币1800元。

在本案中，林某为主张陈某实施家庭暴力，提交了报警回执、病历及医疗收费票据、照片，经质证陈某对上述证据真实性无异议，但主张系双方拉扯过程中林某倒地擦伤。法院在庭审过程中，对"家暴过程"进行了详细询问，尤其是对于林某报警后，为何没有在公安机关做笔录，没有向公安机关寻求进一步保护等提出疑问。林某解释，其在事发后第一时间报警，但陈某在警察到来之前就已经离开，林某为避免陈某被警方追责，因而主动表示不用再追究陈某的责任。由于林某只有伤情照片、病历、票据和报警回执，缺乏证明家暴发生的关键证据，因此，法院认定仅凭现有证据无法证明家暴的实际发生。退一步讲，即使双方因言语争吵真的发生过肢体冲突，但是由于林某在报警后没有进行后续的验伤及做笔录，也没有其他的相关证据，比如证人证言等予以佐证，因此，根据现有证据并不足以认定陈某存在家暴行为，既然如此，也就不存在主张损害赔偿的权利。

（二）律师提示

离婚案件中，如果夫妻双方都想要抚养子女，可以自行协商，一旦协商不成，则需由法院判决。法院在判决抚养权归属时，一般根据有利于子女成长的原则进行，主要考虑以下因素：夫妻双方的学历、工作、收入、年龄、家庭环境、子女的年龄等。为了充分保障子女的健康成长，目前已经有法院引入心理评估的机制，来判定由谁抚养子女更有利于其健康成长。

当然没有取得抚养权的一方仍然会享有探视权，可以在约定或裁判的时间内定期探视子女，与子女相处交流感情。例如在本案当中，男方每周可以探视一次小孩。

那么是不是抚养权的归属一定确定就无法更改了呢？答案是否定的。法律规定，夫妻离婚后的任何时间内，一方或双方的情况或抚养能力发生较大变化，均可提出变更子女抚养权的要求。变更子女抚养权一般先由双方协商确定，如协议不成，可通过诉讼请求人民法院判决变更。有下列情形之一的，人民法院应予支持：1. 与子女共同生活的一方因患严重疾病或因伤残无力继续抚养子女的；2. 与子女共同生活的一方不尽抚养义务或有虐待子女行为，或其与子女共同生活对子女身心健康确有不利影响的；3. 十周岁以上未成年子女，愿随另一方生活，该方又有抚养能力的；4. 有其他正当理由需要变更的。根据以上规定，只要符合上述任意一个条件，即可向人民法院申请变更抚养权。

因此，离婚后，孩子由谁抚育，应从有利于孩子健康成长的角度考虑，在这个前提下，夫妻离婚时可以协商确定，协商不成的，可由人民法院判决。

家庭暴力是指行为人以殴打、捆绑、残害、强行限制人身自由或其他手段给家庭成员的身体、精神等方面造成一定伤害后果的行为。家庭暴力是一种侵犯人权、危害社会的违法行为，实施这种行为的人依法应承担相应的法律责任。

《中华人民共和国婚姻法》第46条规定："有下列情形之一，导致离婚的，无过错方有权请求损害赔偿：……（三）实施家庭暴力的；……"同时，《最高人民法院关于适用〈中华人民共和国婚姻法〉若干问题的解释（一）》第28条规定："婚姻法第四十六条规定的'损害赔偿'，包括物质损害赔偿和精神损害赔偿……"因此，遭受家庭暴力的一方，不但可以请求物质赔偿，而且可以请求精神赔偿。

但是法院怎样才会认定存在家庭暴力呢？这就要求遭受家庭暴力的人必须具有充分的证据意识并克服家丑不可外扬的心理障碍。通常情况下，遭受家庭暴力的受害方要注意收集以下五类证据：一是公安机关的法律文书。向公安机关报警的记录与公安人员的询问笔录等材料都是认定家庭暴力的重要证据。二是相关机构、组织制作的书面材料。受害人遭遇家庭暴力时，应及时请村（居）民委员会、妇联、庇护所及所在单位、组织进行制止、劝阻、调解，这些机构制作的书面材料可以作为证据提交。三是证人证言。除双方当事人外，其成年子女、具有认知能力的未成年子女和邻居出具的证言也是认定家庭暴力的有力证据。四是视听资料。视听资料需要其他证据相互印证才能被认可。该部分证据主要指双方的聊天记录、视频等电子信息，如对方承认家庭暴力的录音、伤害情况的视频等。五是书面证据。对家庭暴力行为，如双方协商解决的，受害人可要求加害人出具书面悔过书与保证书或进行录音录像。

综上，在司法实践中，抚养权、抚养费与家暴之判定准则会根据相关法律、法规、司法解释的规定，以及综合考虑个案的具体情况予以认定和裁判。

关于“家庭冷暴力”取证之案例评析

韩曼莉*

一、案情介绍

黄小姐自制考勤表，多年来每晚登记丈夫的回家情况。由于夫妻长期缺乏沟通，日前她将这些“考勤表”作为证据，起诉离婚，却被法院驳回。

黄小姐与丈夫结婚将近十年，婚后三年，丈夫开始每晚不到十二点不回家。开始时，丈夫会以公司开会、应酬、活动等各种理由搪塞；后来，丈夫更连招呼都不打，甚至两三点才买醉回家。回家后，丈夫甚少言语，对黄小姐更是冷若冰霜，与黄小姐长期缺乏沟通。黄小姐苦口劝说无果，沟通无门，无奈通过网络查询法律，自 2015 年起，连续两年将丈夫的回家时间登记在笔记本中。直到诉前，黄小姐将这些证据交与代理律师，期望通过认定“家庭冷暴力”，以达到认定感情破裂，进而解除婚姻关系的目的。

二、裁判摘要

广州市某区法院最后以“考勤表”是自行制作的，没有其他证据加以佐证，最终没有认定“黄小姐丈夫存在家庭冷暴力”的情况。另，法院认为黄小姐与丈夫有深厚的感情基础，只因长期缺乏沟通而造成感情变淡，双方应共同努力维系家庭的和谐稳定，改善婚姻状态。因此，法院判决驳回原告的离婚诉请。

---

* 韩曼莉，广东正平天成律师事务所律师。

三、案件评析

本案仅以男方回家时间制作的“考勤表”作为“家庭冷暴力”及“夫妻感情破裂”的证据，证明力不足。因为目前“冷暴力”在我国法律界定上并未明确，离婚要件中也只笼统规定了“家庭暴力”，而“冷暴力”目前学术界普遍认为可以列入“精神暴力”的范畴。因此，本案仅就回家时间晚而言还不足以认定“家庭暴力”。要使本案的离婚诉求成立，还必须收集导致“夫妻感情破裂”的其他关键证据。现就“夫妻感情破裂”“家庭冷暴力”及其取证等问题简要分析如下：

（一）本案的“考勤表”并非“夫妻感情破裂”的直接证据，若以形成“家庭冷暴力”作为离婚要件，证明力略显单薄

1.《中华人民共和国婚姻法》及《最高人民法院关于人民法院审理离婚案件如何认定夫妻感情确已破裂的若干具体意见》中均对“夫妻感情破裂”进行了定义。

《中华人民共和国婚姻法》第32条规定，男女一方要求离婚的，可由有关部门进行调解或直接向人民法院提出离婚诉讼。人民法院审理离婚案件，应当进行调解；如感情确已破裂，有下列情形之一，调解无效的，应准予离婚：（1）重婚或有配偶者与他人同居的。所谓“有配偶者与他人同居”是指有配偶者与婚外异性，不以夫妻名义，持续、稳定地共同居住。如果以夫妻名义共同居住，则构成重婚。（2）实施家庭暴力或虐待、遗弃家庭成员的。所谓“家庭暴力”，是指行为人以殴打、捆绑、残害、强行限制人身自由或者其他手段，给其家庭成员的身体、精神等方面造成一定伤害后果的行为。持续性、经常性的家庭暴力，构成虐待。（3）有赌博、吸毒等恶习屡教不改的。（4）因感情不和分居满二年的。（5）其他导致夫妻感情破裂的情形。一方被宣告失踪，另一方提出离婚诉讼的，应准予离婚。

《最高人民法院关于人民法院审理离婚案件如何认定夫妻感情确已破裂的若干具体意见》规定，一方坚决要求离婚，经调解无效的，可依法判决准予离婚：（1）一方患有法定禁止结婚的疾病，或一方有生理缺陷及其他原因不能发生性行为，且难以治愈的。（2）婚前缺乏了解，草率结婚，婚后未建立起夫妻感情，难以共同生活的。（3）婚前隐瞒了精神病，婚后经治不愈，或者婚前知道对方患有精神病而与其结婚，或一方在夫妻共同生活期间患精神病，久治不愈的。（4）一方欺骗对方，或者在结婚登记时弄虚作假，骗取《结婚证》的。（5）双方办理结婚登记后，未同居生活，无和好可能的。（6）包办、买卖婚姻，婚后一方随即提出离婚，或者虽共同生活多年，但确未建立起夫妻感情的。（7）因感情不和分居已满三年（与婚姻法规定的二年冲突，适用婚姻法），确无和好可能的，或者经人民法院判决不准离婚后又分居满一年，互不履行夫妻义务的。（8）一方与他人通奸、非法同居（与婚姻法规定冲突，适用婚姻法），经教育仍无悔改表现，无过错一方起诉离婚，或者过错方起诉离婚，对方不同意离婚，经批评教育、处分，或在人民法院判决不准离婚后，过错方又起诉离婚，确无和好可能的。（9）一方重婚，对方提出离婚的（与婚姻法规定冲突，属于应准予离婚的情形）。（10）一方好逸恶劳、有赌博等恶习，不履行家庭义务，屡教不改（与婚姻法规定冲突，适用婚姻法），夫妻难以共同生活的。（11）一方被依法判处长期徒刑，或其违法、犯罪行为严重伤害夫妻感情的。（12）一方下落不明满二年，对方起诉离婚，经公告查找确无下落的。（13）受对方的虐待、遗弃，或者受对方亲属虐待，或虐待对方亲属，（与婚姻法规定冲突，适用婚姻法）经教育不改，另一方不谅解的。（14）因其他原因导致夫妻感情确已破裂的。

就本案而言，证明“夫妻感情破裂”除了证明具有“家庭暴力”的事实外，还可以从“男方晚归”导致的夫妻零沟通、感情不和、互不履行夫妻义务以及是否存在婚外情等方面进一步举证论述。

2. 我国现行法律还没有对“家庭冷暴力”进行法律定义，立法有待进一步完善。

“家庭冷暴力”属于“家庭暴力”方式的一种，我国现行法律并没有明确规定。就本案而言，首先，“考勤表”仅是女方的自行记录，没有男方的签字确认，其真实性无从确定。其次，该证据仅能证明男方回家时间晚，与女方沟通时间较少；而回家晚也许有加班工作、应酬等其他正当理由。仅就回家时间的早晚还不足以构成法律意义上的“实施家庭暴力或虐待、遗弃”。《中华人民共和国反家庭暴力法》规定，所谓的“家庭暴力”，是指家庭成员之间以殴打、捆绑、残害、限制人身自由以及经常性谩骂、恐吓等方式实施的身体、精神等侵害行为。持续性、经常性的家庭暴力，构成虐待。因此，要成立“考勤表”中所述“男方经常性晚归，不关心女方等精神虐待”的事实，则须进一步举证证明考勤表的真实性、关联性及女方因此受到的实质性精神伤害。

3. 本案中，“考勤表”不能直接证明男方有实施现行法律规定的“家庭暴力”行为，即暴力行为的法律事实证据不足。但“经常性晚归”的持续性证据能形成夫妻缺乏沟通的有利证明。笔者建议女方应从该行为给自身和其他家庭成员造成的伤害、影响和程度，以及因该行为导致夫妻实质性分居，互不（或不能）履行夫妻义务的角度进一步举证。

（二）“家庭冷暴力”的取证须及时、合法、全面

1. 暴力信号的出现是收集证据的开始

一方出现异常的举动，如：经常性晚归、夫妻性生活不协调、吵架矛盾升级等。就本案而言，当男方出现晚归现象，女方应多关心，了解对方晚归的真实原因。若出现经常性晚归且沟通无果时，女方则应注意收集男方工作单位的规章制度，证实是否需要加班，男方工作性质是否需要经常性外出应酬等。

2. 取证应合法、合理及适度

取证时要注意保护自身和他人的隐私权、名誉权、人格权。因为在维护自身合法权益时，不能通过非法手段取证，否则，该证据也有可能被认定为无效。

3. 收集证据应全面，注意待证事实的关联性

（1）证人证言：就本案而言，还可以收集男方同事、领导以及双方共同生活的家庭成员等能证明男方无故经常性晚归、夫妻感情破裂的相关事实。

（2）医学鉴定：就本案而言，女方因男方经常性晚归、长期漠不关心导致内心极为痛苦。这时，女方可能已出现一般性心理问题，建议可以寻求心理咨询师进行专业的诊断；若持续时间较长，相关症状越发明显，则建议尽快接受相关治疗。届时，这些诊断与治疗相关的报告、费用单据等均可以作为主张精神损害赔偿的依据。

（3）出警记录、告诫书：人民法院审理涉及家庭暴力的案件，可以根据公安机关出警记录、告诫书、伤情鉴定意见等证据，认定家庭暴力事实。

（4）录音、录像：就本案而言，女方还可以提供证明夫妻经常性吵架、互不履行夫妻义务、男方经常性晚归不关心女方、夫妻已实质性分居等导致夫妻感情彻底破裂的证据。

（5）人身保护令：暴力行为达到一定程度，已经严重危害受害人及其同住近亲属的人身安全，则可以依法申请法院出具人身保护令。

综上，本案要成立“家庭暴力”中的“精神侵害”，还须进一步举证证明损害行为的真实性、严重性及损害结果等。除此之外，还可以进一步收集导致夫妻感情破裂的其他证据。

六个月后，黄小姐委托笔者再次提起离婚诉讼，最终以调解结案。

第三章

离婚损害赔偿纠纷

“喜当爹”离婚案件中公积金转移、过错方赔偿的问题

王莉虹*

一、案情介绍

房某大学毕业后留在北京工作。因工作关系，经常到广州出差，喜欢上了广州的气候、环境和人文。通过网上联系，房某找到了广州的一家服装公司，于2002年到广州工作，并定居生活。房某在工作和生活稳定后，开始考虑恋爱成家的终身大事。2005年，房某通过朋友介绍，与同在广州工作、生活的胡某相识，二人一见钟情，互有好感。经过一年的交往和恋爱，彼此确定可以结婚成家，共度人生。孤男寡女，寂寞难耐，二人很快同居。2005年12月，胡某未婚怀孕。2006年3月，两人在广州市某区民政局登记结婚，同年9月生育儿子房某某。

婚姻与同居毕竟有实质区别。两性的激情、缠绵的火热很快退却，婚姻生活意味着柴米油盐酱醋茶，生育孩子后整天就是喂奶、换尿垫、安慰哭闹的婴儿、大人失眠，等等。双方因家庭琐事不断吵闹，有时相互推搡，之前浪漫的激情灰飞烟灭。后来双方甚至相互不忠，均与婚外异性有不正当男女关系。夫妻二人矛盾越来越严重，最终导致夫妻感情疏远。双方自2016年8月开始分居，劳燕分飞，互不往来，拒绝和好，感情逐渐破裂。房某伤心离开广州，重回北京工作、生活。胡某则继续留在广州。

2011年7月，在两人分居期间，胡某竟然怀孕，并生育女儿胡某某，“喜当爹”的房某深感耻辱。由于在分居期间，夫妻二人从未发生性关系，因此房某坚信胡某某不是自己的亲生女儿，但苦于没有证据证明，随即向法院申请对胡某某是否

* 王莉虹，广东经国律师事务所律师。

与自己存在亲子关系进行鉴定。后经广州市某区法院及广州市中级人民法院审理，依法判决确认了房某与胡某某不存在亲子关系。

2017 年 1 月，房某向广州市某区人民法院起诉，要求：1. 离婚；2. 儿子房某某由房某抚养，胡某每月支付抚养费 2000 元；3. 胡某与他人所生女儿胡某某由胡某抚养，胡某向房某支付精神损失抚慰金 10 万元；4. 依法分割夫妻共同财产；5. 略。

二、裁判摘要

广州市某区人民法院作出一审民事判决：一、双方解除婚姻关系；二、儿子房某某由房某携带抚养，胡某向儿子房某某支付抚养费 500 元；三、略；四、小汽车归胡某所有，胡某向房某支付折价款 48000 元；五、房某向胡某支付近一年工资收入 39000 元；六、房某向胡某支付公积金余额 3375.62 元；七、房某向胡某支付养老保险个人缴费总额 69045.41 元；八、房某向胡某支付企业年金个人缴费部分 22350 元；九、驳回其他诉讼请求。

宣判后，双方均不服一审判决，都向广州市中级人民法院提起上诉。广州市中院于 2019 年 3 月作出二审民事判决：一、维持一审判决的一、二、三、九项；二、变更一审判决的第四项为胡某向房某支付小汽车折价款 60000 元；三、变更一审判决的第五项为房某向胡某支付工资账户余额 1688.16 元；四、变更一审判决的第六项为房某向胡某支付公积金余额 2813.02 元；五、变更一审判决的第七项为房某向胡某支付养老保险总额 57537.84 元；六、变更一审判决的第八项为房某向胡某支付企业年金个人缴费部分 18625 元；七、略。

三、裁判理由

法院认为，房某自 2016 年 7 月起，提取住房公积金 17 万余元，由于房某在北京没有自有住房，需租房居住，且提供了相应证据证明，应采信其主张，在该期间提取的公积金不属于恶意转移夫妻共同财产。虽然房某认可其在北京承租时会将房子放在短租平台放租，但短期、临时的收入并不能说明能减少房某在北京租房的固定支出。基于此，胡某要求分割房某所提取的 17 万余元的住房公积金无理，应不予支持。另外，因房某的行为不属于恶意转移夫妻共同财产，故在分割夫妻共同财产时应适用平分原则，而非对房某予以少分。

关于房某的工资收入问题，胡某要求分割房某2016年1月至2017年8月的工资收入，离婚案中处理财产问题的原则是分割现存的而非曾经的财产，除非有证据证明另一方恶意转移或隐瞒财产。综合房某的工资收入水平、物价水平以及房某的经济负担和抚养儿子的开支，不足以认定房某存在恶意转移或隐瞒其工资的行为。

关于房某向胡某主张精神损失抚慰金的问题，根据相关已发生法律效力的民事判决，房某与胡某某不存在亲子关系，这表明胡某与婚外异性存在不正当性关系，但房某提交的证据不足以证实胡某与婚外异性持续、稳定地共同居住生活。房某要求胡某赔偿精神损失抚慰金10万元，不符合法律规定。与此同时，房某与婚外异性亦存在不正当男女关系。因此，房某主张精神损害抚慰金依据不足。

四、案件评析

本案争议焦点主要在于房某在起诉离婚前及离婚诉讼中共提取住房公积金17万余元，是否属于一方恶意转移夫妻共同财产的行为，以及房某向法院主张精神损害抚慰金的诉求，是否符合《中华人民共和国婚姻法》及相关司法解释的规定的条件。具体分析如下：

（一）转移夫妻共同财产的方式

实践中，常见的转移夫妻共同财产的方式有如下几种：1. 故意隐瞒财产，在夫妻离婚当中比较常见，对于另一方不知道的房产或者存款、股票等，如果不知道这些财产存在，根本不知道从何查起，更不需要花费成本去转移；2. 偷偷把财产转移到别人名下或低价出售，对于无法隐瞒的财产，夫妻一方可能通过赠与别人或者低价转让给别人的方式转移；3. 伪造公司债务或者夫妻共同债务。依据《中华人民共和国婚姻法》第47条第1款的规定，离婚时，一方隐藏、转移、变卖、毁损夫妻共同财产，或伪造债务企图侵占另一方财产的，分割夫妻共同财产时，对隐藏、转移、变卖、毁损夫妻共同财产或伪造债务的一方，可以少分或不分。具体到本案，胡某主张房某在2016年7月至2018年1月期间共提取17万余元住房公积金是恶意转移夫妻共同财产的行为。但房某提交的租房合同可证明，自2016年7月起提取的公积金是用于在北京租房，虽然房某将承租的房屋转租以冲抵少部分开支，但房某在北京并无其他住房，且除了自身的日常生活开销外，还需要承担对儿子的抚养费用，因此，房某将提取的公积金用于住房需求，是符合实际的，并不存在转移夫妻共同财产的行为，不应当少分夫妻共同财产。

（二）请求离婚损害赔偿的条件

《中华人民共和国婚姻法》第 46 条规定：“有下列情形之一，导致离婚的，无过错方有权请求损害赔偿：（一）重婚的；（二）有配偶者与他人同居的；（三）实施家庭暴力的；（四）虐待、遗弃家庭成员的。”实践中，应当如何提出离婚损害赔偿的请求呢？首先，只有无过错方才可以要求离婚损害赔偿，也即在婚姻关系存续期间不存在《中华人民共和国婚姻法》第 46 条规定的任何一种情形的一方当事人才有权主张。其次，应当区分以下不同情况：1. 无过错方作为原告基于婚姻法规定向法院提起精神损害赔偿请求，须在离婚诉讼的同时提出；2. 符合婚姻法规定的无过错方作为被告的离婚案件，如果被告不同意离婚也不基于该条规定提起损害赔偿请求的，可以在离婚后一年内就此单独提起诉讼。当然，如果夫妻一方出于愧疚不在乎另一方是不是也存在过错，自愿给付另一方精神损害抚慰金也是允许的。最后，对于精神损害抚慰金的数额，法律并没有具体规定。但依据《最高人民法院关于确定民事侵权精神损害赔偿责任若干问题的解释》第 10 条的规定，法院一般从过错方的过错程度、行为的具体情节、结果的严重程度、对受害人造成的损害程度、过错方承担责任的经济能力以及当地的生活水平进行综合考量，确定离婚精神损害赔偿数额。胡某虽然与婚外异性存在不正当性关系，但“有配偶与他人同居”要求与婚外异性持续、稳定地共同居住，且房某与婚外异性同样存在不正当的男女关系，法院对房某主张的精神损害赔偿不予支持是合法有据的。

丈夫隐瞒妻子将房产低价出售给朋友，妻子离婚后可主张合同无效并多分财产

丁亚民*

一、案情介绍

阿珍与阿健于1993年8月登记结婚。婚后，阿健、阿珍与阿珍亲属合作经营餐厅，餐厅经营火爆，阿健与阿珍先后购买了多套房产，房产均登记于阿健一人名下。双方一直未育有子女，居住在海珠区的一套大房中。随着多年共同生活、生意矛盾，双方多有争吵。在2009年底至2010年初，因阿健父亲患癌症需要钱看病，阿健与阿珍及阿珍亲属之间矛盾爆发至顶点，阿健也退出了与阿珍亲属共同经营的餐厅。此时，阿健经朋友介绍，一心想去越南投资，要求阿珍将存在其处房产的房产证原件拿出，将房产出售后筹钱投资，阿珍拒绝了阿健的要求，双方大吵后，阿健从双方共同居住的海珠区大房搬至海珠区小房居住。之后，双方一直处于分居状况中，至2012年10月16日，双方感情彻底破裂，至民政部门办理了协议离婚。双方离婚协议中明确约定："一、双方自愿解除婚姻关系；……三、双方对共同财产的处理：1. ……2. 位于海珠区有两套房屋：分别为……，两套房屋均按房产证上注明的平方数为准；离婚后，将两套房产按现时二手楼宇市场买卖价格作参照，各占全额一半（各二分之一），出现房屋大小价值差价，按要大面积房屋者向要小面积房屋者以现金形式补差价；3. 上述房屋在办理产权变更时，男方只负责提供房屋的一切合法证明文件，协助办理变更手续，一切税费由女方负责；四、双方对共同债权债务问题的处理：女方向男方付还45000元后，其两人婚姻期内的所有债权债务、存款余额一笔勾销，永不追讨、翻案等。"随后，阿珍要求阿健协助办理过户，

* 丁亚民，广东连越律师事务所律师。

阿健却多次搪塞，阿珍发现事情不妥，委托律师赶紧带着阿珍至房管局查询，这一查，阿珍吃惊地发现房产早在 2011 年 3 月就被过户到其他人的名下了。

案涉房屋原是登记在阿健名下的房屋，产权范围登记为全部。2011 年 3 月 11 日，阿健与第三人签订了《广州市存量房买卖合同》，约定：第三人向阿健购买海珠区某路案涉房产房，总金额 91 万元，第三人应于 2011 年 3 月 31 日前向阿健支付；双方同意该房地产交付使用的时间为阿健收齐楼款当天；等等。2011 年 3 月 22 日，广州市某区房地产交易登记中心开具的《广东省地方税收通用发票》记载，付款方第三人，收款方阿健，销售的不动产为涉案房屋，金额 91 万元。2011 年 3 月 31 日，涉案房屋的产权过户登记到第三人名下。

经过详细了解阿珍的情况，反复评估、分析该案后，律师认为，是阿健一直有预谋地转移夫妻共同财产，当务之急是必须向房管局调取房屋交易的具体记录，了解房屋过户信息后，才有可能将房产追回。

经律师协助，阿珍至房管局了解到，因房产均登记在阿健一人名下，阿健以房产证丢失为由，向房管局申请补办，在补办房产证新证后，将房产分别过户给了自己的三个亲友。至此，律师提醒阿珍，正是因为对方是阿健亲友，三人应当都知道阿珍与阿健结婚多年，这些房产均属于夫妻共有财产，在明知的情况下，却未经过阿珍同意就擅自与阿健达成交易，不管是否低价，都存在与阿健恶意串通转移财产的嫌疑。

律师在第一时间内保存了在房屋局查证的证据，并要求阿珍先不要惊动这些亲友，主动跟这些亲友联系，向他们问询有关房产购买的情况，把谈话的过程录音以保存证据。

丈夫转移财产请求维权的案例有很多，此案中阿健将房屋出售，最终令妻子无法分得房产，而妻子却在离婚后才发现这一事实。《最高人民法院关于适用〈中华人民共和国婚姻法〉若干问题的解释（二）》第 9 条第 1 款规定："男女双方协议离婚后一年内就财产分割问题反悔，请求变更或者撤销财产分割协议的，人民法院应当受理。"另，《中华人民共和国婚姻法》第 47 条第 1 款规定："离婚时，一方隐藏、转移、变卖、毁损夫妻共同财产，……离婚后，另一方发现有上述行为的，可以向人民法院提起诉讼，请求再次分割夫妻共同财产。"同时，《最高人民法院关于适用〈中华人民共和国婚姻法〉若干问题的解释（一）》第 31 条规定："当事人依据婚姻法第四十七条的规定向人民法院提起诉讼，请求再次分割夫妻共同财产的诉讼时效为两年，从当事人发现之次日起计算。"

所以，在本案中阿珍与阿健签署离婚协议后，仍可就财产问题向法院起诉，且因阿珍已经举证了阿健与购房人直接存在恶意串通、转移财产的情况，可以多分财产。律师建议，从成本及可行性考虑，阿珍可以要求将现在一直居住的海珠区大房的房屋产权返还归自己所有。其他房产无须追回，可主张阿健赔偿房屋市价的60%，并要求房屋实际购买人对赔偿款项承担连带责任。

二、裁判摘要

广州市某区人民法院经依法审理之后，作出一审判决：转让房屋的合同无效；其他略。

三、案件评析

本案中，阿健以房产证遗失为由补办后，于2011年3月11日与第三人签订涉案房屋买卖协议，于3月31日将涉案房屋过户登记到第三人名下。2012年10月16日阿健在与阿珍签订的离婚协议书中仍约定如何分割包括案涉房屋在内的房产，可见，阿健直至签订离婚协议时仍故意隐瞒房屋已出售的事实。第三人系阿健的亲戚，从其二审陈述可知其在上述房屋交易时知道阿珍与阿健是夫妻关系，明知涉案房产存在共有人阿珍，且基于亲戚关系是可以了解到阿珍意见的情况下，却未经共有人阿珍的同意即与阿健进行交易，在取得房产证后却至今没有收楼，显然有悖于正常交易。此外，涉案房屋的购房款并非第三人本人支付，而是由其父亲代付，其父在原审中亦陈述清楚购买房屋时阿珍与阿健是夫妻关系，且其在同一日又代另一房的购房人（阿健的堂兄）支付购房款，该购房人与阿健的房屋买卖行为已被法院认定为恶意串通、存在过错，第三人、第三人父亲、另一购房人与阿健之间均具有亲戚关系，以上事实足以认定第三人在交易过程中亦存在协助转移夫妻财产及隐瞒房屋已出售事实的恶意。阿珍主张认定阿健与第三人恶意串通，损害其合法权益，理由成立，其据此请求确认阿健与第三人签订的《广州市存量房买卖合同》无效，符合法律规定，广州中院予以确认，判令第三人、阿健应协助将涉案房屋恢复登记至交易前的状态，即恢复登记至阿健名下。

案涉房屋一已经于2011年3月3日出售、2011年3月21日登记过户到第三人名下。案涉房屋二已经于2011年3月29日出售、2011年4月11日登记过户到第三人名下。该案中，阿健虽然提交了广州某银行业务凭证，证明第三人于2011年3月2日一次性支付购房款。但法院委托评估咨询公司对案涉房屋的市场价值进行评估，案涉房屋一的评估值：不交吉价，价值时点 1（2011－03－03，出售房屋日）为 444577 元；价值时点 2（2012－10－16，阿珍与阿健离婚日）为 563433 元。案涉房屋二的评估值：不交吉价，价值时点 1（2011－03－29，出售房屋日）为 557464 元；价值时点 2（2012－10－16）为 641731 元。法院认为：阿健于 2011 年 3 月 3 日就与第三人签订了买卖案涉房屋的合同，并于 2011 年 3 月 21 日将案涉房屋一登记过户在第三人名下；于 2011 年 3 月 29 日就与第三人签订了买卖合同，并于 2011 年 4 月 11 日将案涉房屋二登记过户至第三人名下，阿珍与阿健于 2012 年 10 月 16 日签订离婚协议书时还约定如何处理案涉房屋，从上述事实来看，显然是阿健擅自变卖案涉房屋，且在签订离婚协议时尚故意隐瞒变卖事实，欺骗阿珍。阿健明知案涉房屋是与阿珍的夫妻共同财产，却在离婚前单方以房产证遗失为由重新申领房产证后将上述房产变卖，具有明显的转移夫妻共同财产的恶意，故阿珍要求分割不主张合同无效部分的案涉房屋市值的 60% 是于法有据的。第三人在向阿健购房的过程中，分别用低于当时市值 103722 元、144830 元的价格购买，且购买后至今仍未收楼，第三人的行为明显不符合常理，第三人与阿珍、阿健存在亲戚或朋友关系，该两人在购房的过程中是可以向阿珍了解意见的，故广州中院认定第三人与阿健在买卖房屋的过程中存在恶意串通，存在过错，应对阿健的赔偿责任承担连带责任。

关于亲子关系是否存在的推定

朱又又*

一、案情介绍

贾某与陈某于2009年在某市某区民政局登记结婚，婚后共同生育女儿贾某乙。由于双方婚前缺乏了解，婚后生活很不协调，无共同语言，导致生活中的矛盾不断，经常发生争吵，双方的夫妻感情完全破裂。贾某得知陈某婚后生育的女儿贾某乙血型与自己不同，且后来发现陈某常与他人发送暧昧短信，遂怀疑其与婚外异性存有不正当关系，备感失望。为此，贾某多次要求对女儿做亲子鉴定，但陈某一直推诿不予配合。贾某曾于2014年6月向法院起诉离婚，后因陈某拒不配合做亲子鉴定而撤回起诉。撤诉后双方关系没有任何改善，反而更为恶化。

2014年8月，贾某认为夫妻双方无法继续共同生活，且双方因感情不和分居满一年以上，为早日结束这一段痛苦不堪的婚姻，特诉至法院，请求判令：1. 贾某与陈某离婚；2. 婚生女儿贾某乙归陈某抚养，贾某无须支付抚养费；3. 依法分割夫妻共有财产，陈某应予不分或少分；4. 本案诉讼费由陈某承担。诉讼中，贾某增加诉讼请求：确认女儿贾某乙并非贾某亲生，并由陈某赔偿精神损害费30000元。

庭审中贾某向法院提交医院诊断材料显示其患有弱精症，以证明贾某乙非自己亲生，并申请亲子鉴定。陈某认为贾某乙是从小由自己照顾抚养，故同意贾某乙归自己抚养，并愿意自行承担贾某乙日后的抚养费用。对于贾某要求与女儿做亲子鉴定，陈某作为母亲是坚决反对的，因为这样必然会给女儿日后产生负面影响，不利于女儿日后的健康成长，而贾某提交的医院诊断只是说明其是弱精症而非不育症，且父母血型为A、B型亦并非不可能生育血型为O型的小孩，所以贾某未能提供足

---

* 朱又又，广东合盛律师事务所律师。

够证据来证明女儿并非其亲生小孩或者被告存在过婚外第三者，故此陈某认为贾某请求亲子鉴定是为达到多占财产的目的。

二、裁判摘要

某市某区人民法院作出一审民事判决：一、准予原告贾某与被告陈某离婚；二、婚生女儿贾某乙由被告陈某抚养，并自行承担女儿抚养费；第三、四、五项省略；六、驳回原告贾某的其他诉讼请求。

三、裁判理由

法院认为，夫妻关系的建立与存续以感情为基础，夫妻感情破裂是解除双方婚姻关系的法定条件。原、被告经自由恋爱后自愿登记结婚，并生育了女儿贾某乙，共同建立起了完整的婚姻家庭，双方本应加以珍惜。但由于双方在共同生活中欠缺正确的交流沟通，遇到问题未能坦诚相对、悉心引导，致夫妻间缺少应有的理解和信任。庭审中被告表示同意离婚，可见双方和好的可能缺乏期待性；由此本院确认原、被告的夫妻感情确已破裂，故原告诉请与被告离婚，本院依法准予。

关于子女抚养问题。本案中，鉴于原告诉请女儿贾某乙归被告抚养，被告亦表示同意继续抚养贾某乙并自愿承担抚养费；对此，结合被告述称其自身有工作收入，具备抚养子女的能力，故被告主张女儿由其抚养并自行承担抚养费，本院予以照准。

关于原告主张亲子关系不存在的问题。原告请求对女儿进行亲子鉴定，因被告坚决反对而致无法进行委托鉴定。法院认为，原告所提交的上述证据难以形成合理的证据链以证明当事人之间可能不存在亲子关系，即原告该请求欠缺必要的证据佐证，所以原告主张推定被告存在过错，理据不充分，本院不予采纳；其请求被告赔偿精神损害费 30000 元，本院不予支持。

四、案件评析

（一）争议焦点

本案焦点在于法院如何适用《最高人民法院关于适用〈中华人民共和国婚姻法〉若干问题的解释（三）》第 2 条的规定来认定当事人举证责任的问题。该条第

1 款规定:“夫妻一方向人民法院起诉请求确认亲子关系不存在,并已提供必要证据予以证明,另一方没有相反证据又拒绝做亲子鉴定的,人民法院可以推定请求确认亲子关系不存在一方的主张成立。”法院对于所提交的证据是否满足“必要证据”的认定系本案要解决的重点问题。目前司法实践中对于“必要证据”的认定较为模糊,一些法院认为当事人(一般为原告)提交血型不合的证据即完成其提交“必要证据”的义务,一些法院则要求当事人提交其私下做亲子鉴定的材料才能认定原告提交了“必要证据”。本案中法院认为所提交的证据不足以证明可能不存在亲子关系的情况,因此不能认为适用前述规定,理由如下:

依照《最高人民法院关于适用〈中华人民共和国婚姻法〉若干问题的解释(三)》第 2 条第 1 款的规定,推定由被告承担不利后果的情形,还需审查原告是否已提供了必要的证据予以佐证。原告主张适用前款规定的,应提交与其诉讼请求相符合的证据,证明可能不存在亲子关系。

根据原告提供的某医院的精液分析报告,该报告中确定精子活率 >70%。其病案单记载的入院日期为 2015 年 4 月,入院诊断为:1. 左侧精索静脉曲张;2. 弱精症。据此,原告经医院诊断仅为弱精症,可见其在生理上未存在不能生育的病征,况且该病征为现时的生理状况,亦难以证明原告当年婚育期间的实际情况。另外,原告所称其血型为 B 型,被告血型为 A 型,而小孩血型为 O 型,为不相配,但又未能提供相关医学证明,予以证明上述情形的产生有违医学结果,因此原告所提出的材料并不能证明其与贾某乙可能不存在亲子关系。综上,一审法院对原告贾某不存在亲子关系的主张不予认定并驳回的判决是正确的。

(二)亲子关系确认案件中亲子关系的推定问题

本案中,对于是否能适用《最高人民法院关于适用〈中华人民共和国婚姻法〉若干问题的解释(三)》第 2 条第 1 款规定推定双方不存在亲子关系,笔者认为关键在于双方是否已经对己方的主张提出了足够证据以及亲子鉴定本身的问题。

首先,《最高人民法院关于适用〈中华人民共和国民事诉讼法〉的解释》第 108 条第 1 款规定:“对负有举证证明责任的当事人提供的证据,人民法院经审查并结合相关事实,确信待证事实的存在具有高度可能性的,应当认定该事实存在。”当事人证明亲子关系不存在的证据材料如果不能使法院认为亲子关系确有可能不存在的,法院不应适用《最高人民法院关于适用〈中华人民共和国婚姻法〉若干问题的解释(三)》第 2 条的规定要求对方证明亲子关系存在或接受亲子鉴定。同理,即使一方提交了足够证据并经法院确认存在相关可能,若对方也能够提出足够的证据反驳或接受亲子鉴定的,相关推定便从法律推定转化为事实推定,法院应综合案件证据及亲子鉴定作出亲子关系存在或不存在的认定。

其次，对于当事人私下所做的亲子鉴定，在证据的科学性、客观性方面存在明显的疑点，具有非法证据的嫌疑，有不少是应当由法庭严格排除的，不应作为定案的依据，但司法实践中不少法院根据该亲子鉴定要求对方承担相应的举证责任或接受一方所申请的亲子鉴定，实际上是借助《最高人民法院关于适用〈中华人民共和国婚姻法〉若干问题的解释（三）》的规定使这些存疑的证据合法化。

因此，笔者认为，这种涉及婚姻家庭、亲子关系的诉讼必须非常严格地对待。对起诉初期原告单方所提出的亲子鉴定报告，必须进行开庭审查，要求鉴定人到场回答法官和对方当事人的问题，允许被告进行反驳。如果原告不能完成举证责任，即应当驳回起诉，这样才能保护妇女和未成年人的合法权益。

最后，即使双方同意进行亲子鉴定，但法院仍需要考虑被鉴定人的意见。从法益角度来说，两害相权取其轻，如果因具有相应行为能力的被鉴定人不同意鉴定，最终导致无法鉴定时，以保障一方知情权的理由去推定亲子关系存在或者不存在，无疑是以牺牲一方权利的方式来保证另一方的权利，这是不足取的。被鉴定人对于案涉亲子关系有明确认识，其拒绝亲子鉴定的行为，不属于夫妻一方拒绝亲子鉴定的情况，法院不应适用相关规定推定亲子关系不存在。

第二篇

抚养纠纷

第一章

婚生子女抚养纠纷

爱你，但不愿意养你

——王某诉曾某变更抚养权案例

孙槐玉*

一、案情介绍

王某（男方，原告）与曾某（女方，被告）于2009年2月因感情破裂自愿协议离婚，约定3岁的婚生儿子王某某（2006年2月出生）归男方抚养，女方不承担抚养费。王某与曾某办理离婚登记后又于2014年9月签订《抚养协议书》，约定王某某由王某抚养至其年满12周岁，此后王某某可以自由选择随父或随母生活，双方根据实际情况可再重新签订协议；曾某在王某某年满12周岁之前，每月支付1800元的抚养费；曾某每月探视王某某一次，每次时间为两天，由曾某自行于小孩周末下课时去学校接回。

王某在某医疗系统贸易发展公司任职售后服务工程师，具体负责医院医疗设备的安装以及售后服务，故经常需在外出差，出差最频繁的时候一个月有20天左右，无法兼顾王某某的生活起居。王某与曾某离婚后的头几年，因王某某年幼，曾某基本上仍住在王某处帮忙携带照顾王某某，直至王某某上小学。王某某上小学后，曾某搬到广州南沙区居住。因无人照顾生活起居，2013年3月至2016年2月王某某寄宿在学校。为了王某某就近读书，王某于2016年2月购买了黄埔区某学区房，学校就在家门口，王某某也已经年满10周岁，王某便将王某某转入家门口的学校，吃住在家里。

但在王某出差期间，儿子王某某无人陪伴与照顾，学习也无人监管。因王某某在父亲出差期间只能吃父亲提前准备好的速食食品（如方便面、速冻饺子等），致

* 孙槐玉，广东高义律师事务所律师。

使其营养不良，且经常性的独居生活使其变得性格孤僻、暴躁，经常摔东西，甚至发展到盗窃、抽烟。更让王某担心的是在其出差期间，王某某曾在学校突发疾病，王某虽心急如焚，但鞭长莫及，只得让老师电话联系曾某送王某某去医院救治。

王某年近50岁，母亲早逝，父亲已80多岁高龄，且远在北方老家，王某也无兄弟姐妹在广州居住，无亲属代为照顾儿子王某某。而王某在单位担任电气维修工程师16年，其岗位工作性质不得不经常出差，其工资收入既要养活自己与小孩，又要偿还房屋贷款，无法调换岗位或舍弃工作来陪伴与照顾儿子。为了儿子王某某的人身安全与健康成长，王某与曾某协商变更儿子的抚养权，由曾某来抚养照顾儿子，其支付相应的抚养费，但遭到曾某反对。

曾某对王某某特别疼爱，经常与王某某的班主任沟通了解王某某在学校的学习与表现，周末也经常探望王某某，寒假与暑假期间，曾某都把王某某带在身边照顾。王某性格暴躁，与王某某沟通的方式简单粗暴，加上王某经常出差在外，王某某对父亲的感情远没有对母亲曾某那么依恋，母子之情比父子感情深厚得多。曾某给王某某寄东西的快递盒王某某都收藏着不肯扔掉，曾某给王某某的钱他也不舍得花，王某曾问儿子王某某为何不舍得花曾某给他的钱，王某某说“这些钱上面有妈妈的味道”，闻之让人泪目，王某某多次向王某表示想与妈妈一起生活。

王某多次就变更王某某的抚养权与曾某协商，曾某虽爱儿子，但坚决不同意抚养儿子。2017年7月，王某只好诉至法院，要求变更儿子的抚养权，由曾某抚养儿子，自己支付抚养费。

王某起诉时，曾某在一家企业担任财务，工作时间固定，也有固定的住所与收入。庭审中，曾某辩称，自己没有工作（曾某在庭审中当庭提交一份诉讼期间辞职的证明），母亲与哥哥又有病需要照顾，不同意小孩归自己抚养。

法院在审理过程中单独询问了王某某的想法，王某某表示自己非常想和妈妈一起生活，因为跟妈妈在一起，他觉得非常开心，也觉得很有安全感。

二、裁判摘要

法院判决：驳回原告王某的全部诉讼请求。

三、裁判理由

法院经审理认为，原、被告离婚时约定儿子归原告抚养，原、被告应按协议自觉履行，现原告提出因工作关系自己无法照顾儿子王某某，由被告抚养儿子更为有利，请求变更儿子的抚养权。而被告也表示无能力抚养儿子王某某，原告虽然提供因工作关系不适合照顾儿子王某某的证据，但原告首先应想办法克服困难，现原告提交的证据无法证实被告更适合携带抚养儿子王某某，故对原告提出的诉讼请求，本院不予支持。原、被告应对儿子王某某目前出现的问题尽快协商，想出合理的解决办法，以达到使儿子健康成长的目的。

四、案件评析

离婚后变更抚养权纠纷大多数由不直接抚养子女的一方提起，像本案这种由直接抚养子女的一方主动提起变更抚养权的纠纷比较少见。因此，本案具有较强的典型性与代表性。

对离婚后变更子女抚养权问题，《最高人民法院关于人民法院审理离婚案件处理子女抚养问题的若干具体意见》第 16 条对可以变更抚养权的情形作了规定：“一方要求变更子女抚养关系有下列情形之一的，应予支持：（1）与子女共同生活的一方因患严重疾病或因伤残无力继续抚养子女的；（2）与子女共同生活的一方不尽抚养义务或有虐待子女行为，或其与子女共同生活对子女身心健康确有不利影响的；（3）十周岁以上未成年子女，愿随另一方生活，该方又有抚养能力的；（4）有其他正当理由需要变更的。”

只要符合上述四个条件之一的，法院应支持当事人变更抚养权的诉求。那么，根据上述规定，本案的焦点问题是：1. 王某作为直接抚养子女的一方，是否有不尽抚养义务或有虐待子女行为，或其与子女共同生活对子女身心健康确有不利影响？2. 作为十周岁以上的王某某，是否愿随母亲曾某生活？而曾某又是否有抚养能力？

笔者将针对本案的两个焦点问题作如下分析。

（一）直接抚养儿子的王某，对儿子有无尽到抚养义务，儿子与其共同生活对身心健康是否确有不利影响？

父母对未成年子女的抚养义务的法律属性特点包括：（1）无条件性。父母对未成年子女的抚养义务是无条件的，无论父母经济条件及负担能力如何，也不论是否愿意，均必须依法承担抚养义务。即使降低自己的生活水平、牺牲自己的事业发展和生活享受，也必须首先保障子女的生存和生活。（2）抚养内容的复合性。父母对未成年子女的抚养涉及子女身心成长、发展的全过程，是全方位的抚养。除了提供子女所必需的生活费用、教育费用之外，还须给予子女必要的陪伴、照顾，保障子女身心健康。(3) 长期性与持续性。从子女出生开始，到子女成年乃至具有独立生活能力为止，父母均应责无旁贷地承担抚养义务。

本案中，王某提供了大量因工作出差的证据，其中有一个月出差的天数多达20多天，曾某当庭也确认其知晓王某经常出差的事实。因此，王某出差期间王某某无人照顾是不争的事实，而起诉时王某某刚满十周岁，正是需要父母陪伴与照顾的年龄，但他经常一个人在家，无人做饭使其饮食不正常，营养与健康没有保证。更重要的是，未成年人独居其人身安全也无法保障。庭审中，王某提供了王某某一个人在家时用煤气灶点火吸烟的监控视频，曾某发给王某的其与老师的微信聊天记录，显示老师向曾某反映了王某某在学校经常不开心、易发脾气，甚至偷东西等不正常的表现，曾某在聊天记录中也多次向老师提到发现儿子经常不开心，对自己非常依恋。这些证据充分表明王某对儿子王某某的抚养义务仅仅尽到了保障其有居住的场所，以及受教育的条件，但未尽到陪伴与照顾儿子的抚养义务，王某某的身心健康已经受到严重损害，王某某继续与父亲王某共同生活，对其身心健康的不利影响势必将继续扩大，非常不利于未成年人的健康成长。

（二）王某某是否愿随母亲曾某生活，曾某又是否有抚养能力?

在审理过程中法官单独询问了王某某的想法，王某某表示自己非常想和妈妈曾某一起生活，因为跟妈妈在一起，他觉得非常开心，也觉得很安全。

王某起诉时，王某某已年满十周岁，已能充分表达想随哪一方共同生活的意愿，且被告曾某在与老师的聊天记录中也多次向老师提及过儿子对自己非常依恋，王某某非常想与曾某共同生活的意愿十分明显。

曾某在庭审中辩称其需要照顾患病的母亲与哥哥，需要花费大量的时间与精力，无法照顾儿子，这些理由不能免除其抚养儿子的义务。首先，曾某对母亲有赡养的义务，但对儿子也有抚养的义务。曾某的母亲有三个子女，除曾某外，还有其他人照顾，且曾某照顾母亲与抚养王某某并不冲突；至于曾某的哥哥，是成年人，曾某没有法定的扶养照顾义务，其不能以照顾哥哥为由免除对王某某的法定抚养义务。曾某在诉讼期间辞职，虽暂时没有工作，但不代表其日后没有工作，更不代表其不具备工作的能力与条件。根据抚养义务的法律属性，父母对未成年子女的抚养义务是无条件的，无论父母经济条件及负担能力如何，即使降低自己的生活水平、牺牲自己的事业发展和生活享受，也必须首先保障子女的生存和生活。故曾某抗辩自己不具备抚养王某某的理由不能成立，其完全有能力抚养儿子。曾某既疼爱儿子又坚决不愿意抚养儿子的表现明显存在矛盾，其背后的真实原因不得而知。

这是笔者办理的印象最为深刻的婚姻家事案件，对于法院的判决理由笔者不能认同。本案中，王某某年仅十岁便经常独居，人身安全与身体健康均面临现实危险，而且其身心健康已经受到了严重损害，如果不变更抚养权，这种损害有可能会持续发展，非常不利于他的健康成长。而且王某某本人的心愿就是与母亲曾某一起生活，从有利于未成年人利益最大化的原则考虑，本案理应判决变更抚养权归曾某。而曾某反对抚养儿子的理由均不充分，法官基于其在庭审中坚决反对抚养王某某的态度就机械地认定无法证实被告更适合抚养儿子，法官并不是从有利于未成年人的角度考虑，而是从离婚协议有事先约定以及当事人的态度来考量，违背了审理未成年人案件应遵循的原则。

这世界上最动人的一句情话不是“我爱你”，而是“我养你”！希望全天下的未成年人都能感受到父母这句动人的情话：“我养你！”

子女的身心健康利益是判决抚养权的第一考量因素

刘 珂[*]

一、案情介绍

王男与李女于2008年登记结婚，2012年生育一女王小某，两人均在某事业单位工作，收入稳定。2014年女儿王小某被诊断患有××综合征，需长期服用激素药物治疗且每周要去医院做尿检，日常生活和饮食也需要特别照顾，王男与李女两人都为女儿的治疗和康复付出了很多心血和精力。王男与李女因生活习惯、性格脾气差异巨大，导致争吵不断，两人对此段婚姻都深感疲惫，经多次协商，终因王小某抚养权问题无法达成一致而不能到民政局协议离婚。2017年春节期间，李女未经王男同意将王小某带回云南老家，节后自己一人回到广州，将王小某留给老家父母照顾。

2017年3月王男作为原告到法院起诉离婚，并要求抚养权判归原告，依法分割夫妻共同房产。李女作为被告同意离婚，同样要求女儿抚养权，并依法分割夫妻共同房产。

一审审理过程中，法庭组织原被告双方进行心理评估，至一审判决时，原被告的女儿一直在云南老家未返回广州。

二、裁判摘要

广州市某区人民法院作出一审判决如下：一、准许原告王男与被告李女离婚；

---

* 刘珂，北京大成（广州）律师事务所律师。

二、离婚后，婚生女儿王小某由原告王男携带抚养，被告李女每月支付抚养费2000元至王小某年满18周岁时止；三、离婚后，广州市越秀区××房全部产权归原告王男所有，剩余购房贷款和装修贷款由原告王男负责清偿，原告王男于本判决生效之日起三个月内向被告李女支付房屋补偿55万元。

一审宣判后，李女向广州市中级人民法院提起上诉，要求改判女儿抚养权归被告李女，广州市中级人民法院于2017年11月作出终审判决：驳回上诉，维持原判。

三、裁判理由

李女、王男均同意离婚，一审判决准予双方离婚，双方亦没有异议，本院予以维持。本案二审争议的焦点是：1. 双方的婚生女儿王小某的抚养问题；2. 越秀区××房的产权归属和补偿问题。一审判决对此已作充分评述，二审法院予以认同。李女、王男均在广州工作和生活，双方的经济能力相当；王小某现年仅5周岁，患有××综合征，十分需要父母的悉心照顾和陪伴。王小某于2014年开始在广州随李女和王男生活，但李女于2017年1月起未经王男同意，执意将王小某送回云南随外婆生活至今，让王小某脱离父母的监护，不利于王小某的身心健康成长，且李女至今仍未能确定何时将女儿带回广州生活及亲自照顾，因此，一审判决由王男携带抚养女儿，并无不当，本院予以维持。李女未能举证证实王男有不适合携带抚养女儿的法定情形，其提交的证据也不足以证实王小某不适合在广州生活和治病，李女上诉请求改判女儿王小某由其携带抚养，理据不足，本院不予支持……双方当事人对一审判决的其他财产分割问题均无异议，本院予以维持。

综上所述，二审判决：驳回上诉，维持原判。

四、案件评析

（一）婚生女儿王小某应由谁携带抚养更有利于身心健康？

本案如果从王男和李女的学历、居住地、工作、收入状况这些客观条件上来看，抚养条件基本无差别。从性别上来看，李女在抚养王小某方面更有优势，一方面，王小某是女孩，由母亲照顾比较方便；另一方面，李女当时已经37周岁，而王男才34周岁，李女的再生育能力明显低于王男。

但本案为何最终将抚养权判给了王男而不是李女？李女究竟错在哪里呢？

在离婚纠纷的司法实践中，很多夫妻为了争夺孩子的抚养权，将孩子藏匿，让配偶见不到孩子，有的未经配偶同意单方决定将孩子送回老家由爷爷奶奶或外公外婆照顾，意图通过实际控制孩子这样的既成事实来争取孩子的抚养权。这样做有利于争取抚养权吗？

《最高人民法院关于人民法院审理离婚案件处理子女抚养问题的若干具体意见》规定："人民法院审理离婚案件，对子女抚养问题，应当依照《中华人民共和国婚姻法》第二十九条、第三十条及有关法律规定，从有利于子女身心健康，保障子女的合法权益出发，结合父母的抚养能力和抚养条件等具体情况妥善解决。"

《中华人民共和国婚姻法》第36条规定："父母与子女间的关系，不因父母离婚而消除。离婚后，子女无论由父或母直接抚养，仍是父母双方的子女。离婚后，父母对于子女仍有抚养和教育的权利和义务。离婚后，哺乳期内的子女，以随哺乳的母亲抚养为原则。哺乳期后的子女，如双方因抚养问题发生争执不能达成协议时，由人民法院根据子女的权益和双方的具体情况判决。"

《中华人民共和国未成年人保护法》第52条规定："人民法院审理继承案件，应当依法保护未成年人的继承权和受遗赠权。人民法院审理离婚案件，涉及未成年子女抚养问题的，应当听取有表达意愿能力的未成年子女的意见，根据保障子女权益的原则和双方具体情况依法处理。"

从以上法律以及司法解释规定可以看出，无论是从法律层面还是司法解释层面，对抚养权的问题一贯坚持的原则都是从有利于子女身心健康、保护子女的合法权益出发，结合父母的抚养条件和抚养能力作出判决。换句话说，判决抚养权的归属，子女的身心健康永远都是第一考量因素，父母双方的抚养能力和抚养条件是第二考量因素，如果满足不了第一个条件，第二个条件再好，也无法获得抚养权。

（二）从本案来看，虽然李女的抚养条件和抚养能力与王男几无差异，但在抚养权的第一个考量因素上，李女就做错了

在王男与李女感情出现裂痕，开始讨论离婚事宜的时候，李女先将自己患病的女儿留在云南老家由外婆照顾，并解释是夫妻两人闹离婚，怕王小某在广州会受到影响，等离婚事宜处理完毕再接王小某回广州。但王小某从来没有在云南老家和外婆长期生活过，自出生到5岁没有同时离开过父母。且不说突然将一个才5岁的孩子送到一个陌生的环境，脱离了父母这样最信任的亲密关系会给王小某造成怎样的情感和心理伤害，仅从王小某疾病治疗的角度来看，李女的行为显然没有将王小某的身心健康利益放在第一位。她的问题出在以下几个方面：

1. 王小某因患××综合征，需要长期治疗和严密监测，广州也仅有两三家三甲医院对××综合征有专业的治疗方案，周边湖南、广西、福建等很多同样患××综合征的病人也专门到广州的这几家医院治疗。所以从医疗条件上，广州要比云南好很多。但李女不顾王小某的健康需要，坚持将王小某一人留在云南。

2. 广州的主治医生嘱咐王小某的病情不适合去高原地区，如果去的话，孩子服用的激素需要加倍。无论父母是否离婚，如果真正为孩子的健康着想，父母都会选择宁愿不回老家（高原地区）过年，而不要加倍服用激素，但李女选择了加倍服用激素带孩子去高原地区。

3. 在第一次开庭时，李女告知法官将孩子留在云南只是临时措施，五一劳动节就会带回广州，但在7月第二次开庭时仍然没有将她带回广州，也未明确何时可以带回。

另外，庭审中李女一再强调孩子在云南老家被自己的母亲和兄嫂照顾得细致周到，孩子过得很开心，在幼儿园跟小朋友和老师相处得都非常愉快，以证明孩子脱离父母并没有给孩子造成情感和心理上的伤害。李女这样的认知显然没有理解亲子关系对孩子身心健康成长的重要性，也没有意识脱离父母对孩子潜在的和无形的负面影响。

综上所述，本案一审判决婚生女王小某由原告王男携带抚养，并对该判决作出了客观且有说服力的说理：被告单方面将王小某送回云南老家生活，至今已超过6个月时间，一方面云南的气候地理条件与广州差异很大，正常的儿童尚需适应，更何况王小某是××综合征患儿，身体状况更面临较大风险；另一方面造成王小某长时间脱离父母的直接监护和照顾，仅由外祖母一人照顾，既不利于亲子关系的维系，更难以保证在病情出现紧急变化时能够及时作出决断和对症治疗。综上所述，被告在作出这一行为时，并未以女儿的生命健康为最大考量。鉴于王小某的病情情况，本院认为离婚后由原告携带抚养为宜。

（三）如何争取子女抚养权?

关于离婚纠纷中抚养权的争取，大多数当事人首先强调的是自己客观的抚养条件和抚养能力优于对方，而忽略了自己实际所作所为是否有利于孩子身心健康，是否会伤害到孩子。如上所述，孩子的身心健康的利益才是抚养权第一考量因素，抢夺、隐藏子女，拒绝配偶探视，在孩子面前抹黑诋毁对方，在争取抚养权时都是减分项。

因此，当事人的言行举止对孩子的健康成长有利，才是争取抚养权的核心，在此基础上提高抚养能力，才能在更大程度上争取到抚养权。

孩子应该由谁携带抚养

陈樟宜[*]

一、案情介绍

林某与许某经人介绍相识，双方自由恋爱后结婚，婚后于2009年10月生育婚生女儿许小某。孩子出生后，双方因孩子抚养、教育及经济等各方面问题发生争吵，严重时曾报警处理。现许某起诉至法院要求离婚、分割夫妻共同财产及判决孩子抚养权。

许某认为林某虚构学历，不照顾家庭，双方感情已完全破裂。林某平时未对婚生女儿许小某进行照顾，许小某3岁之前均由许某父母照顾，且许某父母愿意帮助照顾许小某，故许小某应由许某携带抚养。许某同时要求分割夫妻共同财产，并要求林某承担夫妻共同债务。

林某则主张双方经人介绍恋爱结婚后，感情尚可，但自从林某生育婚生女儿许小某之后，许某即态度大变，不但对林某恶言相向，还与第三者纠缠不清，对林某使用家庭暴力，林某同意离婚。对于许小某，由于许某重男轻女，具有家庭暴力、酗酒、赌博等恶习，其各方面条件均劣于林某，由其携带抚养许小某不利于孩子健康成长，要求判决孩子归林某抚养。林某同时要求许某少分或不分夫妻共同财产，且认为并不存在夫妻共同债务，不同意承担所谓的债务。

二、裁判摘要

一审法院判决：一、准许林某、许某离婚。二、离婚后，婚生女儿许小某由许某携带抚养，自判决发生法律效力之日起林某每月负担孩子的抚养费×××元直至

* 陈樟宜，广信君达律师事务所律师。

其年满18周岁为止；林某可以随时探视许小某，许某应予以协助配合。三、夫妻共同财产（略）。……十一、自判决发生法律效力之日起15日内，许某支付给林某精神损害赔偿金×××××元。一审判决后，林某、许某均对一审判决不服，提出上诉。

二审法院判决：一、维持一审法院民事判决书第一项、第三项至第十一项及案件受理费的决定；二、变更一审判决第二项为：离婚后，婚生女儿许小某由林某携带抚养，自判决发生法律效力之日起许某每月负担许小某的抚养费××××元直至其年满18周岁为止；许某可于每周探视许小某一次，林某应予以协助配合。

三、裁判理由

二审法院认为，双方当事人对于一审法院对离婚问题，部分夫妻共同财产分割、债务负担等财产问题的处理均未提出异议，视为服从判决，因此，对于一审法院的该部分判决予以维持。

关于婚生女儿许小某的抚养问题，应当从有利于子女身心健康、保障子女的合法权益出发，结合父母双方的抚养能力和抚养条件等具体情况综合考虑。本案中，因许小某年龄尚幼，且是女孩，与母亲共同生活更符合人性情感需要的一般情形，更有利于其身心健康和成长。同时，许小某的户口、医疗保险等均在广州，无论是生活环境还是教育环境，由母亲在广州抚养更为有利。而许小某之前虽由祖父母携带抚养，但因许某是现役军官，需要长期驻守外地，无法携带抚养许小某，孩子长期由祖父母照顾，远不如由母亲携带抚养更有利于其健康成长。综合考虑上述因素，林某要求携带抚养许小某的上诉请求成立，本院予以采纳。

四、案件评析

（一）本案的争议焦点

本案的争议焦点是婚生女儿许小某应由谁携带抚养？一种观点认为，许小某长期由祖父母抚养，且祖父母愿意代替许某照顾许小某，不宜改变许小某的生活环境，应判决由其父亲许某携带抚养。另一种观点则认为，许小某是女孩，跟随母亲生活有利于其成长，且许小某年龄尚小，户口、医疗等关系均跟随母亲林某在广州，而其父亲许某长期驻守外地，且具有家庭暴力、醉酒、赌博等恶习，综合各方因素来看，由母亲林某携带抚养更有利于许小某的健康成长。二审法院支持了第二种观点，将一审判决的许小某由其父亲许某携带抚养变更判决为由其母亲林某携带抚养。

（二）关于婚生女儿应由谁携带抚养的法律分析论证

许某重男轻女，又具有家庭暴力、酗酒、赌博等恶习，林某在思想品性、教育背景、工作性质等各方面条件均优于许某，婚生女儿许小某跟随林某生活更有利于其健康成长。

1. 许某系家中独子，许小某出生后，他即当着众多亲戚朋友的面感叹生了女儿，具有严重的重男轻女思想；许某脾气暴躁，具有严重的暴力倾向，多次对林某实施家暴，该事实已经一审法院查实；许某还有酗酒、赌博、婚外情等恶习，许小某由其携带抚养不利于健康成长。

2. 林某系研究生学历，是公务员，工作稳定，生活规律，有充足的时间照顾孩子；且许小某是女孩，林某作为母亲，无论从生理上还是心理上都可以给予其合适的照顾；而许某作为现役军人，需长期驻军外地，必须居住于驻地营区，按照军规，驻地营区不允许携带家属居住，许某根本没有条件携带抚养许小某，而且许小某从出生至今，许某一直没有单独抚养过，一直都是由林某和许小某的祖父母共同携带照顾。

3. 婚生女儿许小某的户口、医疗保险等均跟随林某在广州，而许某未经林某同意偷偷将孩子带走后交由孩子祖父母在潮安农村带养生活。许小某明年 9 月即将上小学，在中国，户口与孩子的入学具有重要的关系，地段生、择校生、统筹生亦有巨大区别。许小某的户口在广州，必然要在广州上学，如在潮安上学，不但需要增加额外的费用开支，而且无论是从生活环境还是教育环境来看，广州的各方面条件均优于潮安，许小某在广州读书学习比在潮安更好，因此由林某携带抚养许小某在广州生活学习更有利于其健康成长。

4. 许某是现役军人，需长期驻守在驻地，根本不在潮安，不可能对婚生女儿许小某进行抚养照顾，甚至连必需的探视都不能做到。许某的父母虽然表示愿意帮助许某照顾许小某，表面上看只是协助带养，但在实际上却承担了全部的抚养照顾责任，而且他们已经年迈，身体不好，且文化程度不高，由他们单独照顾不利于许小某的健康成长。根据我国法律的相关规定，祖父母、外祖父母愿意帮助照顾孩子只是确定孩子跟随父或母生活的优先条件，而不是决定性条件，一审法院以此为由认为改变生活环境可能不利于许小某成长而判决其归许某抚养照顾显然是错误的，完全不利于孩子的健康成长。许小某是林某与许某的孩子，不是许某父母的孩子，许某将其私自带走后交由父母带养生活，一审法院将许小某判给许某，无异于将其判给了爷爷奶奶，非常不利于孩子的健康成长，因此该判决是错误的。

5. 在许小某被许某带走之前，许小某一直是和母亲林某生活在一起的，许某私自从学校接走许小某后即带其到潮安，并且不让林某看她。许小某现在的抚养状态是在许某未与林某协商的情况下，偷偷将其从学校带走而形成的，这是许某以极端的方式造成的，是不正常的状态，是不被法律所支持的。如果这种争夺孩子抚养权的方式都能被支持，必将导致人人效仿，增加社会不稳定因素。

根据《最高人民法院关于人民法院审理离婚案件处理子女抚养问题的若干具体意见》的规定，人民法院审理离婚案件，对子女抚养问题，应当依照《中华人民共和国婚姻法》第 29 条、第 30 条及有关法律规定，从有利于子女身心健康、保障子女的合法权益出发，结合父母双方的抚养能力和抚养条件等具体情况妥善解决。本案综合林某、许某的各方面条件，无论是从思想品性、教育背景，还是工作性质、工作时间等方面来看，林某的条件均优于许某，婚生女儿许小某由林某携带抚养更有利于其健康成长；相反，由于许某重男轻女，又具有家庭暴力、酗酒、赌博等恶习，婚生女儿许小某由许某携带抚养不利于其健康成长。因此，二审判决根据本案的具体情况，并根据相关的法律规定，依法对一审的抚养权归属予以改判。

抚养费标准是否能随物价上涨而提高?

李实忠*

一、案情介绍

2008年，男方和女方经调解后离婚，双方达成离婚调解协议。双方育有一子余小，经协议，余小由女方抚养，而男方承担每月200元的抚养费。在双方达成协议之后，余小父母没有任何联系，并且在独立生活一段时间之后，男方已经再婚并有了自己的家庭。而女方依旧靠打工生活，没有固定的收入来源，生活比较拮据。

2013年，女方因为无力承担余小在双语小学的高昂学费，以余小的名义把男方告上法庭，要求男方每月把相应的抚养费标准提高到3000元，一直承担至2023年余小年满18岁周岁为止，并且提交了孩子平时生活所需费用的各种证明。

男方当庭申辩：女方有敲诈嫌疑，并且余小现在所就读的双语小学根本不是双方经济收入情况能够承担得了的，对方非常偏执，一定要孩子上这所学校，完全不考虑家里的经济状况，男方已经多次向女方表态，“你养不起孩子我可以养，不需要你出一分抚养费，不要再三天两头和我说什么抚养费了”。而且，孩子上这所双语学校也有一段时间了，孩子的学习成绩也不怎么理想。而且对余小的就学情况，女方并没有提前跟男方商量。加之每月3000元的抚养费标准也超出了男方的能力范围，男方根本无法负担，砸锅卖铁也不行。因此，男方拒绝承担每月3000元的抚养费。

但是，女方认为自己完全是为孩子考虑，不能让孩子输在起跑线上，这是每一个家长都应该做的，作为孩子的父亲没有什么理由拒绝。自己带着孩子十分辛苦，付出的已经比男方多了，现在生活水平明显提升了，之前的抚养费就是杯水车薪，自己提出的请求是符合实际情况的。

---

* 李实忠，广东海际明律师事务所律师。

二、裁判摘要

法院判决支持了原告要求增加抚养费的请求，同时也驳回了原告每月 3000 元的请求。最终根据当地人均生活消费水准来进行评估，判定男方每月支付抚养费用 800 元。

三、裁判理由

《中华人民共和国婚姻法》第 37 条第 2 款规定，关于子女生活费和教育费的协议或判决，不妨碍子女在必要时向父母任何一方提出超过协议或判决原定的数额的合理要求。《最高人民法院关于人民法院审理离婚案件处理子女抚养问题的若干具体意见》第 18 条规定，原定抚育费数额不足以维持当地实际生活水平的，子女可以要求增加抚育费。本案中原告父母离婚的时间是 2008 年，当时双方协议男方每月支付抚养费 200 元。而 2013 年度某省农村居民人均生活消费支出为 5032. 14 元，平均每月是 419 元。根据上述情况，男方原来给付的抚养费数额目前显然不足以维持当地实际生活水平，因此得出以上判决。

四、案件评析

（一）本案的争议焦点

1. 抚养费是否能够一次性支付？

2. 抚养费随着当地经济水平不同而发生变化，那是不是每年要重新制定抚养费标准？

3. 子女的成长教育问题是否应该由离异双方共同商讨决定？

（二）具体分析

世界上许多国家和地区在婚姻家庭法立法时都遵循“儿童利益优先原则”和“儿童最大利益原则”。目前，尽管《中华人民共和国婚姻法》和《中华人民共和国未成年人保护法》明确规定了保护妇女、儿童合法权益的原则，但“未成年人利益优先原则”和“未成年人最大利益原则”也应当成为我国婚姻家事立法的基本原则，尽可能预防和减少由于父母离婚给未成年子女带来生活环境上的变化，避免对未成年子女性格养成、思想变化、学习成长等产生不利影响。

关于子女生活费和教育费的协议或判决，不妨碍子女在必要时向父母任何一方提出超过协议或判决原定数额的合理要求。同时，为保护未成年人的利益，促进未成年人身心的全面发展，法律适当鼓励未成年人根据个人天赋与爱好参与一定的课外辅导课程。本案中孩子长期参加围棋辅导班，从父母婚姻关系存续期间持续到离婚之后，男方在婚姻关系存续期间对此同意，离婚后知情但未明确表示反对。目前也缺乏证据证明围棋班与孩子的兴趣不符，是女方的强迫行为，也不属于过分报班的情形，因而依法应予支持。

在婚姻家庭类案件中，人民法院在对未成年子女的抚养费进行判决、调解时，一般依据当时当地的社会平均生活水平而确定具体的数额。但由于经济的发展、生活水平的提高及物价上涨等因素的变化，法院原先据以确定抚养费的基础已经不存在或发生很大改变，再依据当时的条件和标准支付抚养费，已经不能满足未成年人基本的生活要求，不能保障其正常的生活和学习。

因此，法律和司法解释规定未成年子女有权基于法定情形，要求抚养义务人增加抚养费。本案正是基于最大限度保障未成年子女利益的考量，在原审调解书已经发生法律效力的情况下，准予未成年子女向人民法院提起新的诉讼，依法支持其请求父亲增加抚养费的主张。该判决契合了我们中华民族尊老爱幼的传统家庭美德，符合社会主义核心价值观的要求。

但是对于本案来说，每月3000元的抚养费显然超出了该地区正常的生活标准，单纯就孩子上学费用来说，3000元作为抚养费用，是否能做到100%专款专用，在男女双方没有达成一致意见，并且男方客观上不具备监督条件的情况下，这个数额显然是不合理的。

本案例案情简单、诉讼标的不大，却涉及未成年人最基本的利益需求，体现了近年来物价上涨与未成年人抚养费理念、立法相对滞后之间的冲突。审判实践中，应着眼于未成年人的合理需求，既排斥奢侈性的抚养费请求，也避免过低的抚养费给付，遵循未成年人最大利益原则。因此，应否准予在每月支付的固定数额抚养费之外另行主张的大额子女抚养费用请求的问题上，首先应当考虑该请求是否符合未成年人的利益以及是否有相应的法律依据；其次应当考虑该请求是否属于未成年人合理需求产生的支出，法律不鼓励超前的或者奢侈的抚养费需求；最后应当考虑父母双方的经济水平与实际负担能力，相应费用若由一方负担是否会导致父母双方义务负担的不平衡。

（三）相关司法实践分析

1. 关于抚养费的计算标准、方法及法律依据

离婚后一方抚养的子女，另一方应负担必要的生活费和教育费的一部或全部，

承担费用的多少和期限的长短，由双方协议；协议不成时由人民法院判决。

关于子女抚养费的数额的确定。首先由父母双方协议，协议不成时，由人民法院判决，无论是协议还是判决，都应以三个方面的因素为确定依据：一是子女成长的实际需要；二是父母双方的实际承担能力；三是当地的实际生活水平。即使是父母双方协议子女随一方生活并由抚养方负担子女全部抚养费，法院也应查实双方是否符合上述条件，否则，影响子女健康成长的应不予准许。子女抚养费的数额有以下 3 种具体的计算方法：第一，有固定收入的，抚养费一般可按其月总收入的 20%～30% 的比例给付。承担两个以上子女抚养费的，比例可适当提高，但一般不得超过月总收入的 50%。第二，无固定收入的，抚育费的数额可依据当年总收入或同行业平均收入，参照上述比例确定。第三，有特殊情况的，可适当提高或降低上述比例。

关于子女抚养费给付的方式。子女抚养费可以采取以下给付方式：一是定期给付和一次性给付。可依父母的职业情况而定，原则上应定期给付，这主要是指有固定收入或虽无固定收入，但每月都有相当收入的父母，应按月给付；从事农业生产或收入较高的父母，可按季或年给付；特殊情况下，也可一次性给付，如当事人有充分的经济能力，有条件一次性给付的；对于涉外、涉华侨、涉港澳台同胞的离婚案件，对子女的抚养费一般都做一次性给付的处理，以免日后发生执行困难。二是以物折抵。这种方法主要适用于没有经济收入的一方或下落不明的一方。在这种情况下，按照确定的子女抚育费所要给付的数额，用归属于无经济收入一方或下落不明一方的财物，折抵抚育费，交付抚养子女的一方。

2. 关于抚养费的给付期限

子女抚养费给付期限包括原则期限和特殊期限两种。原则期限，是指抚养费的给付一般至子女 18 周岁为止。16 周岁以上不满 18 周岁的未成年人，以劳动收入为其主要生活来源，并能维持当地一般生活水平的，父母可停止给付抚养费。特殊期限，是指子女成年后，按父母的经济负担能力，仍要负担抚养费，停止期限视具体情况而定。下列成年子女的三种情况，即特殊期限适用的前提条件：丧失劳动能力或虽未完全丧失劳动能力，但其收入不足以维持生活的；尚在高中及以下学历的学校就读的；确无生活能力和条件的。据有上述特殊情况之一的子女，有负担能力的父母仍要负担其抚养费。

从徐某诉苏某某增加抚养费案论述抚养费标准

林　萱*

一、案情介绍

徐某某与苏某某原是夫妻关系，徐某是两人的婚生儿子。2005 年 12 月，徐某某以与苏某某长期存在家庭矛盾、感情彻底破裂为由，向人民法院起诉离婚。人民法院经审理，认为双方之间无和好可能，故判决准予离婚，徐某随母亲徐某某共同生活，徐某某自愿不要求苏某某承担抚养费。

2008 年 2 月，徐某向人民法院提起诉讼，以自己个人的生活、教育费用逐年增加，母亲徐某某无力全部承担为由，要求苏某某承担抚养费。人民法院经审理，判令苏某某自 2008 年 3 月起每月负担徐某抚育费 500 元，至徐某 18 周岁。

2009 年 1 月，徐某以上初中之后辅导费增幅较大为由，再次向人民法院提起诉讼，要求增加抚养费，人民法院经审理，判令苏某某自 2009 年 2 月起每月负担徐某抚育费 700 元，至徐某 18 周岁。

2012 年 9 月，徐某第三次向人民法院提起诉讼，以物价上涨等理由请求增加抚养费，人民法院经依法审理，判令苏某某每月负担徐某抚养费 1000 元，并承担徐某 50% 的医疗费、教育费（凭发票），至徐某 18 周岁。

徐某于 2014 年 5 月 20 日年满 18 周岁。2014 年 7 月，徐某第四次向人民法院起诉，以自己仍在上大学，没有独立经济收入为由，要求苏某某继续承担抚养费。另查明，徐某一直随徐某某共同生活，无精神、身体等方面的残疾或障碍。

二、裁判摘要

一审法院经依法审理，作出一审判决：一、徐某某自 2014 年 6 月起每月支付

---

* 林萱，广东法制盛邦律师事务所律师。

徐某生活费1000元，徐某的教育费、医疗费由徐某某承担50%，至徐某大学毕业；二、驳回徐某要求被告苏某某承担抚养费的诉讼请求。

一审判决后，徐某某不服，提起上诉。诉称：如果与苏某某共同抚养徐某，自己再辛苦也愿意。现一审判决由自己一人抚养，自己没有经济能力，并且患病已无力承担，故要求撤销原判。徐某则在二审中要求苏某某继续承担抚养费。2015年12月，二审法院作出终审判决：一、撤销一审民事判决书中的第一项判决；二、驳回徐某的全部诉讼请求。

三、裁判理由

一审法院经审理认为：徐某已年满18周岁，无丧失或完全丧失劳动能力等非主观原因而无法维持正常生活的情形存在，系完全民事行为能力人，且已经完成高中学业，如需要再继续接受大学教育，应通过勤工俭学等方式来自行解决大学学费、生活费等费用，徐某某、苏某某已经无法定义务承担徐某抚养费。徐某某和苏某某作为徐某的父母，可根据自己的经济能力和亲情关系，尽量协助徐某完成大学学业。现徐某某自愿承担原告的费用，并不违反法律强制性和限制性规定，可予准许。故依照《中华人民共和国民法通则》第11条第1款、《中华人民共和国婚姻法》第21条第1款、《最高人民法院关于适用〈中华人民共和国婚姻法〉若干问题的解释（一）》第20条的规定，作出上述一审判决。

二审法院经审理认为：根据法律规定，父母对子女有抚养教育的义务，父母不履行抚养义务时，未成年的或不能独立生活的子女，有要求子女付给抚养费的权利。而不能独立生活的子女是指尚在学校接受高中及其以下学历教育，或丧失或未完全丧失劳动能力等非因主观原因而无法维持正常生活的成年子女。徐某现已年满18周岁，是完全民事行为能力人，且已完成高中学业，不符合法律规定的未成年或不能独立生活的子女范围。其父母苏某某和徐某某已无承担抚养费的法定义务。对徐某的诉讼请求不予支持。另查明，徐某某在一审中同意承担抚养费是基于判令其与苏某某共同抚养为前提，是当事人对诉讼请求附条件的同意，而非对案件事实的自认。并且徐某与徐某某一直共同生活，故一审判决适用法律错误，依法予以纠正。依照2007年《中华人民共和国民事诉讼法》第153条第1款第2项、《中华人民共和国民法通则》第11条第1款、《中华人民共和国婚姻法》第21条第1款、《最高人民法院关于适用〈中华人民共和国婚姻法〉若干问题的解释（一）》第20条的规定，作出如上二审判决。

四、案件评析

我国法律规定，父母对子女有抚养教育之责。该责任的范围、期限以及婚姻解除后义务的承担，都有相关的法律或司法解释规定。根据抚养期限、子女自身生存条件的变更等情况，父母抚养义务的相应变化以及司法实践处理，可做以下分析：

（一）要求父母给付抚养费的法定条件

《最高人民法院关于人民法院审理离婚案件处理子女抚养问题的若干具体意见》（以下简称《意见》）做了具体规定，该《意见》第11条规定："抚育费的给付期限，一般至子女十八周岁为止。十六周岁以上不满十八周岁，以其劳动收入为主要生活来源，并能维持当地一般生活水平的，父母可停止给付抚育费。"第12条规定："尚未独立生活的成年子女有下列情形之一，父母又有给付能力的，仍应负担必要的抚育费：（1）丧失劳动能力或虽未完全丧失劳动能力，但其收入不足以维持生活的；（2）尚在校就读的；（3）确无独立生活能力和条件的。"从上述规定可以看出：第一，适用条件是父母有给付能力；第二，该《意见》不是严格意义上的司法解释，即便是执行意见，其中的内容若与后来的法律规定相冲突，已然无效。1993年的《意见》是根据1980年的《中华人民共和国婚姻法》第29条、第30条以及有关规定，从有利于子女身心健康、保障子女合法权益出发，结合父母双方的抚养能力等具体情况作出的意见。在2001年《中华人民共和国婚姻法》修改之前，该《意见》在司法实践中一直起着积极的指导作用，其中某些适用规定至今仍然具有十分重要的参考作用。

但从现行法律来看，虽然2001年《中华人民共和国婚姻法》修改仍然沿用了1980年《中华人民共和国婚姻法》关于"父母不履行抚养义务，未成年的或不能独立生活的子女，有要求父母付给抚养费的权利"的规定，但对于其中未成年人的理解，《中华人民共和国民法通则》第11条第1款规定："十八周岁以上的公民是成年人，具有完全民事行为能力，可以独立进行民事活动，是完全民事行为能力人。"[①] 所以，未成年的子女应指不满18周岁的人。至于什么是"不能独立生活的子女"？2001年12月24日发布的《最高人民法院关于适用〈中华人民共和国婚姻

---

① 《中华人民共和国民法典》第17条："十八岁以上的自然人为成年人。……"第18条第1款："成年人为完全民事行为能力人，可以独立实施民事法律行为。"

法〉若干问题的解释（一）》第20条规定："婚姻法第二十一条规定的不能独立生活的子女，是指尚在接受高中及其以下学历教育，或者丧失为或未全丧失劳动能力等非因主观原因而无法维持正常生活的成年子女。"由此可见，1993年的《意见》规定的"尚在校就读"和"确无独立生活能力和条件"的两种情形已经被取消。

综上所述，子女有权要求父母给付抚养费的条件是：第一，年龄不满18周岁；第二，尚在接受高中及其以下学历教育的成年子女；第三，丧失或未完全丧失劳动能力等非因主观原因而无法维持正常生活的成年子女。

（二）民事诉讼中的自认规则以及法官释明权的运用

《中华人民共和国民事诉讼法》第64条规定："当事人对自己提出的主张，有责任提供证据。"也就是说，在民事诉讼中，遵循"谁主张，谁举证"的原则。《最高人民法院关于适用〈中华人民共和国民事诉讼法〉若干问题的意见》（现已失效）第75条规定："一方当事人对另一方当事人陈述的事实和提出的诉讼请求明确表示承认的，当事人无须举证。"《最高人民法院关于民事诉讼证据的若干规定》第3条第1款规定："在诉讼过程中，一方当事人陈述的于己不利的事实，或者对于己不利的事实明确表示承认的，另一方当事人无需举证证明。"因此，自认既包括对事实的承认，也包括对诉讼请求的承认。自认免除了对方对该事实的证明责任，但并不一定导致败诉结果的发生和诉讼的终结。

法官释明权是指民事诉讼中当事人主张或陈述不正确、不明确、不充分，或者当事人对证据规定的理解或对己方提供的证据的充足性产生错误认识时，法官依职权对当事人进行发问、提醒，启发当事人把不当的陈述排除、修正，将不明确的诉求予以澄清，对充分的论述予以补充。释明权实质上是一种诉讼指挥权，是法官在履行审判职权时，基于裁决者的程序居中与诉讼主体能力缺陷的冲突，在不损害居中超然性的前提下，主动利用理解语言，对诉讼能力缺陷方进行程序救济，以保证当事人诉讼能力适度平衡。

在上述案件中，法官可以对双方当事人释明没有独立生活条件子女的法律含义，同时对原告释明其在本案的情形中，虽然有诉权，但不等于有胜诉权。

第二章

非婚生子女抚养纠纷

王某诉白某抚养纠纷案

刘海辉[*]

一、案情介绍

原告王某与被告白某于 2007 年因合作认识，于 2012 年发展为男女朋友关系后，其间已婚的白某以婚姻家庭不幸为由，向王某寻求安慰并欺骗她，自己会离婚，甚至带王某见自己的家人。原告王某在被告的蒙骗下无条件相信被告，于 2014 年底怀孕，并在 2015 年 9 月生下非婚生女儿王某某。原、被告于 2016 年 1 月结束恋爱关系，原告多次试图协商沟通抚养权问题，但被告从王某某出生起便对其不闻不问，没有承担过一个父亲应有的责任，甚至与原告断绝联系。王某为照顾女儿而辞去工作，没有了固定的生活来源和收入。王某某为初生婴儿，仅靠原告一人抚养无法满足其的生活支出。

二、裁判摘要

法院判决非婚生女儿王某某由原告抚养，被告白某支付抚养费至王某某 18 周岁时止。

三、案件评析

（一）如何保障非婚生子女的监护人关系及落实抚养权、抚养费的问题

非婚生子女享有与婚生子女同等的权利，不直接抚养非婚生子女的生父或生母应当负担子女的生活费和教育费，直至子女能独立生活为止。因非婚生子女的特殊

---

* 刘海辉，广东金桥百信律师事务所律师。

性，本案的焦点在于如何确认非婚生子女与父母之间的亲子关系；在被告白某作为生父没有给付过抚养费，而且还下落不明的情况下，应如何保护非婚生女儿王某某的合法权益？

1. 如何认定非婚生子女的亲生父母

非婚生子女，是指没有合法婚姻关系的男女所生的子女。不像合法婚姻那般的稳定关系，在处理非婚生子女抚养权与抚养费案件时，首先需要确认亲子关系，也就是确认谁是其亲生父母，只有确认了他们的身份，子女的合法权益才能得到有效的保护。民事诉讼遵循的举证原则是“谁主张，谁举证”，在确认非婚生子女案件中，应当由主张存在或者不存在亲子关系的一方承担举证责任。在案件过程中，若对方认可与孩子的关系，原告的举证责任自然可以稍微减轻一些。但实务中，往往遇到的是像本案被告一样避而不见、不负责任的对手。而法院对待非婚生子女的确认，一般首先明确双方的举证责任。根据我国《最高人民法院关于确认非婚生子女生父中男方拒作亲子鉴定如何处理的答复》的规定：“在确认非婚生子女案件中，应当由原告承担举证责任，被告（男方）如果否认原告证明的结论，应提供相应的证据，若其不能证明自己不是非婚生子女的生父，法庭认为有必要的，可以要求其进行亲子鉴定。”在审判实践中，必须要亲子鉴定前置，将举证的责任落在了原告身上。

但是，经常会遇见一方否认亲子关系，又拒绝做亲子鉴定的情况，而亲子鉴定并非是强制性的，法院并不能强制其配合进行亲子鉴定。对此，根据我国《最高人民法院关于适用〈中华人民共和国婚姻法〉若干问题的解释（三）》第 2 条第 2 款规定：“当事人一方起诉请求确认亲子关系，并提供必要证据予以证明，另一方没有相反证据又拒绝做亲子鉴定的，人民法院可以推定请求确认亲子关系一方的主张成立。”即使男方不配合做亲子鉴定，在女方提出了必要证据，能初步证明男方是非婚生子女的生父，法庭可以根据查证属实并排除第三人为非婚生子女生父的证据，推定原告的诉讼请求成立。

在实践中，要提供哪些证据才属于能证明亲子关系的“必要证据”呢？一般情况下，当事人可提供其与另一方有亲密关系或者同居关系的证据，包括两人恋爱的照片、恋爱记录、同居期间的居委会、派出所出具的简单证明，或邻居的证人证言等；《医学出生证明》可作为辅助证据；假若男方已经支付过一段时间抚养费，支付记录可以作为间接证据。

2. 抚养费应从何时开始计算

《中华人民共和国婚姻法》第 25 条规定：“非婚生子女享有与婚生子女同等的

权利，任何人不得加以危害和歧视。不直接抚养非婚生子女的生父或生母，应当负担子女的生活费和教育费，直至子女能独立生活为止。”自子女出生之日起，父母便具有了抚养的责任和义务，像被告白某那样逃避责任，从来没有支付过抚养费的，严重侵害了原告王某以及王某某的权益，导致她们生活艰苦，不得不寻求法律的帮助。原告在提交诉求时，可以要求按照抚养费标准，补偿判决前的抚养费用，具体日期可追溯至女儿的出生月。抚养子女是父母应尽的义务，无论是婚生子女还是非婚生子女，无论是未婚生子还是婚外生子，只要是自己的孩子，就应该承担抚养义务，不得以非婚生子女为由逃避自己的抚养义务。

3. 原告的主体资格的确认

实践中，对非婚生子女抚养费纠纷案件中当事人的主体资格问题存在比较大的争议，到底是以非婚生子女的名义直接主张抚养费，还是以非婚生子女的父或母为诉讼主体先确认抚养权，再要求给付抚养费？第一种观点认为，可以直接由该子女要求未承担抚养义务的父或母支付抚养费。本案中，王某某是白某的女儿，白某对其有抚养的义务，因此，王某某有权要求被告给付抚养费。而第二种观点认为，子女抚养费的给付，需先确定子女归谁抚养，再由未直接抚养方给付。

根据《中华人民共和国婚姻法》第 36 条的规定，父母对子女的抚养不仅是义务，同时也是权利。应先确定子女抚养问题，才有抚养费给付之诉，抑或两者同时进行，但不能先起诉要求抚养费，再来确定抚养权。就本案而言，若只起诉支付抚养费，法院判决被告白某支付王某某 18 周岁之前的抚养费，而其后被告白某又起诉要求抚养王某某，这样不但造成司法资源的浪费，也增加了当事人的诉累。故本案先主张确认抚养权，王某某由原告抚养，同时要求被告支付抚养费，最终获得法院判决支持诉请。

（二）非婚生子女权益的保护

笔者在办理上述案件的时候，作为原告代理人，心中充满感慨与无奈，随着性观念的开放以及人们的责任意识的淡薄，非婚同居现象日趋增多，与之相伴而生的非婚生子女问题也越来越多。婚姻关系以外的两性行为是有违社会道德准则的，也是不受法律保护的。但父母之过何究于子女？非婚生子女本身是无辜的，他们的合法权益应当受到法律的保护。

1. 非婚生子女享有与婚生子女同等的权利

非婚生子女，是在没有合法婚姻关系下所生的子女，包括未婚生子，即男女双方未缔结婚姻关系所生的子女；婚外生子，即夫妻一方与第三人发生关系所生的子女。长期以来，非婚生子女被称为“私生子（女）”，因为常伴随着婚外情或者非法同居发生，因而不被人待见或者受人歧视。本着人道主义的精神，《中华人民共和国婚姻法》规定，非婚生子女享有与婚生子女同等的权利，任何人不得加以危害和歧视。非婚生子女的生父母对其有抚养教育的义务。

2. 实务中保护非婚生子女权益存在的困难

在实践中，常出现非婚生子女由一方单独抚养，而另一方逃避承担抚养责任的情况。特别是在男方不承认与非婚生子女之间存在亲子关系，拒绝支付抚养费的时候，非婚生子女的合法权利更难也更迫切地需要得到保障，进而产生了以确认亲子关系为前提的一系列抚养纠纷。请求确认存在亲子关系的一方需要承担一定的证明责任，比如通过亲子鉴定报告或者其他证据形成完整的证据链以证明亲子关系的存在，在此基础上，要求给付抚养费。作为非婚生子女弱势方的代理律师，更应该通过自身的专业知识，协助当事人完成相关的证明责任，为当事人争取到应得的权益。

虽然婚姻法规定非婚生子女享有与婚生子女同等的权利，任何人不得加以危害和歧视，但终归只是笼统的规定而已，综观整个法律体系，直接或者间接涉及非婚生子女保护的规定并不多，由此可见对非婚生子女的保护仍有诸多不足。没有具体化的操作规定，无法确切地保障非婚生子女的利益，非常不利于其身心健康成长。非婚生子女应当享有与婚生子女同等的权利，需要更加完善的相关法律制度来保护非婚生子女的权益。

3. 保护非婚生子女的思考

笔者办过许多有关抚养纠纷的案件，而经历上述案件，再次感受到当今社会对非婚生子女的不公对待。笔者从律师、社会和立法角度对非婚生子女的保护提出如下建议，希望与法律同行们一同探讨：

（1）从律师的角度来看，应以自身的专业知识以及丰富的经验帮助当事人，维护当事人的合法权益。单独抚养非婚生子女的一方一般处于弱势，他们本就需要比婚生子女承担更多，社会应该善待他们，而我们作为代理律师，应该以专业的法律知识尽全力维护他们的合法权益。同时，作为一名法律人，应该对当事人进行相关的普法，增强当事人维护自身权益的意识。

（2）从社会的角度来看，应尽量矫正人们对非婚生子女的偏见。父母的过错不应该由子女来承受。大多数非婚生子女无法在一个完整的家庭中成长，更因此遭受社会的歧视和不公平对待，这会对其身心造成严重的侵害。但要改变几千年来的传统思想观念并非易事，因此更需要加强力度进行法制宣传。除此外，增强人们对家庭的责任意识才能从根本上解决非婚生子女的问题。

（3）从立法的角度来看，要建立非婚生子女保护相关的法律制度。现阶段，我国婚姻法只是笼统地规定非婚生子女享有与婚生子女同等的权利，对非婚生子女的抚养教育义务、如何行使探望权、监护制度、财产继承等方面的问题都未作出相关的规定，不利于对非婚生子女权利进行实际的保护。甚至落户等问题上的政策也体现了在制度层面对非婚生子女的不公平对待。既然规定非婚生子女享有与婚生子女同等的权利，那么可以参考对婚生子女的具体规定完善对非婚生子女的法律保护。

上述案件属于非婚生子女抚养纠纷的一个典型案例，非婚生子女的出生由不得他们来自己选择，但他们是无辜的，不应该受到那些不公平的惩罚和歧视。希望通过此案例分析可以呼吁改变对非婚生子女的传统观念以及完善相关立法来保护非婚生子女的权益，给他们创造一个健康成长的生活环境。

涉外非婚生子女抚养纠纷如何解决？

陈　红[*]

一、案情介绍

李小某是王某与李某的非婚生女儿，王某户籍所在地为福建厦门市，经常居住地为广州市某区。李某系香港居民，李小某在香港出生，取得香港居民身份。李某在李小某一岁时离开，此后一直未有联系及给付抚养费。2012 年 5 月王某向香港地区法院起诉要求李某支付女儿每月生活费 3 万元。同年 9 月，李某向厦门市某区法院起诉，请求：1. 女儿由原告李某携带抚养；2. 被告王某承担女儿抚养费每月 2000 元至女儿独立生活止，并行使探视权。厦门市某区法院判决李小某由王某抚养，驳回李某的诉讼请求。李某不服，提起上诉，认为李小某应由其抚养，且因王某未就李小某的抚养权提起反诉，原审判决超出当事人诉讼请求。厦门市中级人民法院认为：一审判决未支持李某的诉讼请求并无不当，李小某由王某抚养更有利于孩子的健康成长，但一审法院对李小某的抚养权直接作出判决超出李某原审诉讼请求范围，应予以纠正；并于 2013 年 10 月作出判决维持一审判决第二项即驳回李某的诉讼请求；撤销一审判决第一项即李小某由王某抚养。时隔一个月，即 2013 年 11 月，李某又向王某的经常居住地广州市某区法院起诉，请求：1. 女儿李小某由原告抚养，被告王某每月向原告支付抚养费 2000 元至女儿独立生活止；2. 若女儿未能判归原告抚养的，请求依法确定原告每月承担女儿抚养费的金额不低于人民币 5000 元（至女儿独立生活时止）；3. 依法确定对女儿李小某的探视安排。

二、裁判摘要

广州一审、二审法院认为：诉的种类分为确认之诉、给付之诉、变更之诉。确

* 陈红，广东岭南律师事务所律师。

认之诉为请求法院确认某种法律关系的存在或者不存在的诉。给付之诉为请求法院责令义务人履行一定的实体义务，以实现自身合法权益的诉。李某要求取得女儿抚养权，法院已不支持；李某面临负担女儿抚养费的义务。虽然王某在本案中没有提起给付之诉，即没有要求李某支付抚养费，且已经在香港提起抚养费诉讼，但是并不影响李某在本案中提起确认之诉，理由为法律赋予权利人提起给付之诉的权利，即王某或李小某有权提起要求李某支付抚养费或者当情势变更时要求增加抚养费的诉讼，在权利人怠于行使其权利时，为平衡双方利益，义务人可提起确认之诉，即李某有权提起确定每月应当负担抚养费的数额，或者当情势变更时要求减少抚养费的诉讼，从而依法固定、稳定双方的权利义务关系。本案中李小某一直随王某在广州市居住生活，中国内地和地区分别属于独立的司法系统，在王某或者李小某没有在中国内地提起抚养费诉讼时，李某作为义务人，有权要求确认其每月负担李小某抚养费数额，抚养费包括生活费、教育费、医疗费等费用。这有利于在域外旷日持久司法诉讼期间子女的成长费用的解决，同时也符合儿童利益最大化原则。法院为解决抚养费问题，首先确定李小某抚养权归王某，抚养权与抚养费、探视权的关系，譬之如皮与毛的关系。抚养权确定后，为抚养权、探视权的处理，解决了前置障碍。因王某不同意在本案中解决抚养费问题，未提交李小某每月需要支出的费用数额，法院认为王某应承担举证不能的法律责任，法院无法确定李小某每月的实际支出，只能参照王某在香港法院提出的抚养费数额，判决："李某每月负担非婚生女儿李小某的抚养费 10000 元，从 2013 年 11 月当月起支付至年满 18 周岁止。"增加判项："确认被抚养人李小某应由王某携带抚养。"

三、案件评析

（一）本案涉及的法律问题

由于本案涉及中国内地和香港特别行政区两个独立的司法系统，在王某向香港法院提起抚养费诉讼后，李某在中国内地提起数个诉讼，包括返还财产、抚养权和抚养费诉讼，本抚养纠纷案主要涉及如下法律问题。

1. 王某、李小某早在 2012 年已向香港特别行政区区域法院提出要求李某给付抚养费的诉讼，案件在香港区域法院审理期间，李某又在内地法院就抚养权、抚养费提起诉讼，内地法院是否有管辖权？

2. 李某就李小某的抚养权在厦门市区法院提起诉讼，诉请李小某由其抚养，一审、二审法院驳回其诉讼请求，其在二审法院判决后一个月内，可否再向广州法院提起诉讼？

3. 李某就李小某的抚养权在厦门市区法院提起诉讼，诉请李小某由其抚养，王某每月支付抚养费；王某不同意，对此王某是提起反诉还是直接抗辩由其抚养更有利于李小某的健康成长？

4. 该案应当适用中国内地法律还是我国香港特别行政区的有关规定？

5. 如李某拒不履行生效判决，李小某的权益如何保障？广州中院的判决能否得到香港法院的承认和执行？

（二）争议焦点

本案的争议焦点是：李某作为原告，是否有权提起确认其每月应负担女儿李小某的抚养费数额的请求？

被告王某认为，依据《中华人民共和国婚姻法》第 21 条第 2 款的规定，抚养费请求权的主体是子女。司法实践中，也是孩子作为原告、直接抚养孩子的父母一方作为孩子的法定代理人参与诉讼。

李某是支付抚养费的义务人而不是权利人，在抚养费问题上，其并无利益受到侵害而需要通过诉讼予以保护，其作为原告起诉，不是向被告主张权利，也不是请求法院保护自己的民事权利，而是主张向被告王某承担民事义务。李某愿意支付抚养费，完全可以自行履行，但无权代替权利人行使应有的民事权利，提起诉讼，其不是适格的主体，没有诉权。李某对王某在香港法院提出的抚养费金额有异议，应当在香港法院依法抗辩，而不是在王某向香港法院起诉后，先后在厦门市、广州市法院提起抚养权、抚养费诉讼，并以此提交材料给香港法院、阻挠香港法院对抚养费案件的审理，达到其少付、延付之目的，李某的行为明显是在滥用诉权，违反了诚实信用原则。此外，李某和李小某均是香港居民，李某的工作在香港，由香港公司支付工资和各项收入，主要财产在香港，由此香港法院更便于抚养费案件的审理和以后判决的执行，更有利于切实保护孩子的利益。法院理应驳回李某的该项请求。

（三）诉讼法院的选择

中国内地和香港特别行政区虽属同一主权国家，却分属不同的法域，两地之间的民事诉讼管辖冲突难以避免。通常来讲，民商事法律冲突主要包括管辖权冲突、法律选择和司法协助三个基本问题。由于内地和香港地区解决涉外民事案件的相关实体法和程序法都存在着较大差异，对当事人而言，同一纠纷选择在内地进行诉讼或者在香港进行诉讼，可能会有不同的结果，出现“挑选法院”或者“一事两诉”等现象就难以避免。我国法院对国内诉讼是严格禁止“平行诉讼”，而对涉港诉讼却完全肯定。

1. 王某是内地居民且定居广州市，李小某和李某是香港居民，王某虽就抚养费纠纷已向香港法院诉讼，由于中国内地和香港虽属同一主权国家，却分属不同的法域，各自司法独立，李某选择中国内地进行诉讼，中国内地对本案有司法管辖权。依据《中华人民共和国民事诉讼法》第21条之规定，王某的住所地在厦门市，经常居住地在广州市某区，故广州市某区法院有管辖权。李某就李小某抚养权在厦门市某区法院提起诉讼，诉请李小某由其抚养，其诉讼请求被法院驳回后，立即又在广州市某区法院提起诉讼。李某诉讼目的虽然很明显，但其在正当行使自己的诉权，其在广州某区法院提起的诉讼实为变更抚养权之诉，是否变更，应当由法院依据王某的抚养条件是否发生明显变化，是否不利于孩子的健康成长作出判决。

2. 在处理涉外案件时，应依据《中华人民共和国涉外民事关系法律适用法》和《中华人民共和国民法通则》第八章以及相关司法解释的规定，确定涉外民事关系所适用的法律。依据我国《最高人民法院贯彻执行〈中华人民共和国民法通则〉若干问题的意见》第189条和《中华人民共和国涉外民事关系法律适用法》第29条之规定，扶养人李某和被扶养人李小某的国籍均是中国香港，扶养人李某住所地在香港，其财产所在地也在香港，香港与被扶养人李小某有最密切的联系，故该案应当适用香港法律。

3. 在离婚案件的司法实践中，往往就解除婚姻关系、抚养权、抚养费、财产分割一并作出判决。一方当事人提起抚养权诉讼，另一方当事人认为孩子由自己抚养更有利于其健康成长，可直接抗辩，无须反诉。广州二审法院在王某虽未就抚养权提起反诉的情况下，亦是在判决中直接确认李小某由王某携带抚养。

4. 内地法院的判决如何得到有效执行？在最高人民法院和香港特别行政区政府于2017年6月20日签署的《关于内地与香港特别行政区法院相互认可和执行婚姻家庭民事案件判决的安排》（以下简称《婚姻家事安排》）生效之前，内地或香港的法院仅就婚姻家庭案件中涉及的夫妻关系解除的判决内容予以认可，但是涉及夫妻财产分割、子女抚养等判决内容却无法在对方的法院得到认可，更不可能申请法院执行。在《婚姻家事安排》生效之前，如果李某拒不履行内地法院的生效判决，该判决是难以得到香港法院的承认和执行的，这也是王某坚持在香港法院解决抚养费纠纷之目的所在，既是为了争取较高的抚养费，也是为了方便、保障判决的执行，充分维护孩子的权益。

《婚姻家事安排》对安排适用的范围、当事人申请认可和执行的程序及救济途径、法院审查认可和执行请求的依据和处理方法、不予认可和执行的情形等作了规定。依据《婚姻家事安排》的规定，被申请人在内地和香港均有可供执行财产的，申请人可以分别向两地法院申请执行。两地法院执行财产的总额不得超过判决确定的数额。应对方法院要求，两地法院应当相互提供本院执行判决的情况。《婚姻家事安排》确定了申请认可和执行程序先行，在审理婚姻家庭民事案件期间，当事人申请认可和执行另一地法院就同一争议作出的判决的，应当受理。受理后，有关诉讼应当中止，待就认可和执行的申请作出裁定或者命令后，再视情形终止或者恢复诉讼。审查认可和执行判决申请期间，当事人就同一争议提起诉讼的，不予受理；已经受理的，驳回起诉。判决获得认可和执行后，当事人又就同一争议提起诉讼的，不予受理；判决未获认可和执行的，申请人不得再次申请认可和执行，但可以就同一争议向被请求方法院提起诉讼。

在《婚姻家事安排》正式生效实施以后，当事人在获得两地法院认可或执行判决的裁定或命令后，就可以利用两地法院各自的强制执行工具，实现对于同一判决结果的有效执行，这对提高司法判决的执行效率，有效限制平行诉讼，促进两地婚姻家事纠纷的解决起到积极的推动作用。

非婚生子女的权利及其抚养费承担

马状立*

一、案情介绍

原告张小小（化名）的母亲张某某与被告王某某于2006年认识，由于双方都是穆斯林，2009年3月在青海省某市的清真寺举行了回族婚礼，但并没有依法进行结婚登记。张某某于2010年3月生育张小小。张某某多次要求被告王某某补办结婚登记，领取结婚证，被拒绝后，才得知王某某已有妻子和家庭，无法与其登记结婚。故张某某便带着原告张小小离开王某某独自生活。张某某一直抚养张小小直至其6岁。后因张某某与被告王某某之间一直对原告张小小的抚养权存在争议，并历经了漫长的一审、二审抚养权纠纷诉讼。张小小的抚养权判归母亲张某某。后王某某私下将张小小带往青海省，但对其不管不顾，造成其身患多病，全身长满疥疮，关节疼痛，经医院诊断，张小小患上了风湿性关节炎及自闭症。此后，王某某向人民法院起诉要求变更张小小的抚养权未得到支持后，张某某将张小小从青海省接回抚养照顾，并四处寻医问药，给她治疗疾患。现张某某在广州生活工作，张小小亦随母亲在广州市就读及生活，但由于户口随母亲落在黑龙江某市，无法在广州入读公立学校，原判决支付的每月抚养费1000元，难以维持张小小基本生活需求。而王某某在多处（包括境外）拥有房产及工厂，经济条件很好。因此，张小小要求增加抚养费，同时王某某应分担自己治疗上述疾病支付的医疗费用。

原告请求法院判决：1. 被告支付原告从2017年9月1日就读私立小学至2029年高中毕业因学习产生的费用每月5000元；2. 被告支付原告从2017年到2018年的医疗费5500元，因被告不执行法院判决，故考虑会影响原告学习，请求一次性支付以上全部费用；3. 被告支付原告从2010年3月至2016年12月共6年的抚养

* 马状立，广东为峰（白云）律师事务所律师。

费，每月按3000元计算；4. 被告支付原告从青海省返还广州市的飞机票费用；5. 本案诉讼费由被告承担。

二、裁判摘要

依照《中华人民共和国婚姻法》第25条、《最高人民法院关于人民法院审理离婚案件处理子女抚养问题的若干意见》第7条及《中华人民共和国民事诉讼法》第64条第1款的规定，判决如下：一、本判决发生法律效力之日起10日内，被告王某某一次性支付医疗费用人民币1507.89元给原告张小小；二、本判决发生法律效力之日起，被告王某某每月支付抚养费人民币2500元给原告张小小，至原告张小小年满18周岁时止；三、驳回原告张小小的其他诉讼请求。

三、裁判理由

人民法院认为，已生效的民事判决书确认原告张小小为张某某与被告王某某的非婚生子女，并判决由张某某携带抚养原告，原告作为非婚生子女，应当享有与婚生子女同等的权利，被告作为不直接抚养子女的一方，依法有给付抚养费用的义务，即负担原告基本生活、教育、医疗等费用。一审判决生效后，原告母亲张某某于2017年1月从青海省某市接回原告时，原告严重营养不良且伴有头晕、头痛的症状，还不愿与人交流，原告随母亲张某某生活后持续看病治疗产生的医疗费用，被告应予负担，就原告提供的医疗机构病历及相对应的医疗费用发票的费用共计3015.77元，由被告王某某负担一半，即3015.77元×50% =1507.89元，原告在广州市某药房购买的中药支付药费共计52490元，原告仅提供了收款收据并非发票，且原告未能提供医疗机构的相关病历予以佐证，因为该药房并非医疗机构，其出具的病历不具有法定效力。原告要求该部分费用由被告负担依据不足，本院不予支持。原告现已随同母亲张某某共同生活，并且张某某现在广州工作生活，根据广州市生活指数基本需求，原生效判决确定的每月抚养费1000元标准显然无法满足原告基本生活需求，参考被告的实际收入情况，酌定每月抚养费调整为2500元，至原告年满18周岁时止。上述抚养费标准的调整已充分考虑了原告在广州本地生活学习的实际需求，因此原告要求每月另给付5000元教育费用依据不足，本院不予支持。根据已生效的民事判决书认定，原告自2010年3月出生至2015年8月，原告母亲张某某与被告王某某达成协议：原告由张某某携带抚养，被告王某某每月支付抚养费500元给原告，从2015年1月18日至2017年1月20日原告被母亲张某某接回日止，原告随被告王某某共同生活，之后原告随同母亲张某某共同生活，原告由其母亲及被告相继携带抚养，且在原告由母亲携带抚养期间，被告王某某均有按约定支付抚养费，因此原告主张被告再行支付2010年3月至2016年12月期间的抚养费依据不足，本院不予支持。

四、案件评析

（一）本案焦点为非婚生子女是否享有婚生子女一样的权利？

根据《中华人民共和国婚姻法》第25条的规定，非婚生子女享有与婚生子女同等的权利，任何人不得加以危害和歧视。不直接抚养非婚生子女的生父或生母，应当负担子女的生活费和教育费，直至子女能独立生活为止。所以，本案原告张小小作为被告王某某的子女，有权要求被告承担抚养义务。

（二）抚养费该如何计算？抚养费包括哪些内容？

我国《最高人民法院关于人民法院审理离婚案件处理子女抚养问题的若干具体意见》第7条规定："子女抚育费的数额，可根据子女的实际需要、父母双方的负担能力和当地的实际生活水平确定。有固定收入的，抚育费一般可按其月总收入的百分之二十至三十的比例给付。负担两个以上子女抚育费的，比例可适当提高，但一般不得超过月总收入的百分之五十。无固定收入的，抚育费的数额可依据当年总收入或同行业平均收入，参照上述比例确定。有特殊情况的，可适当提高或降低上述比例。"上述的司法解释中提到的抚育费实际上就是我们通常所说的抚养费。在我们法律实务上，判定该给多少抚养费是要从上述的三方面进行分析的。现在男方在另案的庭审笔录中表示在多地有房产、工厂，自己每年收入有10万元之多。在广州的日常生活水平高是人尽皆知的事情，一个快餐都需要10元到20元。所以，1000元的抚养费明显比较低了。

关于抚养费包括的内容，我国《最高人民法院关于适用〈中华人民共和国婚姻法〉若干问题的解释（一）》第21条的规定："婚姻法第二十一条所称'抚养费'，包括子女生活费、教育费、医疗费等费用。"虽然，随着我国社会的进步及社会福利的增加，我国现在实行九年义务教育，在户口所在地读书的孩子们都可以免费接受义务教育。但是，在我们这个市场经济的社会环境下，还是有很多人外出到陌生的城市打工，这就形成了新的社会群。这样的打工一族，户口不在工作生活的城市，其子女的教育就不属于免费的范畴。因此，我国《最高人民法院关于适用〈中华人民共和国婚姻法〉若干问题的解释（一）》中关于教育费的规定还是有其实效性的。我国幅员辽阔，各地生活水平不一，广州的物价消费水平还是处于一个比较高的水平，抚养费太低很难保障孩子的物质生活需要。医疗费随行就市，也是应有之义。在本案中，原告的身体情况确实可能需要非正规医院的药品，但是在法院诉讼应当遵循十分严格的法律规则，由于原告提交的证据中存在瑕疵，所以人民法院也就难以认定这个可能存在的客观事实。

具备结婚实质要件未婚同居者的子女的抚养问题

李实忠*

一、案情介绍

2013年，男方在外地打工期间与女方相识，两人在一起生活和工作一段时间之后感情持续升温，最终于2014年12月确定恋爱关系。而后在2015年2月，二人按照男方家乡风俗举办婚礼，并以夫妻名义进行生活。但是因为二人均未达到法定结婚年龄，所以并未办理婚姻登记。

2015年12月，女方生下女儿。2016年3月，因生活上的芝麻小事，男方与女方发生争执。而后男方离家出走，至今未归，其间与女方没有任何联系。女方曾外出寻找男方，但是一直没有找到。双方没有共同财产，也没有共同债务。因没有办理相关结婚手续，导致两人的女儿无法办理落户。因此，女方提出诉讼，要求法庭解除双方的同居关系，并将女儿判归女方携带抚养。

二、裁判摘要

根据我国《最高人民法院关于适用〈中华人民共和国婚姻法〉若干问题的解释（一）》第5条、《最高人民法院关于适用〈中华人民共和国婚姻法〉若干问题的解释（二）》第1条、《最高人民法院关于民事诉讼证据的若干规定》第2条之规定，判决双方生育的女儿由女方抚养，男方不支付抚养费。

---

* 李实忠，广东海际明律师事务所律师。

三、裁判理由

本案中，双方于2015年2月未经登记即以夫妻名义同居生活，至今未补办结婚登记，应当按照同居关系处理。我国《最高人民法院关于适用〈中华人民共和国婚姻法〉若干问题的解释（二）》第1条规定："当事人起诉请求解除同居关系的，人民法院不予受理。但当事人请求解除的同居关系，属于婚姻法第三条、第三十二条、第四十六条规定的'有配偶者与他人同居'的，人民法院应当受理并依法予以解除。"本案中，原、被告之间的同居关系并不属于有配偶者与他人同居的情形，不属于人民法院强制判令解除同居关系的情形。但依照法律规定，同居关系不受法律保护。

同居期间生育的非婚生子女，其法律权利和义务比照婚生子女的规定。本案中，女儿一直由原告携带抚养，改变其生活环境对其健康成长明显不利，且被告下落不明，故女儿由原告抚养有利于其身心健康，便于其合法权益得到保障。原告主张由其自费抚养女儿，不要求被告男方支付抚养费，不违反法律规定，法院予以支持。

四、案件评析

（一）本案的争议焦点

1. 作为亲生父亲的男方不支付抚养费是否符合相关规定？

2. 具备结婚的实质要件的婚姻关系即"事实婚姻"是否不受法律保护？事实婚姻之下的子女，能否办理相关身份手续？

（二）具体分析

关于第一个问题，法院判决男方不支付抚养费是可以的。虽然夫妻双方均有抚养孩子的义务，但一方自愿放弃要求对方支付抚养费，只要其有独自抚养的能力，法院可以如此判决。如果放弃抚养费的一方想重新起诉，要求支付抚养费，理论上来讲是可以的，但是实际中往往较难实现。

我国《最高人民法院关于适用〈中华人民共和国婚姻法〉若干问题的解释（一）》第5条规定："未按婚姻法第八条规定办理结婚登记而以夫妻名义共同生活的男女，起诉到人民法院要求离婚的，应当区别对待：（一）1994年2月1日民政部《婚姻登记管理条例》公布实施以前，男女双方已经符合结婚实质要件的，按事实婚姻处理；（二）1994 年 2 月 1 日民政部《婚姻登记管理条例》公布实施以后，男女双方符合结婚实质要件的，人民法院应当告知其在案件受理前补办结婚登记；未补办结婚登记的，按解除同居关系处理。”

本案的时间明显不符合事实婚姻的形成条件，只能认定双方构成同居关系。《最高人民法院关于人民法院审理未办结婚登记而以夫妻名义同居生活案件的若干意见》第 9 条规定，解除非法同居关系时，双方所生的非婚生子女，由哪一方抚养，双方协商；协商不成时，应根据子女的利益和双方的具体情况判决。哺乳期内的子女，原则上应由母方抚养，如父方条件好，母方同意，也可由父方抚养。子女为限制民事行为能力人的，应征求子女本人的意见。一方将未成年的子女送他人收养，须征得另一方的同意。法院判决男方不支付抚养费并不代表未成年非婚生子女丧失请求其抚养的权利。

事实婚姻，是指 1994 年 2 月 1 日前，没有配偶的男女，未进行结婚登记，便以夫妻关系同居生活，群众也认为是夫妻关系的两性结合。事实婚姻的男女应无配偶，有配偶则构成事实重婚，即指前婚未解除，又与他人以夫妻的名义共同生活，但未办理结婚登记手续。

事实婚姻实际上在我国曾经长期大量存在。在广大农村，特别是边远地区，婚姻登记不方便，且我国民间流行仪式婚，许多人认为，只要举行了婚礼，得到亲朋好友的认可，就是夫妻了，没有必要再履行法律手续。一些地方事实婚姻甚至在当地婚姻中占相当大的比例。针对案例中这一普遍存在的现象，不仅需要当事人法律意识的提高，也需要法律工作者进行更多、更广泛的法律宣传和法律教育。同时要不断促进婚姻登记制度的健全，使公民特别是广大农村边远地区的公民，从思想上认识到没有登记的婚姻是不受法律保护的，这种同居关系对他们的生活会产生很多负面影响。使他们在考虑婚姻缔结时，能够认识到通过婚姻登记的方式才能给自己的婚姻关系予以法律的保护，给自己的婚后生活以法律的保障，减少类似本案例中的情况发生。

（三）相关知识拓展

1. 同居关系继承问题

同居一方死亡，另一方要求继承死者遗产，如符合《中华人民共和国继承法》第 14 条的规定，即“对继承人以外的依靠被继承人扶养的缺乏劳动能力又没有生活来源的人，或者继承人以外的对被继承人扶养较多的人，可以分给他们适当的遗产”，可根据相互扶助的具体情况处理。

2. 同居关系经济补偿问题

同居关系双方由于没有法定的婚姻关系，因此权益得不到法律的保护。一方往往因为感情受挫、精神痛苦而向另一方提出青春损失赔偿、精神损害赔偿等，但提出上述要求都是没有任何法律依据的，即便是由于一方感情出轨才导致双方同居关系解除，另一方也无法主张损害赔偿。除非是一方的家庭暴力行为造成另一方伤害，那么受伤害一方才能根据《中华人民共和国反家庭暴力法》以及人身损害赔偿的相关规定提出赔偿要求。

解除同居关系是不可以要求对方赔偿的，法院也不会支持这种诉讼请求。因为：（1）同居关系不等同于夫妻关系，我国婚姻法并未明确规定解除同居关系时，一方是否有权向另一方要求赔偿；（2）一方在解除同居关系时，无权要求另一方给予赔偿，因为非婚同居的生活方式是男女双方当事人对自己生活状态的选择，法律不予强加干涉；（3）同居关系中的当事人与婚姻关系中的配偶存在很大的不同，同居中的一方很难能够像夫妻中的配偶一样得到法律的保护。因此，一般情况下，解除同居关系时，一方无权向另一方要求赔偿。但这并不是绝对的，如果同居期间的其他权利受到侵害，比如身体健康权、财产权等，是可以向对方要求赔偿的，只不过此时的“赔偿”不同于单纯的解除同居关系而要求的赔偿，而是一种侵权赔偿。

3. 同居关系效力问题

在我国，事实婚姻曾经是普遍存在但又很特殊的婚姻状态。但是在不同的国家，对于同居关系即事实婚姻持有不同的态度，英美的普通法是承认同居关系的效力的；而日本对于事实婚姻是不承认的；还有一种是相对承认主义，也就是有条件的承认这些条件，主要有：达到法定的同居年限；法院确认；补办法定手续。我国实行的是婚姻登记制度，事实婚姻相对于合法登记的婚姻而言，未经登记，在本质上属于违法婚姻。但是考虑到我国的现实国情，为了维持一定范围内的婚姻家庭关系的稳定，保障处于弱者地位的妇女、儿童的基本利益（这些基本利益很多时候就是弱势妇女、儿童的基本生存权利），也是为了保证广大农村人口已有的婚姻关系的稳定，国家对未办理登记而以夫妻名义同居生活的男女双方之间的关系有条件地予以认可，并督促他们补充办理结婚登记手续，补办婚姻登记的时间从他们具备结婚的实质要件开始起算。

第三章

探望权纠纷

离婚纠纷中探望权的保障

张少星*

一、案情介绍

原告吕某与被告朱某于2014年经人介绍认识，2016年5月登记结婚，女儿出生于2017年8月。由于婚前缺乏了解、认知和生活习惯不同，感情基础薄弱，常因家庭琐事争吵，婚生女出生后双方的感情矛盾并没有得到缓和，甚至因照料尚在哺乳期的女儿多次发生争执并报警处理，双方的父母亲属也曾因双方争吵而大打出手。原告吕某知道夫妻二人已经无和好的可能，在起诉离婚前多次提出协议离婚，但因婚生女抚养权问题未能达成一致意见。

2018年6月，吕某向广州市某区人民法院提起离婚之诉，请求解除与朱某的婚姻关系，婚生女由吕某抚养，朱某按月支付抚养费2500元。

起诉前，吕某于2018年5月搬离被告家，2018年6月初将女儿从广州带到东莞市与自己一起生活，此后多次拒绝朱某探望女儿的要求，导致朱某长时间无法与女儿见面。因女儿的探望问题朱某及其亲属曾多次前往东莞市找吕某协商，但是在该过程中双方又发生激烈争执。

鉴于吕某长期阻碍朱某探望女儿并且双方协商无果，朱某于2018年11月向法院递交行为保全申请书，请求法院禁止吕某阻碍朱某探望女儿，法院收到申请书后并未作出任何裁定，仅仅是通过电话教育了吕某，要求其在判决生效前要保障朱某每周探望女儿一次的权利。

二、裁判摘要

法院认为，根据婚姻法的规定，本案婚生女刚过哺乳期，且目前生活居住环境

---

* 张少星，广东金桥百信律师事务所律师。

稳定，由原告抚养携带更为适宜。离婚后不直接抚养子女的父或母，有探望子女的权利，另一方有协助的义务。由于婚生女年龄尚幼，朱某每月享有两次探望女儿的权利，随着女儿年龄的增长及其成长情况的变化，双方可以就探望问题进行协商处理，亦可寻求法律解决途径。

广州市某区人民法院作出判决：准许原告吕某与被告朱某离婚；婚生女由原告吕某携带抚养，被告自判决生效之日起每月 28 日向原告支付抚养费 1600 元，直至女儿年满 18 周岁；被告享有每月探望女儿两次的权利，原告应予以配合。

宣判后，朱某向广州市中级人民法院提起上诉，认为吕某剥夺朱某的探望权，抚养权归吕某的话将严重影响父女亲情的建立，因此女儿应当由朱某抚养。广州市中级人民法院于 2018 年 12 月作出判决：驳回上诉，维持原判。

三、案件评析

本案带给笔者的思考主要是如何保障不直接抚养子女一方的探望权问题。

本案中关于朱某行使探望权的诉求，法院的判决并未明确具体的探望时间、地点和方式，导致吕某可随意阻碍和推诿朱某探望女儿。虽然一审法院曾经致电教育吕某，但是吕某是否切实保障了朱某探望女儿的权利无法得到有效监督。在案件诉诸法院之前，甚至在案件的审理过程中，均多次出现朱某为了探望女儿而与吕某及其家人发生争执甚至大打出手的情形，可见双方关于女儿抚养权特别是探望问题的矛盾尤为突出。对此，法院似乎并未给予足够的重视，虽然二审法院的经办法官在庭审时也明确指出探望权利不可剥夺，但在最终判决时却依据《中华人民共和国婚姻法》第 38 条第 2 款的规定，认可被告行使探望权的时间、地点和方式由双方进行协商，协商不成再单独就探望权向人民法院提起诉讼的方案，最终维持了一审法院的判决。

笔者认为，法院的判决有待商榷。虽然随着子女年龄的增长和实际需要，探望的方式可以灵活变更，但是离婚诉讼的当事人通常在判决之后的很长一段时间内都存在强烈的敌意，义务人可以轻而易举地阻挠权利人探望。一审、二审判决均对探望权的具体方式模糊处理，有可能导致朱某实际上未能行使每月探望女儿两次的权利。法院的审判功能是定分止争，尽可能地化解矛盾和减少不确定性。父母感情破裂、亲情缺失都会对未成年子女带来精神上和情感上的阴影，婚姻关系的破碎已经无法挽回，但是父母的陪伴能够抚慰和把伤害降到最低。如果吕某故意限制、剥夺朱某探望女儿的权利，必定对女儿造成更大的伤害。

根据《中华人民共和国民事诉讼法》的规定，对于人民法院制作的发生法律效力的判决书、裁定书和调解书可以向法院申请强制执行，因此，如果吕某在二审判决生效后以工作繁忙、学业等原因不配合朱某探望女儿，朱某可以向人民法院申请强制执行。但是探望权案件的执行存在较多困难。首先，生效裁判文书只认定了朱某享有探望的权利，但是未确定具体探望方案。朱某申请强制执行，容易导致执行人员无从下手，因为探望权的执行不能对子女的人身采取强制措施，一旦吕某不配合朱某探望女儿，执行将无法有效进行。其次，探望权是一项长期稳定的权利，探望权案件的执行不像其他执行案件可以一次性执行完毕，一旦义务人不配合或者法院停止监督，权利人只能再次申请法院强制执行，周而复始，探望权人和司法工作人员都会心力交瘁，还导致严重的司法资源浪费。

综上，笔者认为，为了避免双方当事人的矛盾进一步加深，针对此类型的案件，人民法院在裁量时应当根据案件具体情况细化探望权方案。

现实中探望权纠纷的形式多种多样，如携带子女的一方故意隐瞒子女的生活、学习状况，不配合、不协助另一方行使探望权；享有探望权的一方行使权利不当，如过于频繁地探望子女、偷偷带走子女、挑拨子女与另一方的关系等。因此，人民法院应当从未成年子女的最大利益出发，在裁量时对探望权的行使方案应尽量具体。当然，为保证实践当中的可操作性，法律也并不禁止双方在履行过程中根据实际情况对探望方案进行协商调整。

此外，在离婚案件审理过程中，一方当事人提出携带子女的一方故意阻碍探望权的行使，法院应当结合在案证据进行审查，如果情况属实，可以根据《广东法院审理离婚案件程序指引》第 12 条第 1 款第 2 项的规定，决定是否采取行为保全措施。该规定明确："当事人因下列情形申请行为保全的，人民法院应当依法作出裁定，责令对方当事人作出或者禁止其作出一定行为：……（二）对方当事人抢夺、转移、藏匿未成年子女的。"如果有上述情形，法院可以向另一方发出行为保全的裁定，责令禁止阻碍申请人探望子女，切实保障探望权的实现。

结合本案，一审法官明知吕某以各种借口故意阻挠朱某探望女儿，亦明知双方为此事多次发生激烈的争执，根本无法通过协商的方式来解决纠纷，却未作出相关裁定，仅仅致电并口头教育吕某，而吕某在履行数周后便故技重施，找借口不让朱某与女儿见面，使得朱某的探望权受到了实质侵害。

鉴于离婚纠纷中探望权遭到侵害的情形多发，笔者认为要加大对探望权行为保全和执行的保障力度，在不给未成年子女身心造成伤害的前提下，维护一方当事人的探望权，在执行过程重点运用说服教育、训诫、责令具结悔过及罚款等措施，责令其改正错误行为，经采取前述措施后仍拒不履行的，可以拒不履行生效判决、裁定罪予以追究。同时，探望权的保障和执行需要充分考虑未成年子女与父母的情感和未来和谐关系的维护。在理念上确立未成年子女利益最大化的原则，在离婚判决的文书中对探望权的行使不可过于简单笼统写“由双方当事人协商”，如未成年子女尚且年幼的，可以确定目前适合该未成年子女的探望方案，并在判决书中明确日后当事人可根据实际情况另案诉讼变更探望权的行使方式，以确保探望权的行使真正得到保障并且使未成年人的利益最大化。

从探望权执行受阻案例

——浅议我国探望权制度的完善

孙槐玉*

一、案情介绍

陈某（原告）与吴某（被告）于2012年1月登记结婚，婚后于2012年12月生育一子陈某某。陈某与吴某因性格不合于2014年7月达成了离婚协议并办理了离婚登记，离婚协议中约定婚生子陈某某由吴某抚养，陈某享有每半个月探望一次的权利，吴某有协助的义务。但离婚后吴某以各种借口阻挠陈某探望儿子，无奈之下，陈某只得起诉到法院，请求法院判决陈某对儿子行使探望权，每两周探望一次，每次不少于8小时；待儿子入读幼儿园后，每年寒假与儿子共同生活7天，暑假与儿子共同生活15天。

二、裁判摘要

法院受理后，查证吴某不配合陈某探望儿子的情况属实，于2015年3月判决：陈某探望儿子的时间为每月的第二周和第四周的星期六，自陈某某入读幼儿园后，陈某有权选择每年寒假或暑假与儿子共同生活7天，被告吴某应予以协助。

该判决生效后，吴某仍不履行协助陈某探望儿子的义务，依旧找各种理由阻止陈某探望儿子，陈某手持生效判决，仍然见不到儿子，只得申请执行。执行过程中，法官告知陈某人身权难以强制执行，只能组织双方进行协商，对吴某进行批评教育，以促使其自觉履行。经过法官多次劝说，吴某仍不肯配合。该案判决后两年

* 孙槐玉，广东高义律师事务所律师。

过去了，陈某仍未见到儿子，在痛苦之余，其对法律赋予的探望权无法得到保障深感失望，同时也很困惑，探望权为何执行起来如此之难？

三、案件评析

这是一起典型的探望权受阻案例，本案涉及的探望权前有双方当事人在离婚协议中的约定，后有法院判决，之后又有法官在执行时进行协调与劝说，但都没有实现陈某探望儿子的权利，究其原因，虽是对方当事人吴某不配合，但其根源则是《中华人民共和国婚姻法》探望权制度的缺陷所致。

《中华人民共和国婚姻法》第38条第3款，《最高人民法院关于适用〈中华人民共和国婚姻法〉若干问题的解释（一）》第25条、第26条规定了中止探望权的问题，但对于不直接抚养子女一方行使探望权但另一方不配合时应如何救济却只字未提，仅在《中华人民共和国婚姻法》第38条第1款规定“另一方有协助的义务”，以及第48条规定了对拒不执行探望子女判决或裁定的，由人民法院依法强制执行。但如何强制执行？有何强制措施或惩罚措施？均没有明确规定，造成司法实践中“执行难，执行探望权更难”的局面。除了上述存在的问题外，当父母不履行探望权时，子女是否有权要求父母行使探望权？祖父母、外祖父母是否可以作为探望权的主体？非婚生子女的父母是否也与婚生子女的父母一样享有探望权？这些问题都亟待解决。

鉴于探望权制度存在的缺陷，笔者提出以下几点完善的建议，以期法学理论界加强对探望权制度的研究，尽早完善《中华人民共和国婚姻法》中的探望权制度。

（一）扩大探望权的主体范围，将祖父母、外祖父母列为探望权的主体

首先，从我国传统的家庭组成与血亲关系来看，祖孙关系无疑是家庭亲属关系中除父母子女之外最为亲密的关系，特别是我国改革开放之后广大农村青壮年长期在外务工，许多家庭都是由祖父母、外祖父母直接抚育孙辈，祖孙长期共同生活，感情之深厚甚至超越父母子女之情。如果因父母离婚而割裂了子女与祖父母、外祖父母之间的亲情，对年幼的子女是莫大的伤害，不利于未成年子女的身心健康。从“子女利益最佳原则”考虑，将祖父母、外祖父母列为探望权主体利大于弊。

其次，《中华人民共和国婚姻法》第28条规定了祖父母、外祖父母与孙子女、外孙子女之间的抚养、赡养义务；《中华人民共和国继承法》第11条规定了孙子女、外孙子女对祖父母、外祖父母的代位继承权。法律赋予祖父母、外祖父母与孙

子女、外孙子女之间的这些权利义务也是基于我国传统的家庭组成与祖孙之间的血缘亲情。杨立新教授在《爷爷看孙子岂是越权探望》一文中写道“说法律没有规定祖父母、外祖父母对孙子女、外孙子女的探望权，就认为祖父母、外祖父母就没有对孙子女、外孙子女的探望权，大概不符合人性和情理，违背民事习惯”。因此，将祖父母、外祖父母列为探望权的主体与上述法律规定，与我国民事习惯相适应，也更符合人性与情理。

最后，将祖父母、外祖父母列为探望权的主体已成为国外立法的趋势，如《俄罗斯联邦家庭法》第 67 条规定“祖父母、外祖父母、兄弟、姐妹和其他亲属有权与未成年子女来往……”《德国民法典》第 1685 条第 1 项规定：“祖父母和兄弟姐妹有权与子女交往——倘若此种交往有利于子女的幸福。”我国应结合几千年家庭伦理的历史传统与现实国情，借鉴国外对子女探望权的立法趋势，赋予祖父母、外祖父母对孙子女、外孙子女的探望权。

（二）不直接抚养子女的父或母在不探望子女的情况下，子女有要求父母探望的权利

探望子女乃基于亲子关系所衍生之自然权利，不唯父母之权利，更为未成年子女之利益。从子女的最佳利益角度来看，对不直接抚养子女的父母而言，探望权不仅是法定权利，也是法定义务，这才是《中华人民共和国婚姻法》规定探望权的立法本意；从亲权理论与情感的角度来讲，探望权是亲子血缘关系所衍生的固有权利，不因婚姻解除而消灭。子女的健康成长离不开父母双方的关爱，子女健全人格的形成也离不开父母双方的教育与引导，作为未成年人的子女对父母的依赖与需要远甚于父母对子女的依赖与需要。再从法律的统一性方面分析，《中华人民共和国婚姻法》第 37 条、《最高人民法院关于人民法院审理离婚案件处理子女抚养问题的若干具体意见》第 18 条均规定了子女有要求父母支付抚养费的权利；《最高人民法院关于适用〈中华人民共和国婚姻法〉若干问题的解释（一）》第 26 条也规定了未成年子女有权向人民法院提出中止探望权的请求。那么，当不直接抚养子女的父母一方不履行探望权时，未成年子女同样也应享有向法院提出要求父母探望自己的权利。当然，未成年子女行使要求父母履行探望权的权利，与要求支付抚养费、中止探望权的权利一样，可以通过法定监护人行使。

《中华人民共和国婚姻法》只规定不直接抚养子女的父或母有探望子女的权利，却未规定在父母不履行探望权时子女有要求父母履行的权利，不能不说是《中华人民共和国婚姻法》一大缺陷，应尽早完善立法填补这一缺陷，以确保那些离婚后不负责任的父母切实履行对子女探望的法定义务。

（三）当不直接抚养子女的父或母履行探望权受阻时，可以要求变更抚养权，将探望权受阻列为变更抚养权的法定理由之一

1. 本案例属于典型的探望权受阻案例，不仅是家庭破裂后亲子关系被人为割裂的现实写照，更是婚姻悲剧之后随之延续的亲子悲剧。分析本文案例，双方当事人自愿达成离婚协议，协议中明确约定了不直接抚养儿子的男方每半个月有探望一次儿子的权利，女方有协助的义务。也即，双方当事人就小孩的探望权问题形成了合同上的权利义务关系，一方不履行义务时，即构成合同上的违约，另一方有权追究其违约责任获得救济。虽然婚姻关系不等同于合同关系，离婚协议也不能直接适用《中华人民共和国合同法》，但当事人仍应遵守“诚实守信”的基本原则，当一方不诚实守信地履行协议时，另一方可以要求变更抚养权，既是对不诚实守信履行协议一方的惩罚，也是对另一方遭受违约时的弥补，这也符合我国民法的诚实信用原则与公平原则。

2. 司法实践中对探望权的执行基本上流于形式，除了和解劝说，就是罚款、司法拘留，这些“隔靴搔痒”的执行措施根本无法震慑当事人，导致当事人有恃无恐，无法真正解决探望难的问题。如果法律赋予探望权受阻一方享有变更抚养权的法定权利，不仅有利于解决离婚父母一方与子女长期不得相见的困境，也有利于警醒当事人尊重人民法院的判决，自觉履行判决，维护法律权威。

3. 父母离婚让子女失去完整的家庭，对子女已经造成了莫大的伤害，若抚养子女的一方再阻止另一方探望子女，隔断亲子天伦，无疑是雪上加霜。这种强行剥夺子女对父母情感需要的做法，必定给子女造成精神损害，使子女得不到父母双方的关爱，不利于子女身心的全面健康成长；此外，阻止对方探望子女，也是直接抚养一方极端自私的表现，不仅损害了子女亲近父母的固有权利，其残忍无情的表现也不适合继续抚养教育子女，理应成为变更抚养权的法定理由，由此变更抚养权对子女的健康成长更为有利，也更符合子女利益最佳原则。

总之，探望权制度牵涉家庭解体后父母与子女的密切关系，该制度的完善程度与对离异家庭未成年子女伤害的程度息息相关，应尽快完善有关探望权的立法，保障不直接抚养子女一方的探望权，以利于未成年子女的健康成长。

冯某诉刘某探望权纠纷案

刘海辉*

一、案情介绍

原告冯某与被告刘某于2010年3月登记结婚，于2010年7月生育儿子刘某某。后因双方性格不合，于2015年6月在广州市某区民政局办理协议离婚，约定刘某某的抚养权归被告刘某所有，但当时未约定刘某某的探望权问题。

双方离婚后，儿子一直跟随被告生活。原告多次尝试与被告沟通协商探望权问题，但遭被告屡屡拒绝，并以各种理由阻止原告与儿子见面。因此，离婚以来原告均未能有机会正式与儿子单独相处，履行作为母亲的抚养义务。此外，原告冯某曾因经济困难未能按时给付抚养费，刘某以此拒绝、阻挠其探望儿子，2016年5月，冯某委托律师向法院提起探望权诉讼。

二、裁判摘要

离婚后，不直接抚养子女的父母一方，有探望子女的权利，另一方有协助的义务。笔者接受委托后，随即向法院申请立案。因被告提出管辖权异议，法院裁定将该案件移送至另一法院审理。经过调解、开庭等程序后，一审法院在综合考量儿子刘某某的生活学习及作息时间、原被告双方日常生活的情况下，于2016年11月对冯某探视刘某某的时间及方式作出了判决。

被告刘某不服，提起上诉，称原告冯某有恶习等情况，二审法院于2017年2月立案。但刘某并未举证证实其主张，也无证据证实冯某有不适宜探望刘某某的情况。刘某某尚年幼，适当增加与母亲的相处时间，更有利于其身心健康，二审法院

---

* 刘海辉，广东金桥百信律师事务所律师。

认为原审判决冯某对儿子刘某某的探视时间及方式并无不当，合法合理，于 2017 年 4 月判决驳回上诉，维持原判。本案的案情非常简单，但从立案到二审判决生效却历时一年，时间跨度大、诉讼流程烦冗。

三、案件评析

（一）案件的办理难点

此案案件事实清楚，法律关系明确，本应可以适用简易程序尽快确认原告的合法探望权，让亲生母子能够早日团聚，但在实务中却遇到了较大的困难，导致案件进度一拖再拖，令原告的合法探望权未能及时得以实现，总结起来，主要包括以下几个方面。

1. 被告态度强硬，拒绝配合法院进行调解和信息公开工作

本案庭审中，被告仅委托代理律师到庭，本人未亲自到庭。在法庭上，其代理人答辩称因原告未及时支付孩子抚养费及原告个人生活作风问题导致孩子不愿意与原告见面，但就上述答辩理由被告方未能提供任何证据证明。为尽早解决问题，早日与孩子相见，在法庭上，原告及代理人均向对方表达出愿意协商调解的诚意，希望能够针对探望权达成协议，包括法官也多次表示希望双方能够协商解决争议，但被告委托律师态度强硬，坚决不接受调解，要求法院作出判决，继续拖延时间。同时，法院责令被告提供孩子就读学校的情况，但被告拒绝提供，导致原告无法得知孩子的就读情况，更造成日后法院难以执行的实际困难。

2. 被告利用二审程序，一再拖延其配合原告行使探望权的义务

本案中，在被告利用管辖权异议拖延程序将近半年时间的情况下，一审法院根据在庭审中查明的案件事实，在一周内出具了判决书；但在案件事实清楚，权责分明的情况下，被告仍要进行上诉，很明显就是为了拖延时间和拒不履行协助原告行使孩子探望权的义务。然而既然法律的规定如此，原告只能被动接受被告利用司法程序拖延时间的事实，而预计待二审判决生效时，原告已经将近两年未能与儿子联系见面了，这对于一个母亲而言是何其残忍。

（二）案件的反思与思考

作为原告代理人，笔者在办理此案的过程中，心中充满无限感慨与无奈，直至本文成稿时该案尚在二审阶段中，原告仍然未能够与孩子见面，这让作为法律人的笔者开始慎重反思本案的一些核心问题，如何能够真正解决委托人的诉求，而不仅仅只是获得一纸胜诉判决。

1. 实现探望权的重要性

探望权作为《中华人民共和国婚姻法》第 38 条明确规定的离婚后不直接抚养子女一方的权利，是基于父母的身份而取得一种身份权，不仅是满足不直接抚养子女一方对子女的关心、抚养和教育的情感需要，更是对未成年子女利益的一种保护，即使父母离异，未成年子女也能够享受到亲生父母对自己的关爱与照看，尽量不受影响。引用本案中一审法院法官在判决中的说法："婚姻关系的解除，并不割断父母子女的关系，并不影响双方对子女施予父爱和母爱，孩子的健康成长仍需要双方共同的关心和照顾。双方应努力减少因离婚而给孩子带来的消极影响，使其能充分享受到父母的关爱，健康地成长。"

因此，探望权作为离婚后不直接抚养子女一方法定的权利，无论是对孩子或父母的情感需求和未来发展，都是需要被尊重和被重视的。

2. 实务中实现探望权困难

探望权纠纷在实务中一般事实比较清楚，法律关系简单，法官在审理过程中能够比较容易作出判断。但是，其困难之处却在于往往简单的案件却难以落实，如上述案例为典型案例，实务中遇到的困难主要是以下两点：

（1）容易被"程序性"申请拖延时间

我国司法制度实行两审终审制，加之管辖权异议等司法程序，一审普通程序审限为 6 个月，二审上诉审限为 3 个月，中间送达、移送、管辖权问题等不计入审限的程序流程，要是如本案中被告一再玩弄诉讼程序，等到原告拿到生效的判决文书时，已经距一审立案一年半载。

而到强制执行阶段，需要重新立案，等待法官执行，又是一个漫长的诉讼程序。这段漫长的期间当事人仍然要忍受骨肉分离的痛苦，对于血浓于水的亲情，一天都是煎熬，何况是一年甚至更长时间的等待呢？

（2）探望权执行到位困难大

《中华人民共和国婚姻法》第 48 条规定："对拒不执行有关扶养费、抚养费、赡养费、财产分割、遗产继承、探望子女等判决或裁定的，由人民法院依法强制执行。有关个人和单位应负协助执行的责任。"所以探望权是可以由国家强制力来保证实施的。

由于夫妻在离婚时就已经充满矛盾，离婚后大多无法心平气和地看待探望问题，如本案一样，被告甚至拿孩子的探望权作为要挟对方的筹码。而探望权的主体、客体内容和标的相比于一般的执行案有其特殊性，在实务中执行难度大，具体体现在以下几个方面：

第一，被执行人的协助义务与范围难以界定。作为直接抚养子女一方的父亲或母亲当然是被执行人，有协助执行的义务，但是如果祖父母、外祖父母阻挠探望呢？他们是否也有协助执行的义务呢？法律尚无明确的规定。

第二，探望权执行缺乏法定的执行程序。探望权因执行内容的特殊性，不像一般财产性案件的执行，有查封、冻结或替代履行等执行措施，且不能对子女人身实行强制执行，限制子女的人身自由，导致很多时候执行无法落实到位，即使申请强制执行，也没有有效的办法能够约束被执行人配合协助履行探望的义务。

第三，执行程序终结难以确定。我国婚姻法并未明确未直接抚养子女一方行使探望权的期限，但在实务中一般认为在子女成年前，父母对子女都有抚养、教育的权利和义务，因而可以认为在子女成年前，父或母对子女都有探望的权利。而这种权利从父母离婚时起将延续相当长的时间，因此使如何认定案件已经执行完毕变得十分困难，每月两次的探望规定，直至孩子年满 18 周岁，中间是要经过多少年？根据我国现行法规定，执行案件的执行期限为 6 个月，那到期是中止执行还是终结执行？如果终结执行，若经过一段时间后再次出现阻挠探望现象时又该如何处理？

除了上述种种困难，还存在探望判决中的指定时间、地点等探望方案问题和遭遇节假日等探望的特殊处理，这些都造成了探望权实际执行中的重重困难。

3. 解决实现探望权难的思考

作为专注于婚姻家事法律业务的律师，本人对解决实现探望权难题有着深入的探讨与思考，在此对这类案件从代理人、法院和立法的角度分别作出如下建议：

从代理人角度来说，要发挥代理律师的沟通与调解的作用。当事人委托律师的最终目的是希望解决纠纷，达到目的，而不是简单地打赢官司，取得胜诉判决。有时候，诉讼是一种手段，让双方能够通过法院这个平台达成调解。当然，能否促成调解，这需要通过代理人的智慧，引导当事人心平气和、理智地处理纠纷，而不是和当事人一起意气用事，挑起无谓的纠纷与事端。作为家事律师，应当表现出应有的专业素质，无论是代理原告方还是被告方，都应展现出法律人解决问题的精神，努力促进原被告双方的沟通与调解，以促使探望问题能够真正得到解决。

从法院角度来说，在审判阶段中，法官要运用其自身的威信力，促进双方当事人的调解，避免让程序成为阻碍父或母实现探望子女的障碍，也能尽快地为当事人争取到与孩子见面的机会。在执行阶段，虽然没有具体的执行措施，但可以在合理合法的范围内适度运用强制措施，对拒不履行的被执行人进行训诫、责令具结悔过、罚款、拘留乃至追究刑事责任等，对某些进行“软对抗”的被执行人施加执行压力，努力使探望权的判决内容不要落空。

从立法角度考虑，促进立法，完善现有的法律制度。根据现行《中华人民共和国民事诉讼法》的规定，先予执行包括追索赡养费、扶养费、抚育费、抚恤金、医疗费用、劳动报酬等，可考虑将探望权也纳入到先予执行当中，让主张权利人能够避免漫长的诉讼流程，加快探望权的执行落实。另外，可考虑把不履行探望协助的义务作为变更抚养关系的法定理由及确立侵害探望权精神损害赔偿制度。直接抚养子女一方拒绝对方探望子女，或故意设置探望障碍，使探望权人探望不到子女，必然遭受精神痛苦。探望权人可以请求精神损害赔偿，与法理相符。同时，一方探望不到子女，使子女得不到父母双方的关爱，不利于子女身心的全面健康成长，理应成为变更子女抚养关系的理由。

综上，探望权作为《中华人民共和国婚姻法》规定的一项法定权利，其在婚姻关系与家庭伦理中的重要作用不可忽视，笔者希望通过此案例分析与反思，引起更多同行关注，从而促进探望权的立法、执行、审判以及代理更加完善。同时也更加有利于亲情交流和感情维系，有利于对子女的关心、抚养和教育，有利于子女的健康成长，为构建和谐社会和幸福家庭发挥其应有的作用。

杨某某与陈某某探望权纠纷执行案

林 萱*

一、案情介绍

申请复议人杨某某与申请执行人陈某某原是夫妻，后经人民法院判决离婚，双方婚生儿子杨某随母亲陈某某生活。杨某某每月支付抚养费1500元。后双方因儿子的探望权产生纠纷，一审法院经审理，判决杨某某每月第二周、第四周周六9时至16时行使探望权，由杨某某自行至陈某某居住处接送儿子杨某，陈某某应对杨某某行使探望权予以协助。陈某某不服该判决，提起上诉，二审法院判决驳回了陈某某的上诉请求，维持原判。

判决生效后，陈某某拒不履行协助义务，阻挠杨某某看望杨某，杨某某故向一审法院申请执行。在执行程序中，执行法官以及陈某某所在的居委会进行了数十次协调，但均被陈某某以孩子被杨某某接走探视不利于孩子身心健康为由拒绝。

后依据杨某某的申请，一审法院作出裁定，被执行人陈某某应支付申请执行人杨某某自2015年1月起至实际履行日止的迟延履行金，支付标准按每迟延履行一次支付500元计算。陈某某不服该裁定，向执行法院提出了执行异议。

二、裁判摘要

执行法院认为，被执行人未按生效法律文书指定的期间履行给付金钱义务以外的其他义务的，应当支付迟延履行金。本案中，因陈某某拒绝履行其义务，损害了杨某某探望儿子的权利。一审法院作出的上述裁定并无不当，故驳回了陈某某的异议。

---

* 林萱，广东法制盛邦律师事务所律师。

陈某某不服提起复议，请求二审法院撤销相关裁定。

二审法院经审查认为，《中华人民共和国婚姻法》第 38 条第 1 款规定：“离婚后，不直接抚养子女的父或母，有探望子女的权利，另一方有协助的义务。”探望子女，不仅是父母的权利，更是为了保护未成年子女利益而设置的一项重要制度。载明探望权的生效民事判决，当事人应当依法履行。一方行使探望权，另一方有协助的义务，不得设置障碍。被执行人拒不履行生效法律文书确定的行为，经多方做协调、教育工作，仍拒不履行的，人民法院应当按照妨害执行行为的有关规定予以处理。根据本案的事实、性质、情节等具体情况，依照相关规定，徐某应当支付迟延履行金，一审法院相关裁定并无不当，故陈某某的申请复议理由依法不能成立。

三、案件评析

（一）父母探望权是亲权的权能延伸

父母子女关系不因离婚而消除，这是各国通行的规定。在我国，父母与子女之间的权利义务关系主要是通过《中华人民共和国宪法》《中华人民共和国民法通则》《中华人民共和国婚姻法》等法律进行规定。《中华人民共和国宪法》第 49 条第 3 款规定：“父母有抚养教育未成年子女的义务……”《中华人民共和国民法通则》规定了父母对子女的监护权，也规定了未与子女共同生活的父母一方对未成年子女侵权承担赔偿责任。《中华人民共和国婚姻法》第 36 条第 1 款和第 2 款规定：“父母与子女间的关系，不因父母离婚而消除。离婚后，子女无论由父或母直接抚养，仍是父母双方的子女。离婚后，父母对于子女仍有抚养和教育的权利和义务。”因此，在我国，离婚后父母继续共同行使监护子女的权利和责任。探望权不是由于离婚而突然产生的新权利，而是亲权或监护权的权能延伸，是父母在离婚后继续行使对子女的监护权的一种表现形式。

（二）父母的探望权是基于“子女最大利益”的权利设计

从子女的角度来说，受抚养权是其法定权利。子女不仅需要父母的物质供给，更需要父母的关心照料、管理教育和生活指导。尽管父母探望权是其共同亲权或监护权的延伸，但设立探望权并不是为了父母的利益，而是以子女的利益为最优考虑的。

（三）离婚后父母的探望权行使必须符合子女利益要求

探望子女是未直接抚养子女的父或母一方必须履行的义务，这样才能弥补父母离婚给子女带来的伤害，减轻给子女造成的各方面压力。探望权侧重对离异家庭中父母子女之间精神利益的满足与保护，目的是维系未与子女一起生活的父母与子女之间良好的亲情伦理关系。

（四）探望权纠纷执行的难点和解决思路

现实生活中，探望权纠纷基本表现为抚养子女一方不考虑子女的意见，拒绝、阻挠另一方对子女行使探望权。《中华人民共和国婚姻法》第 48 条规定："对拒不执行有关扶养费、抚养费、赡养费、财产分割、遗产继承、探望子女等判决或裁定的，由人民法院依法强制执行。有关个人和单位应负协助执行的责任。"通过该规定可知，探望权被赋予了可强制执行的效力。

探望权案件的执行，是未与子女生活的一方对子女的亲权得以实现的法律保障。离婚后，父母与子女的关系并不解除，父母对子女都有亲权。但是，如果未与未成年子女共同生活的一方不能定期看望、关心子女，那么就难以实现其亲权。因探望问题发生纠纷的，多为夫妻在离异时就已矛盾重重，离异后无法心平气和地协商子女的探望问题。那么，如抚养一方坚持不让探视，法院如何强制执行？判决容易执行难的问题在此类案件中尤为突出。

1. 探望权纠纷案件的执行不同于一般民事案件的执行，其特点主要体现在以下几个方面：

第一，执行标的模糊。在其他民事案件的执行中，有明确的执行标的，一般是金钱、物品等，或者是具有某一物质性结果的特定行为，如加工、修缮等；而探望权纠纷案的执行内容是探望权及其行使方式，具有抽象性，因而没有明确的执行标的。

第二，执行内容的长期性。其他民事案件的执行，除定期支付抚养费的离婚案件外，往往是一次执行完毕，当事人之间的权利义务随之消灭；而探望权纠纷案件的执行内容具有长期性。

第三，执行结果的事后性。探望权纠纷执行案件发生的原因在于出现了与子女共同生活的一方阻碍未与子女共同生活的一方探望子女的情形，执行的目的在于使与子女共同生活的一方今后不再阻碍未与子女共同生活的一方探望子女，这就决定了探望纠纷案件的执行结果具有事后性的特点。

2. 针对探望权执行的难点，笔者认为解决思路有以下几个方面：

首先，对探望权的强制执行不同于其他民事权利的强制执行，不能直接采取强制措施将儿童交给享有探望权的当事人，在执行中，要使当事人认识到子女和父母的关系不因父母离婚而消除，另一方有探望子女的权利，阻碍、拒绝对方行使探望权的行为是违法行为，同时探望权的实现也是保证子女身心健康的需要。当事人能为子女的健康成长创造适宜的氛围，主动履行协助义务，从而使案件得到圆满解决。对于拒不配合，经常无故阻挠、刁难甚至隐匿子女，拒绝对方当事人行使探望权的当事人，可适当地采取强制措施，给予训诫、罚款、拘留等惩罚。同时，对于拒不履行判决者可追究其刑事责任。

其次，针对子女拒绝探望的情形，则应区别情况对待。探望权不仅是父母的权利，也是子女的权利。人民法院应当根据子女的年龄和辨别能力，判断子女拒绝探望的原因，看子女能否独立作出拒绝父母一方探望的意思表示，查明是子女自己不愿意接受探望，还是迫于直接抚养一方父或母的压力而拒绝接受探望。

最后，笔者建议，人民法院在审理探望权纠纷中可考虑引入探望监护人制度。所谓探望监护人制度，就是在中立第三方的帮助下，为孩子和成人（通常是没有抚养权的父或母）提供接触机会的一种探视方式，其目的是在亲子关系分离或忽视等案件中，当存在亲子接触风险或者父母之间矛盾尖锐的情况下，为亲子接触提供保护性的环境，使孩子不受伤害，并帮助家庭在安全、中立的环境下恢复家庭关系。探望监护服务者必须受到充分的训练，以解决探望过程中出现的复杂问题，并满足孩子、监护权一方以及探望一方父母的需求。探望监护服务者必须仔细监督，并事先计划好如何组织、安排探望等。这一制度可以通过缓和的方式来化解矛盾，并深入家庭有利于子女保护，有利于人民法院在司法审判中对于案件事实调查、诉讼调解等审理过程中把握矛盾本质，为后续继续监督职能构筑坚实的基础，使得审判效果得以持续延伸。

第三篇

夫妻共同财产纠纷

第一章

夫妻共同财产认定与分割

婚前借款买房婚后共同偿还借款离婚补偿问题

李　平*

一、案情介绍

原告张某与被告吴某于2013年11月登记结婚，婚后未生育子女。

张某个人名下有位于广州市某地405号房屋一套，是其于2007年12月向案外人购买，产权登记日期为2008年1月。2008年4月，张某与某银行签订个人贷款合同，以该房屋作抵押，贷款20万元，用途为购买材料，期限为九年零十个月。张某陈述前述房屋是向朋友借钱一次性支付房款购买的，其后他将该房屋抵押向银行贷款20万元，实际用途是向朋友偿还借款。在原被告婚姻关系存续期间合计偿还贷款及利息116715.91元。

2017年1月，张某向法院提起离婚诉讼，吴某不同意离婚，法院于2017年8月判决不准离婚。

2018年3月，张某再次向法院起诉离婚。吴某仍旧不同意离婚。

经法院释明，吴某主张如果法院判决离婚，其要求对婚后共同偿还的贷款及双方名下存款进行分割。法院查明，张某名下有银行存款92997.23元。

二、裁判摘要

广州市某区人民法院判决：一、准予原告张某与被告吴某离婚；二、原告张某自本判决发生法律效力之日起10日内向被告吴某支付补偿款104857元。

一审判决后，吴某提起上诉，其中一项上诉请求是要求张某对其共同偿还婚后贷款相对应的房产增值部分进行补偿。二审驳回吴某上诉，维持原判。

---

* 李平，广东容林律师事务所律师。

三、裁判理由

原被告经自由恋爱结婚，有较好的感情基础，本应努力维系夫妻感情、坦诚相对、互助互谅。但双方婚后未能正确处理夫妻关系，产生矛盾并致恶化，原告曾于2017年1月提起离婚诉讼，本院作出不准予二人离婚的判决后，双方关系并未得到改善，现原告再次提起离婚诉讼，可见夫妻感情确已破裂，本院准予原被告离婚。原告张某婚前一次性付款购买房屋，其后向银行抵押贷款偿还向朋友的借款，婚后以夫妻共同财产继续偿还银行贷款至清偿完毕，合计116715.91元。该笔贷款原为原告张某婚前的个人债务，应由原告张某个人偿还，现被告吴某要求返还原告张某以夫妻共同财产偿还的部分，本院予以支持。此外，原被告分别提交个人名下的银行账户余额，除原告张某名下的某银行账户有92997.23元外，二人其余的银行账户余额不大，为生活合理所需，不予分割。综上，原告张某应向被告吴某补偿（116715.91元+92997.23元）÷2=104857元。

四、案件评析

本案的争议焦点是，原告张某婚前借款全款买房，之后抵押房产向银行贷款偿还借款，婚后继续还贷，离婚时如何向被告吴某支付补偿款。具体来说，主要体现在以下两个问题：

（一）原告张某是否应当就婚后共同还贷部分向被告吴某支付补偿款

审判实践中，经常有当事人认为：房子是我婚前买的，婚后还贷也是直接从我账户里划扣，对方一分钱没出，都是我个人出资购房和还贷，离婚时为什么要向对方支付补偿？本案中，原告张某也是这样的想法。

《中华人民共和国婚姻法》第17条规定："夫妻在婚姻关系存续期间所得的下列财产，归夫妻共同所有：（一）工资、奖金；（二）生产、经营的收益；（三）知识产权的收益；（四）继承或赠与所得的财产，但本法第十八条第三项规定的除外；（五）其他应当归共同所有的财产。夫妻对共同所有的财产，有平等的处理权。"

根据以上法律规定，可见我国实行的是夫妻财产法定共有制，在夫妻双方没有特别书面约定的情况下，夫妻一方的婚后收入属于双方的共同财产。因此，即使一方在婚后用自己的工资或者其他收入偿还贷款，也应当理解为是用夫妻共同财产偿还贷款。因此，婚后还款部分应当属于夫妻共同财产。

本案中，涉案房屋属于原告张某的个人财产，其在婚前向银行的贷款属于其个人债务，应当由其个人偿还。因此，张某应当就婚后共同还贷部分向被告吴某支付补偿款。

（二）原告张某是否应当就婚后共同还贷款项对应的房产增值部分向被告吴某支付补偿款

1. 一方婚前房产婚后增值的法律性质

我国《最高人民法院关于适用〈中华人民共和国婚姻法〉若干问题的解释（三）》（以下简称《婚姻法司法解释三》）第5条规定："夫妻一方个人财产在婚后产生的收益，除孳息和自然增值外，应认定为夫妻共同财产。"

根据上述规定，一方婚前的财产在婚后产生的孳息和自然增值部分，应当认定为其个人财产。自然增值，是指没有投入任何时间、智力、金钱、劳动等贡献，仅因市场因素导致的财产增值。房产随着市场发展的趋势涨价，就是属于自然增值。因此，夫妻一方个人婚前的房产在婚后的增值部分，应当仍旧属于该方的个人财产。

2. 夫妻一方就其婚前房产婚后还贷款项对应的增值部分向另一方支付补偿款的法律依据及原因

根据《婚姻法司法解释三》第10条规定："夫妻一方婚前签订不动产买卖合同，以个人财产支付首付款并在银行贷款，婚后用夫妻共同财产还贷，不动产登记于首付款支付方名下的，离婚时该不动产由双方协议处理。依前款规定不能达成协议的，人民法院可以判决该不动产归产权登记一方，尚未归还的贷款为产权登记一方的个人债务。双方婚后共同还贷支付的款项及其相对应财产增值部分，离婚时应根据婚姻法第三十九条第一款规定的原则，由产权登记一方对另一方进行补偿。"

如前所述，一方婚前购买的房产婚后共同还贷的部分应当属于夫妻共同财产，离婚时房产所有人应当对另一方进行补偿。而一方婚前购买的房产在婚后涨价属于自然增值，应当仍旧属于房产所有人的个人财产，为什么该条司法解释规定在离婚时也需要向另一方进行补偿呢？

原因是，婚后因为有另一方的共同还贷，使房产所有人因不能如期偿还贷款而被银行行使抵押权处理房产的风险明显降低。也就是说，另一方的共同还贷行为，对一方婚前购买的房产的权属安全做出了一定贡献。由于近年来房产的长期持有会获得巨大的增值效益，在一方婚前贷款购房婚后由夫妻双方共同还贷的情况下，如果房产的权属和在婚后的巨大增值部分都归房屋登记方一方所有，对另一方明显有失公平。因此，受益的房产登记方应当就婚后还贷款项对应的房产增值部分对另一方作出适当补偿。

3. 本案应当参照适用我国《婚姻法司法解释三》第 10 条的规定

前述第 2 点分析了该条司法解释中规定离婚时夫妻一方就其婚前房产婚后共同还贷款项相对应的房产增值部分应当对另一方进行补偿的原因。但应当注意到，该条司法解释规定的一方婚前购买房产的方式，是仅支付首付款，剩余房款办理银行按揭贷款。但是，本案中原告张某是在婚前向朋友借款全款购房，再以房产向银行抵押贷款，用贷款偿还朋友的借款。其后，再按月偿还银行贷款。那么，本案中的情形是否可以参照适用前述司法解释的规定呢？

关于婚前借款全款买房婚后共同偿还借款在离婚时的处理，北京市高级人民法院民一庭 2016 年 8 月 8 日发布的《关于审理婚姻纠纷案件若干疑难问题的参考意见》第 28 条作了明确规定："夫妻一方婚前对外借款支付全款购买房屋，房屋登记于付款方名下，婚后夫妻双方共同偿还借款，离婚分割财产时，可参考《婚姻法司法解释三》第十条的规定予以处理。"

但本案中，原告张某购房的情形与上述规定的情形也有不同，张某并非婚前借款全款买房婚后偿还借款，而是婚前借款全款买房后，向银行抵押贷款偿还了借款，婚后偿还银行贷款。

笔者认为，本案中被告吴某在婚后的共同还贷行为，同样使原告张某因不能如期偿还贷款而被银行行使抵押权处理房产的风险明显降低，同样对张某婚前房产的权属安全做出了一定贡献。因此，本案中的情形应当可以参照我国《婚姻法司法解释三》第 10 条的规定进行处理。

本案中，由于被告吴某在一审阶段没有提出要求原告张某就婚后共同还贷款项相对应的房产增值部分向其支付相应补偿款的请求，而是在上诉时才提出，因此，二审法院对于吴某的该项上诉请求没有进行审理。假设吴某在一审时提出该项诉讼请求，应当得到法院支持。

离婚房产补偿之分析

王莉虹*

一、案情介绍

郭某与钟某于2011年11月登记结婚，婚后生育一子。由于相处时间不长便登记结婚，矛盾逐渐显现，双方在生活习惯及教育小孩的方式上存在重大分歧，时常发生争吵。钟某与郭某及其家人共同居住时，因为小孩的教育问题多次无故指责郭某的家人，甚至与郭某的家人产生冲突。自小孩出生以来，钟某对其疏于照顾，最终致使双方感情破裂。

涉案房产位于广州市某区某路163号4座801房（以下简称4座801房）购买价为43万元，另有中介服务费8600元，按揭服务费3600元。4座801房为钟某婚前个人购买并支付首付款18万元，余款25万元由钟某向银行申请贷款支付。钟某婚前个人还贷本息11646.04元，婚后双方共同还贷本息253748.72元，尚欠银行贷款本息58743.96元。

2018年11月，郭某以夫妻感情破裂为由，向广州市某区人民法院起诉离婚，要求婚生儿子随其生活，由其抚养；钟某向其补偿4座801房在婚姻关系存续期间共同还贷以及对应增值部分33万元。

一审过程中，首先双方均确认了4座801房的价值为140万元。其次钟某提出，在2017年11月至2018年11月，由于双方准备离婚，均无心还贷，钟某父母为避免房屋被收回拍卖，因此从自己账户中直接用退休金替钟某还贷，该期间的还贷出资是钟某父母对钟某一人的赠与，非夫妻共同财产。郭某对此不予确认。最后，钟某提出在婚姻关系存续期间曾向案外人区某借款10万元用于偿还部分房贷，并主张该笔借款系夫妻共同债务。郭某确认了该事实，并提出自己曾经向区某偿还

---

* 王莉虹，广东经国律师事务所律师。

1500 元，但不清楚钟某是否偿还了其余借款。

二、裁判摘要

广州市某区人民法院作出一审判决如下：一、准许郭某与钟某离婚；二、婚生儿子由郭某携带抚养，钟某每月向郭某支付抚养费 1600 元；三（略）；四、4 座 801 房为钟某个人财产，钟某向郭某支付共同还贷支付的款项以及房屋相对应的增值部分补偿款 33 万元；五、六（略）。宣判后，钟某向广州市中级人民法院提起上诉。广州市中级人民法院于 2019 年 4 月作出二审判决：驳回上诉，维持原判。

三、裁判理由

法院认为：双方因生活琐事发生矛盾，但缺乏沟通和弥补裂痕的意愿，导致夫妻感情淡薄，双方均同意离婚，无和好可能，故同意郭某的离婚请求，并对子女抚养与财产分割问题一并处理。

关于 4 座 801 房，钟某主张婚姻关系存续期间还贷的款项均由其自己支付，且 2017 年 11 月至 2018 年 11 月的房贷由其父母供款，与郭某无关，钟某无需向郭某补偿 4 座 801 房共同还贷及对应的增值部分。对此，法院认为在郭某与钟某婚姻关系存续期间，共同还贷支付的款项以及相对应增值部分应由双方平分。钟某提出的 2017 年 11 月至 2018 年 11 月的房贷由其父母供款与郭某无关的意见，证据及理由并不充分，且还贷时间在夫妻关系存续期间，该期间还贷支付的款项及对应的增值部分仍应由双方平分。至于钟某所称 10 万元债务，因涉及案外人，应另行处理。

综上，4 座 801 房全部购房款为 504138.72 元（首付 180000 元 + 婚前个人还贷本息 11646.04 元 + 双方婚后还贷本息 253748.72 元 + 58743.96 元），房屋婚后增值 957800 元［1400000 元 -（430000 元 + 8600 元 + 3600 元）］。因此，双方婚后共同还贷以及对应增值为 735839.29 元［婚后还贷款项的财产增值 482090.57 元（253748.72 元 × 957800 元 ÷ 504138.72 元）+ 婚后共同还贷 253748.72 元］，由钟某补偿一半给郭某，郭某主张的补偿 330000 元，法院予以支持。

四、案件评析

本案争议焦点主要有三：1. 钟某是否需要补偿郭某关于 4 座 801 房在婚姻关系

存续期间还贷支付的款项及其对应增值部分；2. 钟某提出的 2017 年 11 月至 2018 年 11 月，由其父母偿还的房贷是否是对钟某的个人赠与；3. 钟某提出的在婚姻关系存续期间向案外人区某借款归还房贷的性质认定。分析如下：

首先，4 座 801 房系钟某以个人财产支付首付款并在银行贷款，婚后由双方共同还贷的方式购买的房屋，钟某于婚前支付首期购房款 18 万元，个人还贷本息 11646.04 元，婚后共同还贷 253748.72 元，尚欠银行贷款本息 58743.96 元。《最高人民法院关于适用〈中华人民共和国婚姻法〉若干问题的解释（三）》第 10 条第 1 款规定："夫妻一方婚前签订不动产买卖合同，以个人财产支付首付款并在银行贷款，婚后用夫妻共同财产还贷，不动产登记于首付款支付方名下的，离婚时该不动产由双方协议处理。"离婚时不能达成协议处理的，法院可以判决该不动产归产权登记一方，尚未归还的贷款为产权登记一方的个人债务。

双方婚后共同还贷支付的款项及对应增值部分，根据《婚姻法》第 39 条"离婚时，夫妻的共同财产由双方协议处理；协议不成时，由人民法院根据财产的具体情况，照顾子女和女方权益的原则判决。夫或妻在家庭土地承包经营中享有的权益等，应当依法予以保护"的规定，相应款项及增值部分应由钟某对郭某进行补偿。郭某与钟某婚后实行的是夫妻共同财产制，而《婚姻法》第 17 条规定："夫妻在婚姻关系存续期间所得的下列财产，归夫妻共同所有：（一）工资、奖金；（二）生产、经营的收益；（三）知识产权的收益；（四）继承或赠与所得的财产，但本法第十八条第三项规定的除外；（五）其他应当归共同所有的财产。夫妻对共同所有的财产，有平等的处理权"；第 18 条规定："有下列情形之一的，为夫妻一方的财产：（一）一方的婚前财产；（二）一方因身体受到伤害获得的医疗费、残疾人生活补助费等费用；（三）遗嘱或赠与合同中确定只归夫或妻一方的财产；（四）一方专用的生活用品；（五）其他应当归一方的财产。"由此可知，工资、奖金等收入都属于夫妻共同财产，钟某在案件审理过程中无法举证在婚姻关系存续期间，用于偿还 4 座 801 房贷款的款项系《中华人民共和国婚姻法》第 17 条所规定的"夫妻一方个人财产"。因此，郭某向钟某主张 4 座 801 房婚后共同还贷支付的款项及其对应增值部分的补偿，是合法有据的。

其次，在 2017 年 11 月至 2018 年 11 月，由钟某父母对 4 座 801 房还贷的出资是否是对钟某个人的赠与，审判实践中主要有两种观点：一种观点认为，此期间夫妻双方的感情濒临破裂，处于分居状态，一方父母为其子女偿还房贷的行为，仅仅是对其子女的个人赠与，如将该期间一方父母的还贷行为认定为对夫妻双方的赠与，不符合多数人的正常情感。而另一种观点认为，《最高人民法院关于适用〈中华人民共和国婚姻法〉若干问题的解释（二）》第22条第2款规定："当事人结婚后，父母为双方购置房屋出资的，该出资应当认定为对夫妻双方的赠与，但父母明确表示赠与一方的除外。"参照该规定，本案中，钟某父母每月从自己退休金账户将钱转账到钟某银行卡的行为，并没有明确表示作何用途，钟某将该款用于偿还房贷，不能简单地就认为这是钟某父母对钟某的个人赠与。

最后，根据《最高人民法院关于审理涉及夫妻债务纠纷案件适用法律有关问题的解释》第2条"夫妻一方在婚姻关系存续期间以个人名义为家庭日常生活需要所负的债务，债权人以属于夫妻共同债务为由主张权利的，人民法院应予支持"的规定，钟某在婚姻关系存续期间向案外人借款10万元用于偿还房贷的行为，没有超出家庭日常生活需要，虽以个人名义举债，但认定为夫妻共同债务并无问题。况且钟某主张将10万元借款用于偿还房贷，也恰恰证明了郭某参与了对4座801房的还贷。因此，偿还房贷的10万元借款及其对应增值部分，郭某要求钟某向其补偿，是符合法律规定的。

财产争议及抚养权归属

马状立*

一、案情介绍

原告吕某与被告单某于2013年4月登记结婚，于2016年6月生育儿子单小某。原告主张婚后由于双方家庭生活习惯迥异，矛盾纠纷不断，双方感情已经破裂，对离婚均没有意见，只是对财产分割不能达成一致，遂起诉离婚。原告提交了结婚证、离婚协议等证据，被告答辩表示同意离婚。

二、裁判摘要

《中华人民共和国婚姻法》第32条规定："男女一方要求离婚的，可由有关部门进行调解或直接向人民法院提出离婚诉讼。人民法院审理离婚案件，应当进行调解；如感情确已破裂，调解无效，应准予离婚。有下列情形之一，调解无效的，应准予离婚：(一) 重婚或有配偶者与他人同居的；(二) 实施家庭暴力或虐待、遗弃家庭成员的；(三) 有赌博、吸毒等恶习屡教不改的；(四) 因感情不和分居满二年的；(五) 其他导致夫妻感情破裂的情形。一方被宣告失踪，另一方提出离婚诉讼的，应准予离婚。"第36条规定："父母与子女间的关系，不因父母离婚而消除。离婚后，子女无论由父或母直接抚养，仍是父母双方的子女。离婚后，父母对于子女仍有抚养和教育的权利和义务。离婚后，哺乳期内的子女，以随哺乳的母亲抚养为原则。哺乳期后的子女，如双方因抚养问题发生争执不能达成协议时，由人民法院根据子女的权益和双方的具体情况判决。"第37条规定："离婚后，一方抚养的子女，另一方应负担必要的生活费和教育费的一部或全部，负担费用的多少和

---

* 马状立，广东为峰（白云）律师事务所律师。

期限的长短，由双方协议；协议不成时，由人民法院判决。关于子女生活费和教育费的协议或判决，不妨碍子女在必要时向父母任何一方提出超过协议或判决原定数额的合理要求。”第38条规定：“离婚后，不直接抚养子女的父或母，有探望子女的权利，另一方有协助的义务。行使探望权利的方式、时间由当事人协议；协议不成时，由人民法院判决。父或母探望子女，不利于子女身心健康的，由人民法院依法中止探望的权利；中止的事由消失后，应当恢复探望的权利。”第39条规定：“离婚时，夫妻的共同财产由双方协议处理；协议不成时，由人民法院根据财产的具体情况，照顾子女和女方权益的原则判决。夫或妻在家庭土地承包经营中享有的权益等，应当依法予以保护。”

我国《最高人民法院关于适用〈中华人民共和国婚姻法〉若干问题的解释（三）》第10条规定：“夫妻一方婚前签订不动产买卖合同，以个人财产支付首付款并在银行贷款，婚后用夫妻共同财产还贷，不动产登记于首付款支付方名下的，离婚时该不动产由双方协议处理。依前款规定不能达成协议的，人民法院可以判决该不动产归产权登记一方，尚未归还的贷款为产权登记一方的个人债务。双方婚后共同还贷支付的款项及其相对应财产增值部分，离婚时应根据婚姻法第三十九条第一款规定的原则，由产权登记一方对另一方进行补偿。”

我国《最高人民法院关于人民法院审理离婚案件处理子女抚养问题的若干具体意见》第3条规定：“对两周岁以上未成年的子女，父方和母方均要求随其生活，一方有下列情形之一的，可予优先考虑：（1）已做绝育手术或因其他原因丧失生育能力的；（2）子女随其生活时间较长，改变生活环境对子女健康成长明显不利的；（3）无其他子女，而另一方有其他子女的；（4）子女随其生活，对子女成长有利，而另一方患有久治不愈的传染性疾病或其他严重疾病，或者有其他不利于子女身心健康的情形，不宜与子女共同生活的。”第7条规定：“子女抚育费的数额，可根据子女的实际需要、父母双方的负担能力和当地的实际生活水平确定。有固定收入的，抚育费一般可按其月总收入的百分之二十至三十的比例给付。负担两个以上子女抚育费的，比例可适当提高，但一般不得超过月总收入的百分之五十。无固定收入的，抚育费的数额可依据当年总收入或同行业平均收入，参照上述比例确定。有特殊情况的，可适当提高或降低上述比例。”

根据以上规定，以及《中华人民共和国民事诉讼法》第64条第1款：“当事人对自己提出的主张，有责任提供证据”之规定，一审法院判决如下：一、准予原告吕某与被告单某离婚；二、婚生儿子单小某由原告吕某携带抚养；自本判决生效之次月起，被告单某每月向原告吕某支付抚养费3500元至单小某年满18周岁；

三、被告单某在不影响儿子生活学习的情况下，可每周探望其一次，具体的探望时间、方式、地点由原被告双方自行协商确定；四、位于广州市某地的房产归被告单某所有；五、在本判决生效之日起五日内，被告单某需向原告吕某一次性支付房屋补偿款495000元；六、驳回原告吕某的其他诉讼请求。

三、裁判理由

法院认为，夫妻应当互相忠实，互相尊重，共同维护平等和睦、文明的婚姻家庭关系。本案中，由于原被告不注重培养和维护夫妻感情，导致夫妻产生矛盾，现原告起诉离婚，被告表示同意离婚，本院认为原被告双方夫妻感情确已破裂，经调解无效，应准予离婚。

四、案件评析

（一）双方的争议焦点

原告主张离婚，被告表示同意离婚，应准予离婚，夫妻一方或双方并无所负债务，婚姻中无过错及离婚损害赔偿情况，其他财产没有异议，异议在位于广州某地304房（以下简称304房）的房产划分上。原告主张304房归被告，被告补偿原告49.5万元，并提交不动产登记查册表等证据。被告主张304房归被告所有，被告同意补偿原告16万元，理由是该304房系被告婚前购买的限价房，婚后支付32万元地价，其中13万元是被告父母支付的，并提交《限价商品住宅买卖合同》、复印档案资料申请表、304房旧房产证银行交易明细等证据。原被告双方确认304房系被告婚前购买的限价房，首付款297675元，贷款本息318406元，合计616081元，婚后补交地价款。诉讼中双方确认该304房现价值为300万元。

被告主张补交的约32万元中有13万元系其父母出资的，只同意补偿16万元；而原告主张13万元系被告父母对原被告夫妻的赠与，与购房无关联性，且被告补偿的金额应按婚内出资和相应增值的部分进行计算，应为49.5万元。

第一，经查，法院认定原被告婚姻存续期间支付304房国土出让交易补地价款311531元、房屋登记费50元、契税9345.93元，合计320926.93元。第二，关于被告主张的13万元系其父母对房屋的出资问题，经查，被告提交客户姓名为单某的银行交易流水明细显示2017年1月发生一笔5万元转账记录，对方账户名为被告单某；客户名称为单某的银行交易明细显示2014年12月现金存入10万元。因此现有证据不足以证实被告的父母出资 13 万元用于支付 304 房的补地价款，因此被告对此的主张理据不足，法院不予认定。第三，法院认定原被告用夫妻共同财产支付了补地价等款项 320926. 93 元，变更登记 304 房为可进行交易的商品房。综上，法院认为，304 房原为限价房，在补交相关土地出让金后，其房屋性质为商品房，价值明显提升，因此原告主张被告补交的金额应包括夫妻共同财产支出金额及相应增值的部分合理，法院予以支持。经计算，原告主张的 49. 5 万元未超过法院依法计算的金额，故法院对原告主张被告应支付其 304 房补偿款 49. 5 万元予以支持。实践中，针对财产分割有异议的，法院会根据实际情况予以确认并分割。

（二）关于子女抚养问题

原告的意见及证据：原告主张婚生儿子单小某由原告携带抚养，被告每月支付抚养费 1 万元至儿子年满 18 周岁，并提交出生医学证明等证据。被告意见及证据：被告主张儿子单小某由被告携带抚养，不需要原告支付抚养费。

原被告对子女抚养问题存在争议，双方均主张由自己一方携带抚养儿子，且均陈述了自己的优势。经查，双方确认，单小某自原被告双方发生矛盾分居后，主要由原告及原告的母亲携带照顾。综合考虑原被告双方携带抚养孩子的能力和优势，且单小某随原告生活时间较长，法院认定单小某由原告携带抚养更为适宜。关于抚养费，综合考虑单小某的日常生活所需及被告的实际情况，酌定被告应每月向原告支付抚养费 3500 元至儿子年满 18 周岁。至于探视权，综合双方的陈述意见，被告在不影响儿子学习生活的情况下，可每周探望一次，具体的探视时间、方式、地点由双方自行协商确定。

宅基地上盖房屋分割问题的分析

陈焕欢*

一、案情介绍

男方李某与女方黄某于2004年经人介绍相识，并建立恋爱关系，后开始同居。黄某是A村的集体经济组织成员，李某并非该村的集体经济组织成员。2005年4月，黄某父母提出将他们位于A村的一块宅基地赠与李某和黄某用于建房、结婚，并要求李某和黄某自行筹资建房。李某与黄某取得上述宅基地使用权后，便开始自行筹资建房，但由于当地政策原因，一直未能办理宅基地证。准备建房期间，李某、黄某自行出资购买了相邻的一块宅基地，连同上述受赠的宅基地一起建房。在房屋建造期间（2005年10月），为免日后产生争议，李某家人提出要求就上述两块宅基的赠与、购买情况和房屋建造的情况签署相关的确认文件，以保障大家的利益。为此，李某和黄某与其父母及兄弟姐妹签署了一份《赠与书》，明确约定：黄某父母将涉案的一块宅基地赠与李某和黄某建房，且李某和黄某自行出资17万元购买了相邻的另一块宅基地一并建房，并明确由李某、黄某自行出资兴建涉案的楼房，李某、黄某享有该房屋日后的所有权，进行占有、使用、收益、处分；且约定黄某日后不再享有其父母名下其他财产及物业的分配权。该《赠与书》由李某、黄某和黄某父母签名，并在落款处打印了“家庭成员同意人”一栏，由黄某的所有兄弟姐妹签名确认。李某、黄某最终出资建造了一幢4000多平方米的房屋。该房屋建成后，一直按《赠与书》的约定使用，一直由黄某出租收益。后李某、黄某于2007年生育了小孩，并于2009年登记结婚。2012年，黄某以双方感情不和为由起诉离婚，但认为上述房屋不属于夫妻共同财产，不同意分割。由于涉案房屋涉及黄某家人的权益，故离婚案件未对该房屋使用权的分割问题进行处理，仅对该房屋的

---

* 陈焕欢，广东润科律师事务所律师。

租金收益进行了分割。后李某另案起诉，要求分割涉案房屋的使用权、收益权和要求黄某支付离婚判决之后的租金收益。诉讼期间，黄某父母向李某寄送了《撤销赠与通知书》，主张要求撤销该宅基地的赠与。

二、裁判摘要

广州市某区人民法院以涉案房屋未办理权属登记手续和未办理合法的规划报建手续为由判决驳回李某的各项诉讼请求。

判后，李某不服，依法提起上诉。广州市中级人民法院认为，即使涉案房屋未办理权属登记手续和合法的规划报建手续，也应对使用权和收益权进行调处，故撤销一审判决，将案件发回广州市某区人民法院审理。

广州市某区人民法院再次审理后，以争议的性质并不属于婚姻关系所附属的夫妻共同财产纠纷，而是全部相关权益当事人之间的财产争议，该案并非“离婚后财产纠纷”，应属于共有纠纷及占有保护纠纷，且以涉案房屋并非合法建筑为由，再次驳回李某的诉讼请求。

李某不服，再次依法上诉。广州市中级人民法院最终作出如下判决：一、撤销原判决；二、涉案房屋的使用权和收益权由李某、黄某各占二分之一份额；三、黄某于判决生效后三十日内向李某支付租金收益。其他判项略。

三、裁判理由

广州市中级人民法院认为涉案房屋虽然未经过房屋行政管理部门登记，但该房屋仍具有使用和收益价值，对其使用权和收益权仍应予以处理。李某、黄某和黄某父母、黄某兄弟姐妹签名确认的《赠与书》，虽然名称为《赠与书》，但从协议内容来看，实际上是黄某家族对涉案宅基地使用权和房屋的分配，即将该地块使用权分配给黄某、李某用于兴建房屋。该协议是各方当事人的真实意思表示，对当事人均具有约束力。鉴于该协议是家庭财产分配协议，并非赠与合同，且已履行完毕，黄某父母不能单方撤销。黄某父母在黄某与李某离婚的情况下要求撤销《赠与书》，亦有违诚信原则。如支持其撤销之主张，对李某是不公平的。因此，根据上述协议的约定，确认李某、黄某对上述房屋享有使用权和收益权。

四、案件评析

（一）本案的争议焦点

本案争议焦点在于李某并非涉案宅基地所在地的集体经济组织成员，是否有权取得宅基地上盖建筑物的使用权、收益权？对此争议，主要有以下三种观点：

第一种观点认为：宅基地使用权是集体经济组织成员才享有的权利，与特定的身份关系相关联，李某并非涉案宅基地所在地的集体经济组织成员，无权受让取得涉案的宅基地。而且根据我国房地产管理制度的有关规定，房屋的所有权与土地使用权之间的关系为“房地一体原则”，即土地使用权和土地上的房屋等建筑物和附着物的所有权应归属于同一主体，在房地产转让时，房屋所有权和土地使用权必须同时出让。由于李某无权取得涉案宅基地的使用权，故也不能取得宅基地上盖建筑物的使用权和收益权。

第二种观点认为：涉案宅基地和其上盖建筑物未依法取得权属证书，根据《中华人民共和国城市房地产管理法》第 38 条规定：“下列房地产，不得转让：……（六）未依法登记领取权属证书的；……”，涉案《赠与书》无效，李某无权取得宅基地上盖建筑物的使用权、收益权。

第三种观点认为：涉案房屋是夫妻共同出资建造的，属于夫妻共同财产，应当由夫妻共同享有使用权和收益权。

（二）本案所涉法律问题的分析

围绕争议焦点，本案主要涉及以下几个法律问题：

首先，关于在婚前共同出资兴建的房屋是否应作为夫妻共同财产处理的问题。一般来说，男女双方只有经过结婚登记后，才具有法律上认可的夫妻关系，从结婚登记至离婚登记的这段时期则为《中华人民共和国婚姻法》中所叙述的“婚姻存续期间”。区分夫妻双方的财产是一方婚前个人财产还是夫妻共同财产，往往也以结婚登记为分界点。但是，在司法实践中，房产虽然在婚前购置，但双方在购房时已有结婚意愿，如双方已经实际同居生活、举办婚礼或者女方已经怀有男方的孩子等，那么法院在认定房产性质时，不宜“一刀切”地以结婚登记为必要条件，可视个案情况而作出合理认定。本案中，涉案房屋是双方以结婚为目的，在同居期间共同出资兴建的，且双方于同居期间生育了小孩，后来也补办了结婚登记手续，故该房屋作为夫妻共同财产处理比较稳妥。

其次，关于离婚时非集体经济组织成员的一方是否有权要求分割宅基地上盖建筑物使用权、收益权的问题。笔者认为法律、法规并没有禁止非农村集体经济组织成员的一方与作为集体经济组织成员的配偶共同出资在集体土地上建造房屋，更没有将夫妻共同出资在宅基地上建造的房屋排除在夫妻共同财产之外。《中华人民共和国婚姻法》第 17 条第 1 款规定，夫妻在婚姻关系存续期间所得的财产，归夫妻共同所有，因此婚姻关系存续期间在宅地上建造所得的房屋，也应当作为夫妻共同财产处理，其使用权、收益权应当归夫妻双方共同享有。而且现实中，集体经济组织成员与外地人员结婚后共同出资修建房屋的情形比比皆是，大部分人也认为该房屋是夫妻共同的财产，实践中也经常作为共同财产使用、处理。《中华人民共和国民法总则》第 6 条规定："民事主体从事民事活动，应当遵循公平原则，合理确定各方的权利和义务。"① 第 10 条规定："处理民事纠纷，应当依照法律；法律没有规定的，可以适用习惯，但是不得违背公序良俗。"② 因此，不应因配偶一方并非集体经济组织成员而剥夺其对共同出资建造的建筑物的使用权和收益权，否则不但有违公平原则，而且不利于婚姻家庭关系的稳定，也不符合公序良俗的要求。因此，即使李某并非涉案房屋所在地的集体经济组织成员，但黄某是该集体经济组织的成员，有权依法取得宅基地的使用权，其夫妻基于婚姻家庭关系而共同取得涉案宅基地后共同出资修建的房屋应当作为夫妻共同财产分割、处理。

再次，关于未依法取得权属证书的房屋能否在离婚时进行分割、处理的问题。笔者认为，根据我国《最高人民法院关于适用〈中华人民共和国婚姻法〉若干问题的解释（二）》第 21 条"离婚时双方对尚未取得所有权或尚未取得完全所有权的房屋有争议且协商不成的，人民法院不宜判决房屋所有权的归属，应当根据实际情况判决由当事人使用。当事人就前款规定的房屋取得完全所有权后，有争议的，可以另行向人民法院提起诉讼"的规定，法院应当对涉讼未办理权属证书房屋的使用权、收益权进行分割、处理。现实中，农村存在大量房屋是由于政策原因未能办理宅基地权属证书的，但相关房屋依然具有使用和收益价值。如仅因其暂时未能取得权属证明而一概不予处理，则有可能严重损害一方当事人的权益，会引发更大的社会矛盾。为此，司法实践中，对于农村中未办理权属证书的房屋，一般还是会对其使用权、收益权进行分割、处理的。例如，在《广东省人民法院全省民事审判工作会议纪要》中关于离婚案件中对没有产权证的农村房屋能否作出处理的问题，广

---

① 《中华人民共和国民法典》第 6 条："民事主体从事民事活动，应当遵循公平原则，合理确定各方的权利和义务。"

② 《中华人民共和国民法典》第 10 条："处理民事纠纷，应当依照法律；法律没有规定的，可以适用习惯，但是不得违背公序良俗。"

东省法院的意见是："人民法院在离婚案件中，对当事人在宅基地或者建设用地上合法建造的没有领取产权证的农村房屋的归属可以作出处理。当事人请求对违法建筑进行分割的，可以根据实际情况对建筑物的使用或收益、残值作出处理。"

最后，关于黄某父母是否有权撤销赠与的问题。《中华人民共和国合同法》第125条第1款规定："当事人对合同条款的理解有争议的，应当按照合同所使用的词句、合同的有关条款、合同的目的、交易习惯以及诚实信用原则，确定该条款的真实意思。"① 据此，笔者认为，涉案的《赠与书》虽名为赠与，但所涉内容众多，除涉及宅基地使用权的赠与外，还涉及购置相邻宅基地和其上盖房屋建造、家庭财产分配等问题，该合同的性质并非一份简单的赠与合同，而是一份涉及家庭财产确认和分配的合同。该合同是各方当事人的真实意思表示，对各方当事人均具有约束力，任意一方不得随意撤销、解除合同。黄某父母不能因为该协议的名称为《赠与书》，就按照《中华人民共和国合同法》第186条第1款"赠与人在赠与财产的权利转移之前可以撤销赠与"② 的规定，而享有赠与人的任意撤销权，否则将会严重违反诚实信用原则和公平原则。

---

① 《中华人民共和国民法典》第466条第1款："当事人对合同条款的理解有争议的，应当依据本法第一百四十二条第一款的规定，确定争议条款的含义。"第142条第1款："有相对人的意思表示的解释，应当按照所使用的词句，结合相关条款、行为的性质和目的、习惯以及诚信原则，确定意思表示的含义。"

② 《中华人民共和国民法典》第658条第1款："赠与人在赠与财产的权利转移之前可以撤销赠与。"

一方婚前个人财产与夫妻共同财产之界定

陈焕欢*

一、案情介绍

陈某与唐某通过交友网站结识并恋爱，于2006年10月结婚，婚后未生育子女。后双方因家庭琐事产生纠纷，于2011年分居。2005年3月陈某借款10万元支付首付款，并以个人名义办理房屋公积金按揭贷款15万元购买了××市××街的一处房产，该房产于2005年11月登记在陈某名下。婚前，唐某代陈某偿还借款3万元，并转款8000元给陈某。2009年7月，陈某向朋友詹某借款15万元将公积金贷款结清。2009年7月，陈某以涉案房产向银行做抵押借款33万元，其中15万元偿还詹某，其中12万元被唐某取走。2010年12月，陈某将涉案房产卖给第三人郭某，郭某于2011年3月取得涉案房产的产权证。陈某收到卖房款后已将银行33万元借款偿还完毕。

2011年，陈某以夫妻感情破裂为由向法院起诉要求离婚。唐某同意离婚，但要求分割出售涉案房产所剩房款47万元中的24万元。

庭审中，双方均确认陈某在婚前已经购买涉案房产，并已经取得涉案房产的房产证。

二、裁判摘要

一审法院判决：一、准予双方离婚；二、陈某向被告支付18万余元。

一审判决后，陈某不服提出上诉。

二审法院判决：一、维持一审判决第一项；二、变更一审判决第二项为：陈某

---

* 陈焕欢，广东润科律师事务所律师。

向被告支付7万余元。

三、裁判理由

二审法院认为，鉴于陈某与唐某夫妻感情已经破裂，双方对原审准予离婚的判决没有异议，法院予以维持。

关于涉案房产，由于已经被变卖，故不存在分割所有权的问题，只需要分割房产变卖的款项。涉案房产由陈某于2005年11月婚前购买并登记在其个人名下，陈某虽曾表示过该房产是夫妻共同财产，视为有赠与的意思表示，但双方并未办理产权变更登记手续。根据我国《最高人民法院关于适用〈中华人民共和国婚姻法〉若干问题的解释（三）》第6条的规定："婚前或婚姻关系存续期间，当事人约定将一方所有的房产赠与另一方，赠与方在赠与房产变更登记之前撤销赠与，另一方请求继续履行的，人民法院可以按照合同法第一百八十六条的规定处理。"《中华人民共和国合同法》第186条第1款规定："赠与人在赠与财产的权利转移之前可以撤销赠与。"① 因陈某在作出赠与的意思表示后直至出售该房产前没有办理该房产的过户手续，视为陈某撤销赠与。故涉案房产在出售前仍属于陈某的婚前个人财产，该售房款属于陈某的个人财产。因唐某在婚后对该房产共同还贷，《最高人民法院关于适用〈中华人民共和国婚姻法〉若干问题的解释（三）》第10条第2款规定："依前款规定不能达成协议的，人民法院可以判决该不动产归产权登记一方，尚未归还的贷款为产权登记一方的个人债务。双方婚后共同还贷支付的款项及其相对应财产增值部分，离婚时应根据婚姻法第三十九条第一款规定的原则，由产权登记一方对另一方进行补偿。"根据该规定陈某应就该房产唐某支付的款项及双方共同还贷支付的款项及相对应财产增值部分补偿给唐某。

四、案件评析

（一）本案的争议焦点

本案的争议焦点在于涉案房产是陈某的婚前个人财产，还是夫妻共同财产。一种观点认为，因唐某代陈某偿还了用于购置涉案房产的借款，为涉案房产出资；涉案房产系在婚姻关系存续期间提前还贷，是用夫妻共同财产进行还贷，故涉案房产

---

① 《中华人民共和国民法典》第658条第1款："赠与人在赠与财产的权利转移之前可以撤销赠与。"

属于夫妻共同财产，出售涉案房产的款项应予分割。另一种观点则认为，涉案房产是陈某于婚前 2005 年 3 月自筹首付，自行办理房屋公积金按揭贷款购买的，该房产在婚前的 2005 年 11 月就已登记在陈某名下，并且陈某已取得该房产的使用权，因此该房产是陈某的婚前个人财产。从上述裁判理由可以看出，法院采取了第二种观点。

（二）关于涉案房产的法律性质及补偿的分析

1. 涉案房产是陈某的个人财产

《广东省高级人民法院关于审理婚姻纠纷案件若干问题的指导意见》第 9 条第 1 款规定："一方婚前以个人财产购买房屋并按揭贷款，房屋预售合同的买受人为该方且产权证登记在该方名下的，该房屋属于其个人财产。"唐某在婚前没有为该房产做出任何贡献，虽然婚后陈某自行支付的款项属于夫妻共同财产，但这仅限于双方婚后共同还贷的部分，并不影响涉案房产为个人财产的本质。因此，房屋的性质是陈某的个人财产，售卖房屋所得的款项也是陈某的个人财产，唐某无权分割。

2. 关于婚后共同还贷问题

在本案中，主要涉及三个借贷关系。第一个是陈某于 2005 年的借贷，该笔贷款在陈某婚前偿还了一部分，婚后偿还了一部分。唐某提供的证据显示，婚后偿还了×期，每期×××元，共计×××元。唐某认为这是其在帮陈某偿还首付借款，而事实上这笔借款跟房子并没有关系，并非房子的首付借款，只是普通借款。唐某对其主张也没有提供相应的证据予以证明，应由唐某承担举证不能的法律后果，不能因此而认定唐某帮陈某偿还了首付款。

第二个是 2005 年陈某向银行以房产抵押所作的公积金贷款，这笔贷款陈某在婚后偿还了××××元月供；2009 年还清贷款本息××××元，但结清贷款的钱并非来源于陈某、唐某自身所有，而是来源于向陈某朋友詹某所借的借款 15 万元（唐某当庭承认该事实与金额）。房子是陈某的个人财产，因此所借的贷款是陈某的个人债务，陈某为偿还房屋贷款尾款赎回房产证而向其朋友所借的 15 万元亦是陈某的个人债务，与唐某无关。唐某所认为的其共同偿付了贷款本息×××元显然是不符合事实的，唐某根本没有为偿还本息做出一分钱的贡献。

第三个是婚后 2009 年双方以房屋作抵押所获得的 33 万元贷款，这笔贷款先是偿还了陈某的 15 万元个人借款，剩余的 18 万元中有 12 万元已被唐某提走（原告已提交短信证明，被告亦当庭承认该事实），其余 6 万元用于夫妻共同生活。这笔贷款中 15 万元是用于偿还陈某欠詹某的个人欠款，是陈某的个人债务，应由其自行承担偿还责任；但贷款中的另外 18 万元的主要用途是用于双方婚后的共同生活，是双方的共同债务，理应双方共同承担偿还责任。但在实际上，陈某卖房后，是用卖房款，即陈某的个人财产偿还了全部剩余的 30 万元夫妻共同债务（包括夫妻共同债务在内的全部剩余的 30 万元贷款余额），也就是帮唐某承担了一半的贷款偿还责任，对此，唐某应将该款项偿付给原告，即唐某应承担一半的偿还责任。

3. 房子为陈某的婚前个人财产是事实，唐某在婚后共同偿付了部分房贷的事实陈某也不否认，但并不能因为唐某在婚后偿还了部分房贷就可以认为其就是房子的共有人。根据《广东省高级人民法院关于审理婚姻纠纷案件若干问题的指导意见》第 9 条和《最高人民法院关于适用〈中华人民共和国婚姻法〉若干问题的解释（三）》第 6 条的相关规定，应该是根据双方婚后共同还贷支付的款项及其对应财产增值部分对其作出补偿。

综上，涉案房产系陈某的婚前个人财产，陈某仅需根据双方婚后共同还贷支付的款项及其对应财产增值部分对唐某作出补偿。

陈某诉左某离婚纠纷案

刘海辉*

一、案情介绍

原告陈某与被告左某通过某婚恋网站相识，于2009年10月登记结婚，婚后生育了两个女儿。因双方在性格上存在差异，在处理经济及家庭事务，特别是对女儿的教育抚养等问题上意见不一致，导致矛盾不断产生，夫妻感情日益恶化。原告陈某诉至法院，请求判决解除婚姻关系并依法分割夫妻关系存续期间的共同财产。被告左某遂委托律师作为其代理人。

在本案中，双方对婚姻关系及子女抚养权问题已达成一致，但对夫妻共同财产的分割存在争议，涉及房产、汽车、车位、银行存款、公积金、家具电器、理财产品收益、夫妻共同债务等，财产种类多、情况复杂，其中，房产和车位等固定资产的分割问题尤其是本案的难处所在。

（一）房产和车位的归属判定

诉争房产与车位都是婚后购买，产权人均登记为被告，被告对于购房款和购买车位款项出资较多，车位更是由被告变卖婚前财产房屋的资金直接购买。因此，律师作为被告的代理人，为当事人争取最大权益，在庭审中主张车位属于被告个人财产价值形式的转换，应当仍属于被告的个人财产，婚后购买的诉争房产则希望站在对家庭贡献及照顾妇女原则的角度能够多分。因目前我国法律对夫妻共同财产分割涉及的不动产权属问题没有明确的法律规定，除了依据《中华人民共和国物权法》所指向的不动产权登记制度、出资情况来确定之外，在司法实践中，法官还会结合对家庭的贡献、双方经济状况、《中华人民共和国婚姻法》第39条和《中华人民共和国妇女权益保障法》第48条规定的照顾子女和女方权益的原则等多种因素进行

* 刘海辉，广东金桥百信律师事务所律师。

考量。由于诉争房屋与车位的权属存在不确定性，因此法官具有一定的自由裁量权。

（二）房产和车位的价值分割

诉争房屋系双方于婚后购买，购买价款为276.8万元，产权人登记为被告。其中，首期房款110.8万元（部分为被告母亲提供的借款），按揭贷款金额166万元（被告作为借款人与银行签订的借款及担保合同）。被告作为公司的高管人员，其收入是家庭的主要经济来源，房贷均由被告用其个人工资负责偿还，被告还曾用个人积蓄提前偿还房贷30万元。此外，家庭中的所有水电费、通信费等开支均由被告个人负担。在一方出资明显较多的情况下，律师积极收集银行账户交易明细等证据，为被告力争其应享有的权益。同时，因本案涉及第三人的债务，在律师明确告知法院不会同时处理涉及案外人的相关债权债务问题后，被告母亲已在另案中直接起诉要求原被告返还借款。

诉争车位虽系双方于婚后购买，但购买费用来自于被告出售其婚前个人房产所得的售房款，对此，律师认为，这属于被告个人财产形态由房屋转化为车位和现金，因此，该车位属于被告的个人财产，原告无权分割，并建议被告提供房屋买卖合同及银行账户交易明细作为证据。

（三）原告不服房产补偿款及车位归属等问题提起上诉

原告认为不应将未发生的贷款利息计入购房总成本中，请求法院按照房产净值进行分割及补偿，并要求被告一次性支付房屋补偿款。被告代理人认为，原告的主张脱离生活实际。在按揭合同法律关系中，买受人以自己所购房屋产权为贷款作担保，银行向买受人提供房屋贷款，买受人需要按月承担应当归还的贷款和利息，购买房屋支付的总价款应当包括按揭款利息部分。因房屋补偿款数目较大，若是要求被告一次性支付，必定会对被告的工作、生活、负债产生影响，为保障委托人的合法利益，律师坚决反对原告的上述主张。

二、裁判摘要

2017年11月，一审法院依法作出判决，主要内容如下：一、准予原告和被告离婚；二、两个女儿由原告和被告各自携带抚养；三、离婚后诉争房屋归被告所有，被告在判决生效之日起五年内分期支付房屋补偿款给原告；四、离婚后诉争房屋尚欠银行贷款本金及利息，由被告负责归还；五、离婚后诉争车位归被告所有，由被告支付车位补偿款给原告；六、离婚后诉争汽车归被告所有，由被告支付汽车补偿款给原告。

原告不服提起上诉，二审法院于2018年3月作出终审判决，变更诉争汽车和车位归原告所有，由原告支付汽车和车位补偿款给被告；驳回原告的其他上诉请求。

三、案件评析

办理离婚案件，律师抓住了三个关键问题：1. 夫妻感情；2. 子女抚养权；3. 共同财产分割。对于财产分割，需要注意婚姻登记等时间节点，区分婚前财产和婚后财产、个人财产和共同财产。现如今，男女结婚已经从20世纪80年代的旧三件套“冰箱、彩电、洗衣机”变为新三件套“房子、车子、票子”，加之房价居高不下，越来越多人选择按揭购房，以缓解高房价对收支带来的冲击和压力，房子、车子、车位等与婚姻关系交织在一起，不可避免地增加了房屋财产分割的复杂性。

（一）房产等不动产、汽车等动产的共同财产所有权归属问题

在本案中，法院最终判决涉案房产归被告所有。结合自身的办案经验，律师认为在离婚案件涉及房产权属判定时，主要考虑以下因素：第一，考虑各方的住房情况。一般情况下无处居住的一方优先。第二，优先考虑照顾抚养子女的一方。为使孩子拥有安全的居住条件而得以健康成长，将房屋的所有权判定由抚养孩子的一方所有，合乎情理。第三，在同等条件下照顾女方。第四，照顾无过错方。第五，照顾身体残疾或生活困难的一方。

对于本案中涉及的车位、汽车等共同财产，则主要是考虑实际的使用情况等，遵循有利于生活生产的原则及兼顾公平公正原则。

（二）按揭房分割问题

笔者通过本案，结合在办理案件过程中检索的案例及办案经验，认为离婚中按揭房分割应注意区分婚前按揭房和婚后按揭房、已经取得所有权的按揭房和尚未取得所有权的按揭房等，根据实际情况对按揭房的性质进行认定。

1. 婚前按揭房

对于婚前按揭房需要注意以下时间节点及其中的出资情况：（1）签订不动产买卖合同的时间（婚前）；（2）支付首付的时间及出资情况；（3）取得房屋产权的时间；（4）婚后的还贷情况。

2. 婚后按揭房

本案中诉争房产属于婚后按揭房，原被告在婚姻关系存续期间，按揭购买诉争房产，并取得房屋产权证明。结合《中华人民共和国物权法》第9条和《中华人民

共和国婚姻法》第17条的规定，其性质应为夫妻共同财产。但在其中一方对房款支付有较大贡献的情况下，其分配比例是一个问题。实践中，也存在将婚后按揭房认定为个人财产的情形。若婚后一方以婚前个人财产支付首付，且以个人婚前财产还贷，作为配偶的一方未对该房产有过贡献，此种情况下才能将房产性质认定为个人财产。但是需要注意的是，必须要有确凿的证据证明婚前个人财产与婚后购房的资金流向完全一致，否则很难认定为一方个人财产。夫妻双方婚后购买的按揭房，仍以夫妻共同财产为原则，尚未还完的按揭贷款为共同债务。

3. 父母出资购买按揭房

父母出资购买房产，争议的焦点在于，父母出资的法律性质如何定性。在司法实践中，有两种观点，一种认为属于赠与，一种认为属于借贷。但结合目前房地产市场价格因素，年轻夫妻的购房尤其是首期款多得到父母一辈的支持，而这些首期款往往是父母辈工作多年的辛劳积蓄，因此审判实务趋向只要在购房后父母拒绝承认该购房款不属于赠与而属于对夫妻双方的借贷，而另一方无相反证据证明是赠与，则法院会认定为该笔购房款为对夫妻双方的借款而非赠与。本案中，涉及其中的30万元购房款是由被告母亲支付的，庭审中，原被告双方对该笔款项的性质产生了重大的分歧。律师向被告释明情况，建议另案处理。随后被告母亲直接起诉要求原被告返还借款，在庭审中，在原告无证据证明是赠与款，且被告母亲与被告均确认该笔款项为借款的情况下，经一审、二审法院认定此30万元的性质为借款，属于夫妻共同债务，最终判决原被告向被告母亲偿还该借款。

（三）婚前个人财产的形态变化

本案中，诉争车位的购买费用具有特殊性，被告是用其婚前房屋出售款支付的。如何认定诉争车位的性质呢？是属于婚前个人财产的形态变化，作为一方个人财产，还是属于投资收益行为，作为夫妻共同财产？律师认为，如果婚姻当事人只要在婚姻关系存续期间使用个人婚前财产并使之存在形式发生了变化，就属于投资经营行为，而将其认定为夫妻共有，明显不利于发挥物的使用价值，不利于财富的流转，也可能导致人们为了保有自己的婚前个人财产而不敢正常使用，这样的理念不符合现代民事立法鼓励充分发挥物的效用、鼓励正常的财产流转的基本精神。

最高人民法院民一庭曾在《民事审判指导与参考2013年第1辑》中认为，当事人以生产、经营之外的其他方式使用自己的婚前个人财产，即使该财产的形式因此发生了变化，不导致其所有权及自然增值归属的变化。在本案的判决书中，法院将购买车位款项的性质予以甄别，并认定了部分购买款为被告的个人财产，补偿款计算公允，也正是体现了婚前个人财产于婚后发生形态变化，不影响个人财产认定的观点。

（四）财产分割中的补偿款问题

1. 关于按揭房补偿款的计算方式

本案中，法院认定的购房成本公式为：购房成本 = 购房价款 +（每月还款 ×12 × 年限 - 按揭借款额），其中，括号内“每月还款 ×12 × 年限 - 按揭借款额”为按揭借款利息。

本案中，法院判决被告向原告支付的房产补偿款分为三个部分：

（1）原告婚前财产份额的补偿款

原告婚前财产份额的补偿款 = 原告婚前财产/购房成本 × 房产市价，其中，“原告婚前财产/购房成本”是原告婚前财产的份额。

（2）原、被告共同财产所付首期房款所占购房成本份额的补偿款

原、被告共同财产所付首期房款所占购房成本份额的补偿款 =（共同财产所付首期房款/购房成本）× 房产市价 ÷2。

（3）原、被告共同财产所归还的按揭贷款所占购房成本份额的补偿款

原、被告共同财产所归还的按揭贷款所占购房成本份额的补偿款 =（共同财产所归还的按揭贷款/购房成本）× 房产市价 ÷2。

2. 关于补偿款的支付方式

虽然，本案中，原告无论在一审、二审中都明确表示不同意分期支付的方式，但是两个审级的判决中均有“考虑到被告的身体情况、负债压力及支付能力问题，酌定其分五年支付上述补偿款符合日常生活经验规则”的表述，房产补偿款等大额款项，确实难以一次性支付，法院判决以分期付款的方式支付是情理之中的体现，更考虑到了实际履行判决的可行性。因此，实务中作为离婚律师，应当告知当事人法院的审判思维与实操意见，让其对夫妻财产分割的执行与实施有充分的理解，律师的目的应当是实事求是地和平处理，而非一味地承诺当事人的无理要求。实践中，若支付补偿款一方在期限内拒不支付，另一方也仍可通过执行程序进行权利救济。

3. 按揭房价值下跌时的处理

《最高人民法院关于适用〈中华人民共和国婚姻法〉若干问题的解释（三）》中对于婚前按揭房的处理提供了分割方法，对于增值部分的处理也有规定，但是并没有规定房屋价值下降如何处理。现在的司法实践暂时几乎没有出现此种情况，但不排除以后可能会发生。建议加快完善法律、法规、司法解释的步伐，在遵循《中华人民共和国婚姻法》基本原则的前提下，在房屋价值下跌时，取得产权的一方对另一方适当减少给予的补偿。

离婚时商铺可以分割办理独立房产证吗?

苏慧仪*

一、案情介绍

丁女士和前夫余先生离婚时各分得一套房产，由于余先生分得的房产较大，需向丁女士补房价差，而余先生当时表示没有钱补偿，于是丁女士向法院申请将共有的一套商铺拍卖处理，在拍卖价款中先清偿欠丁女士的房价差再行分配房款。奈何该商铺三次均流拍，进入便卖阶段仍没有人认投，最后只能拍卖余先生的房产才得以处理，因此丁女士无奈与余先生共同共有涉案商铺。多年以来，余先生一直对丁女士隐瞒商铺收入，独占租金收益，丁女士无奈再次将余先生告上法庭，主张对涉案商铺进行实物分割及办理分割办证。关于商铺能否分割一直存在较大争议，一些法院判决认为可以，一些法院考虑可能存在不能过户的问题判决不宜分割，但经办法官一般都会发函至国土局相关部门问询相应情况再进行判决。丁女士的商铺按形状来说也不难分割，它几乎是正正方方的。丁女士提出的分割方案正好将商铺分成等面积的两部分，双方都不用对对方补偿。

二、裁判摘要

《中华人民共和国物权法》第100条第1款规定：“共有人可以协商确定分割方式。达不成协议，共有的不动产或者动产可以分割并且不会因分割减损价值的，应当对实物予以分割；难以分割或者因分割会减损价值的，应当对折价或者拍卖、变

---

* 苏慧仪，广东知章律师事务所律师。

卖取得的价款予以分割。”① 一审法官据此认为丁女士和余先生离婚，且存在矛盾，已不适合共同使用涉案商铺，但丁女士所主张的分割方式不利于生活便利，不具备现实基础；而且，本案也无证据显示涉案商铺可分割为两套相互独立的套间且均能办理产权登记手续，并且不会因分割减损价值；另，该商铺仍存在租约，且丁女士已向余先生主张租金权利，且余先生也不同意丁女士所主张的分割方式，因此，丁女士要求对涉案商铺进行实物分割及办理分割办证的请求缺乏事实基础，故不予以支持。

丁女士不服，提出上诉。二审法院认为，丁女士与余先生对涉案商铺的分割方式无法协商一致，且该房屋曾经三次拍卖均流拍，对该房屋进行实物分割能有效确保丁女士的物权。此外，一审判决认定事实不清，涉案商铺的性质为商业用房而非居住用房，对其进行分割不会造成生活不便，也不会造成其价值减损，应依法予以分割。最终，二审法院完全采纳了丁女士的观点，支持了丁女士的上诉请求。

三、案件评析

一审判决的观点是错误的。首先，丁女士与余先生对涉案商铺的分割方式无法协商一致，且该房屋曾经三次拍卖均流拍，对该商铺进行分割才能有效确保丁女士的物权。在丁女士诉余先生离婚纠纷一案中，丁女士要求分割涉案商铺租金并要求余先生支付涉案商铺折价款的一半，但余先生在庭审中隐瞒了涉案商铺出租事实，独占全部租金收益，因双方均无足够的钱向对方支付涉案商铺对价，法院仅判决确认双方各占涉案商铺二分之一产权，后丁女士申请强制执行该商铺，但三次拍卖均流拍。时至今日，余先生一直霸占该房屋，其不但拒绝向丁女士支付租金，还一直拒绝将涉案商铺的一半交由丁女士使用。根据《中华人民共和国物权法》第 100 条第 1 款的规定，丁女士与余先生是涉案商铺的共有权人，在双方对涉案商铺协议分割不成且拍卖未果的情况下，丁女士有权要求对该房屋进行使用权分割以确保其对该房屋的物权。其次，涉案商铺的性质为商业用房而非居住用房，对其进行分割不会造成生活不便，也不会造成其价值减损。一审法院认为丁女士与余先生现已离婚，且存在矛盾，已不适合共同使用涉案房屋，余先生主张上述分割方式不利于生

① 《中华人民共和国民法典》第 304 条第 1 款：“共有人可以协商确定分割方式。达不成协议，共有的不动产或者动产可以分割且不会因分割减损价值的，应当对实物予以分割；难以分割或者因分割会减损价值的，应当对折价或者拍卖、变卖取得的价款予以分割。”

活便利，不具备现实基础，而涉案商铺的性质为商业用房而非居住用房，无须考虑分割后是否“适合共同使用”及“生活方便”。一审法院在未对涉案商铺进行实地查看的情况下，便认为该商铺不适宜分割是没有事实基础的，实际上该房屋结构十分简单，内部无套间，分割方便。根据上诉人的分割方案，分割后的两部分均可单独使用，各自均有单独的大门，而无须经过双方所占部分，双方的使用权互不受扰。此外，一审法院认为分割会减损房屋价值也是没有事实和法律依据的，丁女士主张的分割方案无须商铺进行大改动，并不会对房屋的整体价值造成任何影响。

为什么一、二审法院的判决结果差别那么大？现实中很多房子由于形状怪异，也存在比较复杂的居住情况，再加上双方分歧很大，难以协商调解，因此大多数案件中的房子都不能分割。在办理房产分割案时，经办法官需要到现场了解情况再行判断房子是否适宜分割，若不能实物分割，也要对双方进行调解，协商好各自使用范围，进行使用权分割，多用的一方每月向另一方支付使用费，以最大限度地做到公平公正。法院不能在双方协商不成，明知道涉案商铺一方不能行权，经拍卖亦不能处理的情况下继续驳回请求方的诉求，这相当于不让请求方行权，是显失公平的判决。另外，一审法院盲目套用法律规定，商铺是用于产生收益，不是用于居住，不存在分割不便生活的情形。再者一审判决也认定涉案商铺已出租，更不存在余先生所说无住所居住在商铺内的情况。一、二审法院判决结果差别大源于对涉案商铺的情况是否足够了解。法院一般如何处理房屋分割案？一般地，法院在房屋分割案中有四种处理方法：一是看双方能否协商使用，如果可以，则尊重双方分割使用意见；二是若双方不能达成一致分割使用意见，建议一方向另一方支付对价，独占房屋所有权或使用权；三是建议双方将涉案房屋拍卖，分配拍卖价款；四是如果以上方法均不可行，则根据自由裁量权裁判分割方案，获取大面积一方向另一方补房价差。那么丁女士的分割方案能否执行呢？这个比较难。丁女士请求分割的是商铺，商铺要办独立房产证需要改消防，报规划局批复，再到国土局办证。问题是各个部门都表示不知情，互相推诿，无论是丁女士还是法院向政府相关部门了解情况时，都得不到一个肯定的答复，所以悬而无解，这也是导致大多商铺不能分割的主要原因。如果经法院执行也处理不了，应如何处理？判决后无论是否能执行，原告还是要先申请执行，若法院因不能了解相关情况导致暂不能处理的，可以先行中止本次执行，待相关部门有清晰答复后再恢复执行。这是从程序上最大限度地争取时间，因为申请执行有期限，执行中止后期限可以无限大。然后可以通过向相关部门信访获得明确答复，信访是必须有明确书面回复的，能比较有效获悉处理途径及避免相关部门推诿。待相关程序清晰后再恢复执行。

房屋分割案是相当复杂的问题，也是比较常见的，这种类型的案件没有必然的共通性，因为每个房子的情况都不一样，法官是需要根据房子的实际情况判断是否适宜分割。司法实践中的很多类似案件都是划分使用范围，一方向另一方支付房屋使用费，这是比较常见的处理方式；经法院拍卖分配拍卖价款也是离婚案中比较常见的。丁女士也经历过这个程序，奈何商铺难以出手，才导致本案发生。不经超过三分之二产权人同意申请拍卖处分所有物，这种方式因要获得大多数共有人同意，而离婚案中双方通常各占二分之一产权份额，因此不适用。若该案没有经历过之前余先生独占租金收益，丁女士无法行权，拍卖三次流拍等情形，结合涉案商铺形状方正，易于分割等客观情况，法院很有可能不会支持丁女士的诉求，因为判决下来未必能执行，判决分割是穷尽所有处理方式后最后的救济途径。本案中尽管丁女士在商铺分割这条路上未必走得通，但从判决上划分清晰的使用范围，丁女士可以大胆地行权，获取自己独有部分的租金收益是她莫大的欣慰。

离婚后用婚姻期间的工龄买房是否为共同财产

苏慧仪*

一、案情介绍

刘女士与陈先生曾是夫妻关系，1992 年的时候，因陈先生出轨，双方协议离婚，《离婚申请书》上注明“存折 2 万元归女方，家庭财产、用具各一半”。离婚后不久，陈先生与单位签订《广州市公有住房买卖协议书》，约定单位根据住房制度改革有关文件的规定，将位于广州市内的一套住房出售给陈先生，该住房在省规定的住房分配控制面积内扣减优惠房价款：新中国成立后工龄按控制面积内房价每年优惠 0.3% 计，24 年工龄房价优惠总额 691.32 元，不再按月领发住房补贴，一次性按控制面积内房价优惠 20%，优惠金额 1920.34 元，扣减上述两项优惠后的房价款为 6990.05 元；结算方式为陈先生一次性付清房款，陈先生按规定八折计收，折合实收金额为 5592.34 元，陈先生付清房款五年后，有权将所买住房按市场价格出售，所得增值额的 20% 归单位，80% 归陈先生。因为房改房需要以家庭为单位购买，陈先生当年为了达到购买资格，在向单位提交的《广州地区干部、职工购买公有住房申请书》上写道：“申请人及家庭成员情况为：陈先生（参加工作时间 1968 年，不是常住户口），刘女士（参加工作时间 1975 年，是常住户口，与申请人关系为夫妻）；所在单位证明申请人陈先生情况为申请人的革命工龄 24 年（兹证明：陈先生参加工作时间为 1968 年 10 月，现年 24 工龄）；产权单位审批意见为符合政策，同意购房。1992 年底，广州市住房制度改革办公室印制《广州市共有住房售价评估表》对涉案房屋售价进行评估，基本房价为 9187.24 元，基本装修增减价 414.47 元，合计 9601.71 元，一次性房价优惠 20% 为 1920.34 元，新中国成立后工龄 24 年享受工龄房价优惠 691.32 元，最终住房售价为 6990.05 元。审批意见为：

---

* 苏慧仪，广东知章律师事务所律师。

同意出售。”随后陈先生缴纳售房款 5592 元。2017 年 12 月，陈先生以 1030000 元的价格将涉案房屋售予他人，在房管局办理过户登记时被告知需刘女士到场签字才可办理，遂承诺给予一半售房款为对价骗得刘女士到场签字，成功办理过户登记后便反口不认账。刘女士不服，便起诉至法院，主张陈先生是用其工龄购买的房产，他购买房产时所用的工龄也是婚姻关系存续期间的工龄。因此该房也有其相应份额，要求陈先生按夫妻关系存续期间对应工龄折现所占房产份额兑现属于其应分得的售房款。

二、裁判摘要

一审法院认为：该房屋的申购行为、审批行为均发生在双方离婚后，且陈先生已举证证实其支付了房屋的全部房款，刘女士未能举证证实该购房款属于夫妻共同财产。还有，刘女士主张房改房每户职工家庭只能购买一次，涉案房屋只能以家庭为单位申请购买，登记表上申请人亦为刘女士，因此刘女士应为该房改参与人，但《广州地区干部、职工购买公有住房申请书》显示，涉案房款的售价评估仅依据陈先生的工龄折算房价优惠，并未依据刘女士的工龄等其他条件，且刘女士并非该房屋买卖协议书中的签约相对方之一。至于涉案房屋出售时的《广州市不动产登记申请表》《广州市存量房买卖合同》上虽有刘女士的签名，但“卖方”均仅有陈先生的个人信息，且刘女士在询问事项中明确表示该房屋不存在未登记的共有人。综上，认定涉案房屋为陈先生的个人财产，刘女士要求分割该房屋出售后的房款主张缺乏依据，不予以支持。

三、案件评析

一审判决是否正确？要解决这个问题前我们首先来了解什么是房改房。房改房是 1994 年国务院发文实行的城镇住房制度改革的产物，是我国城镇住房由从前的单位分配转化为市场经济的一项过渡政策，现如今又可以叫作已购公有住房。房改房是按照成本价购买的，职工拥有部分房屋所有权，一般在 5 年后归职工个人所有。房改房是对职工工资中没有包含住房消费资金的一种补偿，是住房制度向住房商品化过渡的形式。它的价格不由市场供求关系决定，而是由实现住房简单再生产和建立具有社会保障性的住房供给体系的原则决定。房改房的销售对象是有限制的，不是任何人都可以享受房改的优惠政策，购买房改住房的人只能是承住独用成套公有住房的居民和符合分配住房条件的职工。在房改售房中对购房的面积有所控制，规定人均可购房的建筑面积的控制指标，以防止一些人利用职权大量低价购买公有住房，造成国有资产或公有财产的流失。购买房改的公有住房有一定的优惠政策，公有住房的价格在标准价或成本价的基础上还有工龄、职务或职称方面的优惠，对离休干部也有优惠政策。一般地，房改房在婚姻关系存续期间购买的，当然可以认定为夫妻共同财产。但本案中房改房是陈先生在离婚之后购买的，用婚姻关系存续期间的工龄所抵扣的购房款部分，能否认定为夫妻共同财产，虽没有相关法律明确规定，但却有章可循。《最高人民法院关于适用〈中华人民共和国婚姻法〉若干问题的解释（二）》第 11 条规定："婚姻关系存续期间，下列财产属于婚姻法第十七条规定的'其他应当归共同所有的财产'：……（二）男女双方实际取得或者应当取得的住房补贴、住房公积金……"《国务院关于深化城镇住房制度改革的决定》（现已失效）第 17 条规定："职工购买现已住用的公有住房，可适当给予折扣，1994 年折扣率为负担价的 5%，今后要逐年减少，2000 年前全部取消。售房单位应根据购房职工建立住房公积金制度前的工龄给予工龄折扣。每年工龄折扣的数额，按抵交价除以 65（男职工 35 年，女职工 30 年）计算。离退休职工购房计算工龄折扣的时间，按国家规定的离退休年龄计算。"由此可见，公积金制度的前身是工龄折扣，也就是说用婚姻关系存续期间的工龄所抵扣的购房款部分应认定为夫妻共同财产。另外，一审判决单凭涉案房屋出售时的《广州市不动产登记申请表》《广州市存量房买卖合同》中载明的"卖方"均仅有陈先生的个人信息就认定刘女士不是所有权人，此观点值得商榷。在很多房屋交易案中，由于房产证上只有一方的名字，因此售房合同上只有一方作为合同相对人，但这不等于售房合同的签订是无效的，只要配偶在空白地方签字就可以了。本案中，若刘女士与涉案房屋无关，在办理房产过户手续时，房管部门又为何一定要刘女士出现签字才能办理呢？再者，刘女士在询问事项中明确表示该房屋不存在未登记的共有人，该共有人是指不存在除刘女士以外的其他共有人，不是排除自己是共有人。另外，《国务院关于深化城镇住房制度改革的决定》（现已失效）第 18 条还规定："职工按成本价或标准价购买公有住房，每个家庭只能享受一次，购房的数量必须严格按照国家和各级人民政府规定的分配住房的控制标准执行，超过标准部分一律执行市场价。"陈先生享受了房改政策的优惠，刘女士就不能再享有了，尽管刘女士不能举证陈先生购买房改房的钱是夫妻共同财产，却让刘女士不能再享受相应政策优惠。因此，站在公平合理的角度，一审法院也应支持刘女士部分诉求。

综上，房改政策是一个历史性问题，当时国家实行房改政策是商品房政策的过渡政策。房改政策具有短暂性，从 1994 年起实行至 2000 年终止，是历史产物。可能这个年代的人不是很熟悉那一年代的事，那时是对职工的一个优惠待遇，由于是短暂政策，也无过多立法，一般房改房纠纷多见于离婚纠纷案及继承纠纷案中。对于一些婚后所得的房改房归属问题可以参照《中华人民共和国婚姻法》的相关规定，而对于离婚后用婚姻关系存续期的工龄折抵房款部分的财产属性却无法律规定，我们只有把握当时国家政策的根本目的和意图，了解当时的时代背景，才能有效解读当时的政策，做到判案公平合理，叫人心服口服。

离婚时股票期权财产的性质及分割问题

朱又又*

一、案情介绍

陈某甲和陈某乙于2005年经人介绍相识并恋爱，2007年12月登记结婚，2011年3月生育一子陈某丙。陈某丙一直随陈某甲父母共同居住生活，陈某乙每月给陈某甲父母3000元用于伙食费支出。近来双方在共同生活中因生活琐事产生矛盾，矛盾发生后双方均未妥善处理，矛盾日渐加深。陈某甲曾于2014年4月起诉要求离婚，被法院依法驳回。现陈某甲再次向某市某区人民法院起诉，要求：1. 原、被告离婚；2. 婚生子陈某丙由原告抚养，被告每月支付10000元抚养费至陈某丙18周岁；3. 原告要求分得60%的夫妻共同财产。

双方无争议的案件事实如下：被告2001年8月获得的公司股票期权2010年的出售款为131772.12元、2003年4月获得的公司股票期权2012年的出售款为14031.15元、2004年8月获得的公司股票期权2013年的出售款为124263.29元、2005年9月获得的公司股票期权2014年的出售款为77952.89元、2006年9月获得的公司股票期权2015年的出售款为89137.59元、2009年获得的公司股票期权2009年的出售款为5330.07元，总款为442487.10元（税前）。

关于财产的分割，双方有争议的问题如下：1. 关于陈某乙名下股票账户，陈某甲认为陈某乙账户婚前现金余额64379.29元及婚后获得的某某公司股权应作为共同财产，陈某乙认为某某公司配送的8851股是婚后自动配送的，没有双方的投入，应是婚前财产，现金余额64379.29元也是婚前财产；2. 关于陈某乙名下的如皋房屋，陈某乙认为系其用婚前财产购买，属于婚前财产；3. 对于陈某乙自2014年6月至2016年4月的收入，陈某甲认为扣除其每月给陈某甲父母的3000元伙食

---

* 朱又又，广东合盛律师事务所律师。

费及2000元个人消费后剩余的462327.46元（包括股票期权收入，不包括招商银行卡中的391921.82元），属于夫妻共同财产，陈某乙认为余款为招商银行卡中的391921.82元，其余收入都被消费完毕；4. 关于陈某乙获得的公司股票期权收入，陈某甲认为均是婚后所得，应属于夫妻共同财产，陈某乙认为该款项来源系其婚前获得的股票期权，收入扣除25%的税率，余款应属于陈某乙婚前财产。

二、裁判摘要

人民法院作出民事判决：一、原告陈某甲与被告陈某乙离婚；二、认定陈某乙婚前取得相关股票期权属于陈某乙所有，该等收入应从其银行存款中扣除，剩余部分由双方按照夫妻共同财产分配。

三、裁判理由

法院生效裁判认为：关于陈某乙的股票期权出售款，2009年取得的期权系婚后获得，出售款5330.07元属于夫妻共同财产；而被告其他婚前获得的股票期权其实质是一种受益权即享受期权项下的股票因价格上涨而带来的利益的权利，而并非义务也并非实际拥有这些股票，婚后被告在公司股票价格高于当时授予期权时的价格时行权获得的利益应属于被告婚前财产，故扣除25%的税率后的股票期权出售款327867.80元属于被告个人财产。

四、案件评析

（一）本案的争议焦点

本案的争议焦点在于相关股票期权是否属于夫妻共同财产。法律法规并没有对股票期权是否属于夫妻共同财产作出规定，但根据《最高人民法院关于适用〈中华人民共和国婚姻法〉若干问题的解释（三）》第5条的规定，夫妻一方个人财产在婚后产生的收益，除孳息和自然增值外，应认定为夫妻共同财产；根据中国证券监督管理委员会发布的《上市公司股权激励管理办法》第28条的规定，本办法所称股票期权是指上市公司授予激励对象在未来一定期限内以预先确定的条件购买本公司一定数量股份的权利；激励对象获授的股票期权不得转让、用于担保或偿还债务。因此相关股票期权的出售日期在婚姻关系存续中，但当事人已经在获得款项的当日享受了该等利益。故本案中法院对被告其他婚前获得的股票期权其实质是一种收益权即享受期权项下的股票因价格上涨而带来的利益的权利，而并非义务也并非实际拥有这些股票，婚后被告在公司股票价格高于当时授予期权时的价格时行权获得的利益应属于被告婚前财产，故扣除25%的税率后的股票期权出售款327867.80元属于被告个人财产的认定存在一定的合理性。

（二）关于股票期权是否属于夫妻共同财产的认定问题

本案中，对于股票期权的认定问题，笔者认为若相关共同债务系用于共同经营的，其核心在于该经营企业或其他主体是否为夫妻双方共同经营。

首先，就婚前取得的股票期权而言，依据2005年《财政部、国家税务总局关于个人股票期权所得征收个人所得税问题的通知》之规定，员工行权所获收益视为“工资、薪金所得”，并须缴纳个人所得税；同时根据《上市公司股权激励管理办法》第28条的规定，员工在取得相关款项后即不享有相应的股票期权。因此员工所持期权能够行权，与其“在企业的表现和业绩情况”不无关联，是其人力资本之价值得到最大限度发挥的重要体现，相关股票期权在行权即取得出售款之时行使完毕，员工自身已不再享受相关权利，因此也不存在收益及自然孳息的问题，这是股票期权与其他期待性权利最大的区别。同理，《最高人民法院关于适用〈中华人民共和国婚姻法〉若干问题的解释（三）》第5条规定，若相关股票期权在婚后变现的，应属于双方共有财产。

其次，即使相关股票期权在双方离婚后变现的，也不宜直接认定为个人财产。从股票期权转化为实际的财产性收益，往往需要受激励人在工作岗位上为推动企业的发展壮大而投入大量的脑力、体力、劳动、精力和时间辛勤工作，行权条件满足后方可行使股权期权。在夫或妻一方为了其所在企业的发展壮大而进行辛勤劳动和工作时，另一方以牺牲自己的时间或工作机会为双方家庭的付出，使得另一方对照顾家庭生活无后顾之忧，同时给予将主要精力专注于事业的一方精神上和体力上的支持和鼓励，从而使得专注于事业和工作的一方能够专心钻研投入工作，为公司做出更大贡献，乃至为全社会创造出更多的效益。毫无疑问，受激励对象为其所在企业所做出的贡献也离不开配偶的付出。这也就是法定夫妻财产共同所有制的内在本质，即夫或妻双方创造出的物质价值和社会效益，双方都有不同程度的贡献。相反，应与婚后行权收益认定规则相同，考量相关因素予以综合认定。此时，离婚后行权之由“期权取得后至结婚前”期间对应的收益部分、婚姻期间对应的收益部分及“离婚后至行权前期间”对应的收益部分构成。其中，婚姻期间对应的收益部分应为夫妻共同财产。故双方离婚后，原夫妻一方行权后取得股票期权的收益，实际上是离不开配偶的支持和付出的，因此，行权后取得的股票期权的收益，应认定为原夫妻双方共同共有的财产。广东省高级人民法院 2009 年《关于婚前取得的股票期权，离婚后行权所得能否确认为夫妻共同财产问题的批复》中亦持相同的观点。

最后，对于离婚后尚未变现的股票期权，在“具备行权条件虽未行权，但股票市场价高于行权价”的情形下，如前文所述，此时行权对于受激励人及其配偶来说都存在积极利益，而且此时股票期权所能产生的利益已经可以明确。若原夫妻一方要求受激励人行权，受激励人同意并行权的，股票期权实际上转化为所在公司的股权或股票，对该部分股权或股票的分割可参考下文对“已经行权但尚未变现”的情况的处理规则。反之，如果受激励人不同意行权、在行权期内怠于行权或主动放弃期权利益的，则会损害原配偶一方的利益，此时，法院应当依据原配偶一方起诉时股份有限公司股票的市场价或有限责任公司的每股净资产减去行权价，计算出因行权可获得的财产利益。在“已经行权但尚未变现”的场合，行权人行权后通常获得的是所在公司的股权或股票，但是由于上市股份有限公司股票的价格受二级证券市场因素影响波动较大，股票本身具有风险性，而即便获得的是有限责任公司的股权，也需承担相应的经营风险。在婚姻关系解除之后，夫妻双方不再是一个“共同体”，原夫或妻双方不应当再承担对方在生产、经营中产生的风险。因此，在离婚诉讼中，关于股权类财产的分割，我国法院一般依据区分原则、效益原则和补偿原则进行分割处理。最高人民法院同样认为应当按照“有利生产、方便生活”的原则对离婚诉讼中夫妻共有财产进行分割。此外，考虑到股票期权系被用来激励为公司做出贡献的员工，是员工薪酬奖励体系的一部分，企业通常会与被激励的对象约定限制或禁止行权后所得股票的转让。因此，从社会经济效益最大化的角度以及公司授予股票期权的目的考虑，在对股票期权及其带来的利益进行分割时，宜将股票期权有经营条件和经营能力的一方，由取得股票或期权的另一方向对方作出补偿现金。

夫妻一方婚前取得财产性质的认定

朱又又[*]

一、案情介绍

陈某、李某一于1998年7月登记结婚，婚后于1999年8月生育女儿李某丁。陈某、李某一婚后感情尚可，女儿出生后，双方分房睡，没有夫妻生活至今。2013年陈某向一审法院提起离婚诉讼，经法庭调解后，陈某撤回起诉，一审法院于2013年9月裁定准予撤诉。之后双方仍然没有和好迹象。

1998年6月，陈某与广州市某实业公司签订《某某大厦认购书》，认购广州市某号某大厦B座4梯607房，认购价为241464元，定金为10000元，首期楼款为14146元，第二期楼款为24146元，于1998年12月30日前付清，第三期楼款为24172元，于1999年5月30日前付清，其余楼款为169000元，由银行提供按揭。同时陈某交付定金（10000元）、首期楼款（14146元）、税费（8934元）合计33080元。1998年8月5日，陈某与广州市某公司签订《房地产预售契约》，约定成交价格为241464元，双方于1999年8月在广州市房地产交易所交易监证。广州市不动产登记查册表显示：广州市荔湾区某路某号607房，建筑面积为47.6343平方米，产权人为陈某。1999年3月31日，陈某与广州市某公司签订《房地产预售契约》，约定购买广州市荔湾区某路某号某大厦B座4梯606房，成交总价为198000元，陈某于同日交付首期房款15800元及契税7326元，双方于1999年8月6日在广州市房地产交易所交易监证。广州市不动产登记查册表显示：荔湾区某路某号606房，建筑面积为49.664平方米，产权人为陈某。1999年10月22日陈某与某银行签订《楼宇按揭合同》，约定陈某向银行贷款31万元，每月归还本息金额为人民币7183元，还款期数为48期，陈某提供某路某号某大厦606号、607号房

* 朱又又，广东合盛律师事务所律师。

产作为抵押担保。陈某于2000年10月还清全部贷款，本息合计344254.78元，李某一对此未表示异议。

广州市越秀区某路某街某号房屋（二层），建筑面积为55.62平方米，产权人原为卢某（首层占有12/18产权份额，二楼占有30/36产权份额）、梁某一（首层占有3/18产权份额，二楼占有4/36产权份额）、李某丙（首层占有1/18产权份额，二楼占有1/36产权份额）、李某一（首层占有1/18产权份额，二楼占有1/36产权份额），上述所有权来源为1991年4月、1993年12月由法院判决从梁某二处继承。李某丙及麦某分别于2001年11月、2005年6月将其占有的上述房屋首层1/18产权份额、二楼1/36产权份额赠与李某一，广州市某公证处于2001年11月出具《赠与合同公证书》、广州市某公证处于2005年6月出具公证书确认上述赠与。梁某一、冯某于2005年6月将其占有的上述房屋首层3/18产权份额、二楼4/36产权份额赠与李某一，广州市某公证处于同年6月出具《赠与合同》公证书，确认上述赠与。广州市不动产登记查册表显示：越秀区某路某街某号（二层），建筑面积为55.62平方米，产权人为林某占有首层13/18、二楼30/36产权份额，李某一占有首层5/18、二楼6/36的产权份额。

庭审期间，1. 陈某、李某一确认荔湾区某路某号606号、607号房市场价值为190万元；2. 陈某、李某一婚生女儿李某丁表示，陈某、李某一离婚后，其跟随陈某共同生活，李某一无异议，探望问题由李某一与陈某、女儿协商处理，不需法院处理；李某一主张每月不固定收入为2000—3000元；3. 陈某主张上述涉案某大厦606房、607房是其个人资金购买，属于个人财产，提供前夫郭某的说明，但未能提供其他佐证予以证实；4. 陈某主张李某一以24000元购买上述涉案某街某号房屋中原产权人梁某一名下占有的7.725平方米产权份额，该部分产权份额应为夫妻共同财产，并提供了梁某一的书面说明，李某一对此不予确认。

二、裁判摘要

一审法院作出民事判决：1. 准予陈某与李某一离婚。2. 离婚后，陈某、李某一的婚生女儿李某丁由陈某携带抚养，于本判决发生法律效力之日起，李某一每月支付李某丁抚养费人民币1500元至其年满十八周岁。3. 位于广州市越秀区某路某街某号房屋首层5/18产权份额及二楼6/36产权份额归李某一所有。4. 位于广州市荔湾区某路某号606房、607房归陈某所有，于本判决发生法律效力之日起三十日内，陈某将房屋补偿款一次性支付给李某一；李某一收到上述补偿款之日起三十日内迁离上述房屋。

陈某不服一审判决，向广州市中级人民法院提起上诉请求：1. 依法改判位于广州市越秀区某房屋首层5/18产权份额及二楼6/36产权份额归李某一所有，李某一将上述房产补偿款一次性支付给陈某。2. 依法改判位于广州市某路某号之一606房、607房归陈某所有。广州市中级人民法院作出民事判决：驳回上诉人诉讼请求，维持原判。

三、裁判理由

1. 李某一于1991年及1993年继承占有的广州市越秀区某路某街某号房屋首层1/18产权份额及二楼1/36产权份额是婚前继承所得的财产，属于李某一婚前个人财产，婚后于2001年11月，2005年6月9日、10日分别受赠与上述房屋首层4/18产权份额及二楼5/36产权份额，该产权份额也属李某一个人财产，故李某一主张占有的上述房屋首层5/18产权份额及二楼6/36产权份额为其个人财产理据充分，法院予以支持，不作为夫妻共同财产进行分割。陈某主张梁某一名下占有的上述房屋产权份额是名为赠与实为买卖，并以陈某、李某一夫妻共有存款24000元购买，提供了梁某一出具的书面说明，该说明不能推翻上述公证机关作出的赠与合同公证书，陈某的主张缺乏事实依据，法院不予接纳。

2. 陈某、李某一婚前及婚后没有针对个人财产及夫妻共同财产进行区别约定，也未进行夫妻财产分配，广州市荔湾区某路某号607房是陈某在婚前交付首期房款，婚后支付部分房款及银行贷款，广州市荔湾区某路某号606房是陈某于1999年3月签订购房合同及交付首期房款，在陈某、李某一没有明确约定的情况下，涉案607房的买卖属于《最高人民法院关于适用〈中华人民共和国婚姻法〉若干问题的解释（三）》（以下简称《司法解释》）第10条规定的情形，涉案606房是婚后购买的房屋，属于夫妻共同财产；陈某主张为其个人财产购买的房屋提供前夫郭某的《情况反映》及其与郭某的《离婚证》作为证据，《离婚证》中协议内容关于财产处理与《情况反映》显示的财产处理内容不一致，在无其他证据佐证而陈某与郭某有利害关系的情况下，陈某的主张缺乏事实依据，法院不予接纳。上述两房屋产权可归陈某，陈某将涉案607房双方共同还贷部分的增值部分及涉案606房的房屋补偿款合计505212.01元支付给李某一，李某一收到补偿款后迁出涉案房屋。

四、案件评析

（一）本案的争议焦点

本案的争议焦点在于双方的房产性质问题，法院裁判认为李某一受赠与的房屋属于李某一的个人财产，其婚前购房婚后共同还款的房屋属于夫妻共有财产，具体分析如下：

《中华人民共和国婚姻法》第18条规定："有下列情形之一的，为夫妻一方的财产：（一）一方的婚前财产；（二）一方因身体受到伤害获得的医疗费、残疾人生活补助费等费用；（三）遗嘱或赠与合同中确定只归夫或妻一方的财产；（四）一方专用的生活用品；（五）其他应当归一方的财产。"《司法解释》第10条第1款规定："夫妻一方婚前签订不动产买卖合同，以个人财产支付首付款并在银行贷款，婚后用夫妻共同财产还贷，不动产登记于首付款支付方名下的，离婚时该不动产由双方协议处理。"

本案中诉争的赠与房屋为李某一婚前个人受赠与的财产，公证书虽未明确相关份额"只"归李某一所有，但实际也登记在李某一个人名下，该约定在性质上属于《中华人民共和国婚姻法》第18条规定的遗嘱或赠与合同中确定只归夫或妻一方的财产类型。故在此情形下，一、二审法院认定相关受赠与房产系李某一个人财产是正确的。

本案所争讼的另外荔湾区607房符合《司法解释》的规定，实际上属于双方共同财产。在双方协商不成的情况下，法院将房产归登记一方，并由登记方补偿对方的做法也是合理的。

（二）关于婚前购房婚后共同还款房产的法律性质问题

离婚诉讼中，一方婚前按揭购买房屋，婚后夫妻共同还贷，产权登记在一方名下，在通常情况下，买受人与房地产开发商签订房屋买卖合同后，商品房的买卖关系已经成立。贷款购买房屋的，买受人先付清首付款，剩余款项在银行办理按揭贷款手续，银行审查买受人的收入状况及资信后，将所贷款项直接划入开发商的账户。至此，买受人的付款义务已经全部完成，与银行之间形成债权债务关系。

婚后取得房屋所有权证，并不意味着该房屋就属于夫妻共同财产。房屋所有权证虽然系婚后取得，但财产权益在婚前签订房产买卖合同后就已经取得。也就是说，婚后房屋所有权的取得并非凭空取得，而是依据婚前的债权转化而来，因此离婚时判归产权登记一方比较公平。

在将按揭房屋认定为一方所有的基础上，未还债务也应由其继续承担，这样处理不仅易于操作，也符合合同相对性原理。婚前一方与银行签订抵押贷款合同，银行是在审查其资信及还款能力的基础上才同意贷款的，其属于法律意义上的合同相对人，故离婚后应由其继续承担还款义务。这样处理不涉及办理所有权的变更登记问题，作为享有抵押权的银行方面也不会因夫妻离婚而权利受损。

离婚时房产实物分割之法律探讨

郑　喜*

一、案情介绍

黄某和李某于1990年10月登记结婚，于1992年生育一子黄某甲，于1998年又生育一子黄某乙，涉诉之日两子已成年。黄某与李某婚后自建位于某市某镇某路某号的房屋，该房屋共5层，由李某居住并用于出租。黄某于2015年6月向某市法院起诉离婚，一审法院作出民事判决，认为双方感情尚可，不准予双方离婚。黄某不服一审判决，上诉至该市中级人民法院，后于2015年12月撤回上诉。半年之后，黄某坚持认为夫妻感情没有好转，遂于2016年再次诉至一审法院，诉请离婚并要求对上述房屋予以分割。一审法院判决双方离婚，并对该栋自建房屋分割房屋使用权，黄某取得一层至三层的房屋使用权；李某取得四层、五层的房屋使用权。为此，双方均提出上诉，黄某坚持对房屋进行拍卖，分割拍卖款；李某坚持对房屋进行实物分割，并要求一楼平分，二层、三层归李某，四层、五层归黄某。

二、裁判摘要

一审法院作出判决：一、准予黄某与李某离婚；二、涉案房屋由黄某、李某各享二分之一所有权，其中一层至三层使用权归黄某，四层至五层使用权归李某；其他判项略。判后，黄某与李某均不服，提起上诉。二审法院作出判决：一、维持一审法院民事判决第一项。二、撤销一审民事判决第二项、第三项、第四项。三、上诉人黄某、李某对涉案房屋进行实物分割，具体分割方式为：第一层按照原规划要求平分为两半，其中面对上述房地产左边的第一层一半及第二层、第三层归上诉人

* 郑喜，广东正大联合律师事务所律师。

李某所有；面对上述房地产右边的第一层一半及第四层、第五层归黄某所有。李某、黄某于本判决生效之日起三个月内，按照上述分割方式协助对方办理相关产权变更手续，产生的相应费用由李某、黄某各负担一半。四、驳回上诉人黄某的其他诉讼请求。

三、裁判理由

法院生效裁决认为，本案为离婚纠纷，黄某、李某对于一审判决准予双方离婚均没有提起上诉，且李某于二审期间亦表示同意离婚，可见双方的感情确已破裂，一审法院判决准许黄某、李某离婚并无不妥，本院予以维持。本案二审争议的焦点为涉案房地产的分割处理问题。

黄某主张将涉案房地产拍卖后对所得价款进行分割，李某则主张对涉案房地产进行实物分割。涉案房地产系李某、黄某的夫妻共同财产，双方各享有二分之一产权。二审法庭调查后，李某向本院提交书面意见，称其通过向国土部门咨询，了解到涉案房地产每一层均可单独出证，若平分涉案房地产某一层，在规划局出具意见后，国土局对平分后的各自部分可单独出证。故本院就相关问题于 2017 年 5 月向本市国土资源局发函咨询，本市国土资源局随后函复称：一、经查涉案的不动产已办理不动产登记，其房屋规划用途为住宅，房屋结构为框架五层。根据《不动产登记暂行条例实施细则》的相关规定，可按层办理分割变更登记，并收取登记费 40 元/宗、印花税 5 元/宗。二、若需平分涉案不动产第一层的，分割后的房屋单元必须符合原规划许可，费用同上。《中华人民共和国物权法》第 100 条第 1 款规定："共有人可以协商确定分割方式。达不成协议，共有的不动产或者动产可以分割并且不会因分割减损价值的，应当对实物予以分割；难以分割或者因分割会减损价值的，应当对折价或者拍卖、变卖取得的价款予以分割。"[①] 现李某、黄某对涉案房地产的处理方式产生争议。经发函向某市国土资源局咨询，涉案房地产可按层办理分割变更登记，每一层若分割后的房屋单元符合原规划许可亦可办理分割变更登记，即涉案房地产具有实物分割的可行性。本院认为，实物分割属于夫妻共同财产处理的其中一种方式，且对涉案房地产进行实物分割并不会减损其价值，李某主张

---

① 《中华人民共和国民法典》第 304 条第 1 款："共有人可以协商确定分割方式。达不成协议，共有的不动产或者动产可以分割且不会因分割减损价值的，应当对实物予以分割；难以分割或者因分割会减损价值的，应当对折价或者拍卖、变卖取得的价款予以分割。"

对涉案房地产进行实物分割，理据充分，本院予以支持。因黄某与李某均主张涉案房地产一层的一半及二层、三层归己所有，双方对如何进行实物分割未能协商一致，故本院综合考虑涉案房地产各层使用功能、使用现状及李某身体状况以及照顾女方权益等因素，确定具体分割方法为：涉案房地产第一层按照原规划要求平分为两半，其中面对涉案房地产左边的第一层一半及第二层、第三层归李某所有，面对涉案房地产右边的第一层一半及第四层、第五层归黄某所有。双方在使用涉案房地产的过程中，应当相互予以协助。任何一方可于本判决生效之日起三个月内，要求对方按照上述分割方案到国土部门协助办理相关产权变更手续，产生的相应费用由双方平均负担。

四、案件评析

（一）本案的争议焦点

本案的争议焦点在于对涉案房屋的分割处理问题，即究竟是对涉案房屋进行拍卖，以分割拍卖价款，还是对涉案房屋进行实物分割。

涉案房屋为黄某与李某婚后自建的房屋，并办理了相应的产权登记证书，该房屋为夫妻共有，各享二分之一产权。在房屋的分割方式上，除了《中华人民共和国物权法》第100条第1款的规定外，《中华人民共和国婚姻法》第2条第2款规定："保护妇女、儿童和老人的合法权益。"第39条第1款规定："离婚时，夫妻的共同财产由双方协议处理；协议不成时，由人民法院根据财产的具体情况，照顾子女和女方权益的原则判决。"因此，在司法实践中，对讼争房屋究竟应采用何种方式进行分割，需要视具体情况而定，即采用何种方式可以最大限度地保护当事人的合法权益。在本案中，之所以主张实物分割，也正是因为该房屋是李某（女方）的唯一住所，也是其唯一的经济来源，当然主张实物分割必须满足一个重要的前提条件，即对房屋进行实物分割具有现实可行性，而判定是否具有可行性的唯一办法就是必须向国土局和规划局等相关部门详细了解涉案房屋是否可进行实物分割及相关的分割分证流程，并据此向法院提出涉案房屋可以进行实物分割的可行性的书面意见供法院参考，同时请求法院对此予以核实，法院方会慎重考虑对房屋实物分割的方案。

（二）律师提示

1. 司法实践中，若对婚姻案件的一审判决不服，尤其是在针对财产分割部分提起上诉的情形下，要想争取二审法院支持重新分割财产的上诉请求，必须尽可能提供新的证据。例如在本案中，作为李某的代理人，为争取法院支持我方重新分割财产的诉请，我们提供的证据就需要突出显示夫妻财产分割的公平性及照顾女方权益的原则，以支撑重新分割财产的上诉请求，否则如果只是单纯的上诉，而没有相应的新证据支撑，得到支持的可能性相对较小。

2. 关于夫妻共有房屋的分割方面，《最高人民法院关于适用〈中华人民共和国婚姻法〉若干问题的解释（二）》第 20 条规定：“双方对夫妻共同财产中的房屋价值及归属无法达成协议时，人民法院按以下情形分别处理：（一）双方均主张房屋所有权并且同意竞价取得的，应当准许；（二）一方主张房屋所有权的，由评估机构按市场价格对房屋作出评估，取得房屋所有权的一方应当给予另一方相应的补偿；（三）双方均不主张房屋所有权的，根据当事人的申请拍卖房屋，就所得价款进行分割。”该条款规定的三种情形只是夫妻共有房产分割所遵循的一般原则而已。需要注意的是，实际情况远远比上述情形复杂，例如本案情况就不符合上述三种情形。在本案中，黄某坚持拍卖涉案房屋，但李某不同意，同时，李某也无法支付那么多金额的补偿款给对方，在这种情况下，就可以换一种诉讼思路，即依照《中华人民共和国物权法》第 100 条第 1 款的规定和《中华人民共和国婚姻法》中规定的财产分割时照顾女方的原则，请求法院对房屋进行实物分割，以最大限度地维护当事人的合法权益。

通过结婚获得财产引起纠纷的问题

李实忠*

一、案情介绍

2011 年农历六月，男方和女方经人介绍相识并订婚，不久就因男方所在的村集体生产组要分配土地补偿款，男方家为使家庭迅速“添丁入口”多得补偿，故多次督促二人尽快结婚。热恋中的双方都会迁就彼此，两人在交往不到一个月的情况下就登记结婚了。

男方和女方虽然达到了法定结婚年龄，但是都还有学业未完成。结婚三天后，男方继续到外地上学，女方仅在婆家住了几个月就回娘家了。

其后，双方因女方向男方索要生产组给每人发放的土地补偿 58700 元而多次发生争执。双方本就两地分居，加上涉及钱款等问题，最终在 2013 年，男方以夫妻相处时间较短，双方无感情基础为由先后两次到法院起诉离婚。

在无法调解和好的情况下，当地某人民法院于 2014 年 6 月以夫妻感情确已破裂为由判决二人离婚。离婚后，女方要求男方父母返还自己的土地补偿款 58700 元。男方家认为土地补偿款是源于男方本身的身份资源，因此该笔款项与女方无关。并且男方及其父母以办理结婚、待客、买家具等已将该部分款项用完为由，拒不交出。女方多次索要无果后，以不当得利为由，将男方父母诉至当地某法院。

二、裁判摘要

一审法院和二审法院都支持了女方的诉讼请求，均判决男方父母返还女方土地补偿款 58700 元。

---

* 李实忠，广东海际明律师事务所律师。

三、裁判理由

法院经审理认为，土地补偿款是女方基于合法婚姻关系而取得的按份共有财产，女方对其份额享有所有权。男方父母占有该财产，拒绝返还给女方是不合法的。对于男方父母辩称的该款全部用于办理结婚、待客、买家具的理由不予认可。

四、案件评析

（一）本案的争议焦点

1. 就家庭而言，男方父母的理由为什么得不到认可？既然婚姻是双方的责任，那么办理婚姻、待客、买家具等的费用，女方为什么不承担？

2. 土地补偿款属于夫妻共同财产吗？

（二）具体分析

伴随着城镇化的飞速发展，围绕农村土地的各种纠纷也出现上升趋势。如本案中的情况，男方一家把获取土地补偿款等利益作为结婚的主要考量因素和目的，这样的仓促婚姻往往因缺乏感情基础而极不稳固，对个人、家庭和社会也都是极度不负责的做法，更存在着法律和财产上的风险。金钱买不来爱情，也锁不住婚姻，终身大事还是谨慎为好。

还有些人认为男方学校规定，学校在读期间禁止结婚，他们的婚姻是无效的。这种说法是荒唐的。《中华人民共和国婚姻法》仅仅对婚姻双方的年龄进行了明确规定，但对婚姻双方的身份情况并没有相关禁止性或限制性规定。本案中男方是在读大学生，已经成年，并且达到适婚年龄，因此其婚姻行为是自由的，有权选择任何时间与任何合法对象进行婚姻登记。但是作为学生来说，男方的这一行为是不值得提倡的。我国很多高校对于在校在读学生的生活状况虽然没有明确要求，但是不提倡甚至部分高校不允许在读学生结婚。因为婚姻是需要两个人一起经营的，缺少任何一方都不是完整的。社会多数人认为，在学生的年代选择成立家庭被认为是一种草率、不负责任的态度，不管是对生活还是对学习都会产生影响。

通过对本案现有资料的分析，男方和女方的婚姻中，男方及其家人属于主动一方，并且其婚姻目的并不单纯。而操办婚姻过程的花费并不是男方家人的单独支出，在婚姻过程中，女方以及其家人也有相应的陪嫁嫁妆等。而婚礼支出并不能单纯地作为双方共有资产进行分割，因此男方家人提出的理由并不完全能够支撑其拒绝向女方支付58700元。

土地补偿款具有特殊性，按照《中华人民共和国婚姻法》的相关规定，婚前所得的补偿款，就属于个人所有；而在婚后所得的个人土地补偿款就为夫妻共同财产。案中所提土地补偿款是夫妻婚后所得，如果男方没有证据证明女方是因为牟利而结婚，应当属于夫妻共同财产，女方可以获得自己的份额。

我国的土地纠纷补偿政策属于当地政府的特惠政策，国家尚没有统一对其进行管理的相关法案出台，因此具体的分配方式是以当地相关部门的法律法规为主，从而也导致简单粗暴的“人头补偿”方式的出现，确实会引导当地群众进行一些“擦边球”的行为，以此增加自己的利益。该行为并不值得提倡，从《中华人民共和国婚姻法》的角度来说，男方如果一开始与女方的婚姻行为就是为了补偿款的话，那么其也违反了《中华人民共和国婚姻法》中有不得以婚姻“牟利”的规定。

（三）相关知识拓展

本案中，男方没有证据证明女方是以婚姻牟利。双方结婚时感情基础薄弱，对婚姻的认识浅显，没有意识到结婚就意味着组建了一个新家庭，这个新家庭需要双方共同经营。而男方结婚的目的却仅仅是那几万元的补偿款，这种牟利的婚姻不禁令人感叹，居然有人因金钱与自己的人生大事过不去。但是现实生活中，这种情形有很多，在这种男多女少的时代背景下，滋生出一些新的社会现象。有些心术不正的人通过“男多女少”“天价彩礼”闻到了钱的味道，于是便动用歪心思，通过利用婚姻手段实施“骗婚骗彩礼”的牟利行为。同样在这种女性香饽饽的时代背景下，很多有女儿的家庭自然是手握彩礼主动权，漫天要价，社会不良风俗越来越严重。一些个别地区，明明就是属于国家级贫困地区，农民也没有什么经济来源，可娶个老婆光彩礼钱都要38888元、68888元、88888元，这些都算少的。有些甚至要到了十几万元或者几十万元，这给普通老百姓增加了严重的经济负担。而有些女性也开始不思上进，总想着嫁个有钱人家就能改变自己的命运，能让自己过上衣食无忧的生活，就算是离婚也能轻松分得男方一半的财产。其实，在这样一个法治又提倡男女平等的社会里，我们更应该保持理智，不以金钱为择偶对象。同样地，男性也不应以切身经济利益为目的而结婚。结婚意味着新的身份的产生，也就是我们肩上又多了一份责任，每个人都得为自己的身份负责。在自己还没能负担得起这份责任时，就不要盲目缔结婚姻关系。否则，不但可能毁掉自己的人生，还可能毁掉两方的家庭。在这种极具金钱诱惑力的社会里，不管是对待婚姻还是对待生活，我们都要抵住诱惑，经营有价值的婚姻，过有意义的人生，不要让纯粹的人生趟上了利益的浑水。婚姻是人生的大事，容不得马虎，容不得将就，更容不得因金钱而草率。因此，结婚的双方当事人应当摆正对婚姻的观念，要了解婚姻真正的意义，明白自己为什么要结婚，双方也要达成一致的婚姻共识。结婚的真正意义不只是为家庭和社会尽一份责任，更重要的是从婚姻中满足爱人与被爱的心理需要，以及期待因此达到更多的成熟与自我成长。倘若仅将结婚的意义定义为金钱，未免对自己的人生太不负责任了。诚然，婚姻是需要有一定的经济基础，但这并不是充分必要条件，婚姻更需要的是深厚的感情、高度的责任感，需要的是双方在生活中不断摩擦，而后不断包容。

我国近几年不断出台婚姻法相关司法解释，进一步对夫妻的婚前财产进行了明确的定义。这也能遏制社会不良风气的蔓延，有效地制止通过骗婚牟利的人。让一些不思上进，总想着嫁个好人家就能改变命运，离婚也能轻松分得男人一半的财产的女性，企图通过婚姻致富的想法落空。从表面上看，《最高人民法院关于适用〈中华人民共和国婚姻法〉若干问题的解释（三）》关于财产规定的某些条款对女性似乎有点不公平，但法律的核心理念是公平的，鼓励劳动、创造致富，反对通过婚姻发财。

如果把自己人生的主动权交给别人，终究是危险的。一个人，如果把自己的希望和生活全部倚靠在对方的身上，往往结局是悲哀的，当对方离你而去的时候，你将会成为一个一无所有、一无是处的“可怜虫”，你将难以独立生活。只有自己强大了才是最重要的，不依靠别人，要靠自己，为自己拼出属于自己的一片天。如果有一份纯粹又美好的爱情，和一个疼爱自己的人在一起，不相互计较利益得失，而是相互支持，相互理解，当然是爱情和婚姻最好的状态。

夫妻一方未经另一方同意，擅自转让股权有效吗？

陈 红*

一、案情介绍

王某与李某是夫妻。2004 年 6 月，李某与薛某、郭某、丁某、肖某共同出资 200 万元成立了 A 公司，李某认缴注册资本 156 万元，持有 A 公司 78% 的股权，薛某持有 14% 的股权。2011 年 7 月，A 公司增资 200 万元，各股东依据各自的股权比例增资 200 万元。至 2011 年 7 月，公司注册资本共 400 万元。

李某与薛某系情人关系，2016 年李某提出离婚，王某不同意，双方一直就离婚问题进行协商。2017 年，基于各种原因，A 公司的五个股东将各自名下的股权转让给自己的子女，李某未经王某同意，将 52% 的股权转让给自己的女儿李某某，将 26% 的股权转让给薛某的女儿熊某，并办理了工商变更登记手续。故此，熊某持有 A 公司 40% 的股权。

王某得知后要求李某把股权转回来，李某称薛某对公司贡献大，公司多亏薛某才有好的发展，自己在早期已把 26% 的股权转让给了薛某，因担心其他股东有意见，没有办理工商登记，其是代薛某持有 26% 的股权，坚决不肯转回。王某遂委托律师，提起了诉讼，请求为：1. 依法确认被告李某与熊某于 2017 年 × 月 × 日签订的 A 公司的股权转让协议无效；2. 判令被告熊某立即返还 A 公司 26% 的股权给李某和王某。

---

* 陈红，广东岭南律师事务所律师。

二、裁判摘要

法院判决如下：一、确认李某与熊某于2017年×月×日签订的A公司的股权转让协议无效；二、熊某应在本判决生效后十日内返还A公司26%的股权给李某和王某。

三、案件评析

夫妻共有财产属于共同共有，如果没有特别约定，对共同共有财产的处分须征得全体共同共有人的同意。夫妻一方未经另一方同意，擅自转让股权的行为构成无权处分。依据我国《最高人民法院关于贯彻执行〈中华人民共和国民法通则〉若干问题的意见（试行）》第89条、《中华人民共和国合同法》第51条的规定，夫妻一方与第三者签订的股权转让协议的效力，取决于夫妻另一方是否追认以及第三者的受让行为是否构成善意取得。夫妻另一方未追认转让协议、第三者对股权的取得不构成善意取得的，夫妻一方与第三者签订的股权转让协议无效。

（一）诉争A公司26%的股权是王某和李某的夫妻共同财产

根据《中华人民共和国婚姻法》第17条的规定，夫妻在婚姻关系存续期间所得的生产、经营的收益，归夫妻共同所有，夫妻对共同所有的财产，有平等的处理权。本案中，李某和王某就双方婚姻关系存续期间所得的财产没有特别的约定，故李某在A公司拥有的股份在转让之前属于夫妻共同所有的财产。夫妻共有属于共同共有，如果没有特别约定，对共同共有财产的处分须征得全体共同共有人的同意。

（二）李某擅自转让诉争股权的行为构成无权处分

《中华人民共和国婚姻法》第17条规定，夫妻在婚姻关系存续期间所得的生产、经营的收益，归夫妻共同所有，夫妻对共同所有的财产，有平等的处理权。我国《最高人民法院关于适用〈中华人民共和国婚姻法〉若干问题的解释（一）》第17条第2项规定，夫或妻非因日常生活需要对夫妻共同财产做重要处理决定，夫妻双方应当平等协商，取得一致意见。他人有理由相信其为夫妻双方共同意思表示的，另一方不得以不同意或者不知道为由对抗善意第三人。《最高人民法院关于贯彻执行〈中华人民共和国民法通则〉若干问题的意见（试行）》第89条规定，共同共有人对共有财产享有共同的权利，承担共同的义务。在共同共有关系存续期间，部分共有人擅自处分共有财产的，一般认定无效。但第三人善意、有偿取得该财产的，应当维护第三人的合法权益，对其他共有人的损失，由擅自处分共有财产的人赔偿。根据上述规定，被告李某将巨额夫妻共同财产即诉争股权转让给被告熊某，属于非因日常生活需要对夫妻共同财产所作的重要处理，应当取得原告王某的同意。被告李某未经原告王某的同意，擅自转让股权的行为构成无权处分。

（三）李某的无权处分行为未得到王某的追认，其擅自转让诉争股权的行为无效

《中华人民共和国合同法》第51条规定，无处分权的人处分他人财产，经权利人追认或者无处分权的人订立合同后取得处分权的，该合同有效。[①] 原告王某在与被告李某协议离婚期间，尤其在2017年2月10日还通过微信明确警告被告李某："以我单位2016年资产核查情况为准，今后你如有变动要提前与我商量，并征得我同意后才可，包括你在A公司所持有股份和分红情况，都要一一说明，否则你将有转移财产之嫌，后果自负。"而被告李某却在第二天即与被告熊某签订《股权转让协议书》，将夫妻共同共有的A公司26%的股权无偿转让给熊某。被告李某从未取得涉案股权的单独处分权，事后也未取得原告王某的追认，其恶意、擅自转让诉争股权的行为依法无效。

（四）熊某受让诉争股权也不构成善意取得，其与被告李某签订的《股权转让协议书》无效

善意取得以有偿取得为前提。本案中股权是无偿转让的，作为与李某非亲非故、具有完全民事行为能力的被告熊某，无偿受赠价值百万元的巨额股权，其本身就是非善意的。

我国《最高人民法院关于贯彻执行〈中华人民共和国民法通则〉若干问题的意见（试行）》第89条规定："……但第三人善意、有偿取得该项财产的，应当维护第三人的合法权益，对其他共有人的损失，由擅自处分共有财产的人赔偿。"可见，第三人需善意、有偿取得。

《中华人民共和国物权法》第106条第1款规定："无处分权人将不动产或者动产转让给受让人的，所有权人有权追回；除法律另有规定外，符合下列情形的，受让人取得该不动产或者动产的所有权：（一）受让人受让该不动产或者动产时是善意的；（二）以合理的价格转让；（三）转让的不动产或者动产依照法律规定应当登记的已经登记，不需要登记的已经交付给受让人。"[②] 可见，"以合理的价格转

---

① 《中华人民共和国民法典》中没有该规定。

② 《中华人民共和国民法典》第311条第1款："无处分权人将不动产或者动产转让给受让人的，所有权人有权追回；除法律另有规定外，符合下列情形的，受让人取得该不动产或者动产的所有权：（一）受让人受让该不动产或者动产时是善意；（二）以合理的价格转让；（三）转让的不动产或者动产依照法律规定应当登记的已经登记，不需要登记的已经交付给受让人。"

让”是善意取得构成要件之一，即善意取得以有偿取得为前提，即使是有偿转让，但如以不合理的价格转让，也不构成善意取得。在本案中，被告熊某是无偿、非善意取得诉争股权的，故此其与被告李某签订的《股权转让协议书》无效。

（五）李某擅自将夫妻共同财产赠与熊某的行为违背公序良俗，该转让行为无效

《中华人民共和国民法总则》第153条第2款明确规定：“违背公序良俗的民事法律行为无效。”[①] 被告熊某是薛某的女儿，薛某长期与被告李某保持不正当的男女关系，破坏原、被告的夫妻感情和家庭生活，被告李某擅自将夫妻共同财产赠与熊某，亦即赠与情人薛某，该行为不仅违背公序良俗，而且严重侵犯了原告王某对夫妻共同财产享有的平等处理权和合法的财产权益，依据《中华人民共和国民法总则》第153条第2款的规定，该股权转让行为无效。

（六）李某单方将夫妻共同财产赠与熊某的行为全部无效，熊某应将股权全部返还

夫妻共同财产制属于共同共有而非按份共有。在婚姻关系存续期间，夫妻共同财产应作为一个不可分割的整体，夫妻对全部共同财产不分份额地共同享有所有权，夫妻双方无法对共同财产划分个人份额，在没有重大理由时也无权在共有期间请求分割共同财产。本案中，被告李某将A公司26%的股权赠与情人薛某的女儿——被告熊某，属于非因日常生活需要对夫妻共同财产所作的重要处理，事前既未征得妻子王某的同意，事后亦未经过王某的追认，故被告李某单方将夫妻共同财产赠与被告熊某的行为应属全部无效，被告熊某应当将26%的股权全部返还。

---

① 《中华人民共和国民法典》第153条第2款：“违背公序良俗的民事法律行为无效。”

第二章

夫妻财产约定

夫妻财产协议的效力

李　平*

一、案情介绍

赵某（女方）与肖某（男方）于2012年11月在网上认识，不久即确立恋爱关系。因女方意外怀孕，2013年2月双方奉子结婚。2013年9月，大儿子出生，2016年5月，小儿子出生。2014年12月，双方以按揭方式购买一套住房，登记在女方名下。

婚后女方发现男方有出轨行为，且男方基本不主动负担生活开支，因此双方矛盾不断，冲突非常激烈。

2015年3月，双方签订《夫妻财产协议书》，约定：一、房产首付款多为外借，均由女方自行偿还，男方无须负责。二、房屋贷款66万元，为商业贷款，三十年每月供3890元，由女方自行负责，男方无须支付。三、为买房支付的其他费用，男方无须负责。四、男方自愿放弃房屋的所有权及分配权，与该房撇清关系，不分享任何产权及以后可能的收益，该房不归入夫妻共同财产，是女方的个人财产。女方有权单方对该房作卖出、抵押等任何处置。五、略。六、本协议签订后各自取得的财物、工资、收入归各自所有，各自管理使用，不作为夫妻共同财产。七、略。

在女方生育小儿子期间，由于经济紧张，男方代付了4个月房贷，并支付了3万元房屋装修款。

2017年3月，女方向法院起诉，要求与男方离婚，两个孩子由自己抚养。男方答辩：1. 同意离婚；2. 一人抚养一个孩子；3. 婚后购买的房屋属于夫妻共同财产，要求进行分割。

---

* 李平，广东容林律师事务所律师。

二、裁判摘要

广州市某区人民法院判决：一、准许原告赵某与被告肖某离婚；二、略；三、位于广州市某地的房产归原告赵某所有，该房尚欠广州市某地银行的按揭贷款由原告赵某偿还；四、尚欠借款若干元及利息由原告赵某负责偿还；五、原告赵某应于本判决发生法律效力之日起十日内向被告肖某返还人民币49160元；六、略。

本案经过二审，广州市中级人民法院维持了原审判决。

三、裁判理由

《中华人民共和国婚姻法》第19条规定："夫妻可以约定婚姻关系存续期间所得的财产以及婚前财产归各自所有、共同所有或部分各自所有、部分共同所有。约定应当采用书面形式。没有约定或约定不明确的，适用本法第十七条、第十八条的规定。夫妻对婚姻关系存续期间所得的财产以及婚前财产的约定，对双方具有约束力。夫妻对婚姻关系存续期间所得的财产约定归各自所有的，夫或妻一方对外所负的债务，第三人知道该约定的，以夫或妻一方所有的财产清偿。"赵某与肖某签订的夫妻协议属于双方就婚姻存续期间所得的财产进行的书面约定，该约定对双方均有约束力。肖某为赵某代还了四期贷款共计13680元，根据双方签订的夫妻协议，赵某应予返还。肖某要求赵某支付该13680元相对应的增值部分，没有法律依据，本院不予支持。原被告双方签订的夫妻协议是对婚后财产进行约定，并非被告主张的将其所占份额赠与原告，故被告的抗辩意见不成立，本院不予采纳。涉案房屋是在原被告双方签订夫妻协议后才进行装修的，故被告主张该房的装修费属于夫妻共同财产，没有事实依据，本院不予采纳。原告确认收取被告的装修款30000元，原告应予返还。

四、案件评析

（一）双方签订的《夫妻财产协议书》是否有效

首先，本案中，女方与男方在婚后签订财产协议对双方购置的房屋产权归属作出约定，内容清晰，并且没有以双方离婚为条件，符合《中华人民共和国婚姻法》第19条的规定，是有效的。

其次，男方提出，签订该协议是因为当时女方患有产后抑郁症，为了安抚其情绪，对女方提供的文件均予签署，根本没有看内容，故该协议不是其真实意思表示。但男方没有提供任何证据证明女方患有产后抑郁症，且其主张签署文件前根本没看文件内容，有悖于常理，不足为信。

最后，男方还提出，男方负担过部分房屋贷款，视为双方变更了之前所签订的财产协议的约定，房屋应当属于夫妻共同财产。对于男方的这一主张，应当从以下几个方面进行分析：

1. 男方支付四个月房屋贷款的时间，处于女方在生育小儿子的休假期间，当时女方工资收入很少，经济非常困难；

2. 男方在此之前及在此之后，均没有再行支付过房屋贷款；

3. 双方于 2015 年 3 月签订财产协议明确约定房屋的归属之后，就该事项没有再行签订任何书面协议进行过变更。

综合以上分析，男方代付四个月房贷的行为应当理解为在女方生育的特殊期间帮助女方缓解经济压力，而非双方合意变更夫妻财产协议的内容。

因此，双方签订的《夫妻财产协议书》符合法律规定，是有效的，应当作为本案认定房屋产权归属的依据。

（二）双方在财产协议中有关房产约定的内容是否属于男方将其房产份额赠与女方

男方主张，虽然协议约定房产归女方所有，但该房产是婚后购买，属于夫妻共同财产，而双方这样约定是男方将自己的份额赠与女方。根据相关法律规定，在未办理公证之前，赠与人可行使任意撤销权。因此，男方认为涉案房屋属于夫妻共同财产，其有权进行分割。男方的这一主张是不能成立的。

首先，《中华人民共和国婚姻法》第 19 条规定："夫妻可以约定婚姻关系存续期间所得的财产以及婚前财产归各自所有、共同所有或部分各自所有、部分共同所有。约定应当采用书面形式。没有约定或约定不明确的，适用本法第十七条、第十八条的规定。夫妻对婚姻关系存续期间所得的财产以及婚前财产的约定，对双方具有约束力。夫妻对婚姻关系存续期间所得的财产约定归各自所有的，夫或妻一方对外所负的债务，第三人知道该约定的，以夫或妻一方所有的财产清偿。"由此可见，本案中男女双方所签署的夫妻财产协议，将双方婚后取得的财产约定为女方所有。该约定符合前述法律条款的规定，对双方具有法律约束力。

其次，我国《最高人民法院关于适用〈中华人民共和国婚姻法〉若干问题的解释（三）》第 6 条是婚前或者婚后房产赠与的法律依据。根据该条规定："婚前或者婚姻关系存续期间，当事人约定将一方所有的房产赠与另一方，赠与方在赠与房产变更登记之前撤销赠与，另一方请求判令继续履行的，人民法院可以按照合同法第一百八十六条的规定处理。”由此可知，房产赠与是“将一方所有的房产赠与另一方”。而在本案中，男女双方并非约定“将男方所有的房产赠与女方”，因此，本案中的情形不符合房产赠与的法律规定。

据此，本案男女双方所签订的财产协议是依法对婚后房产的权属进行约定，不应认定为男方将房产份额赠与女方。

（三）男方是否有权主张对其代付的 13680 元房贷相对应的增值部分进行分割

我国《最高人民法院关于适用〈中华人民共和国婚姻法〉若干问题的解释（三）》第 10 条规定：“夫妻一方婚前签订不动产买卖合同，以个人财产支付首付款并在银行贷款，婚后用夫妻共同财产还贷，不动产登记于首付款支付方名下的，离婚时该不动产由双方协议处理。依前款规定不能达成协议的，人民法院可以判决该不动产归产权登记一方，尚未归还的贷款为产权登记一方的个人债务。双方婚后共同还贷支付的款项及其相对应财产增值部分，离婚时应根据婚姻法第三十九条第一款规定的原则，由产权登记一方对另一方进行补偿。”该条规定是离婚时分割房屋的婚后还贷款项及其相对应的增值部分的法律依据。

由以上规定可知，离婚时对房屋的还贷款项及其相对应的财产增值部分进行分割，其前提是“用夫妻共同财产还贷”。在本案中，男女双方约定涉案房屋归女方所有，贷款由女方偿还，签订协议后双方各自取得的收入归各自所有。因此，男方所代付的 13680 元贷款并非属于夫妻共同财产，而是男方用其个人财产为女方垫付相关费用，男方有权请求女方返还该垫付款，而无权因此主张分割还贷部分相对应的房产增值。

（四）涉案房屋的装修费是否属于夫妻共同财产，男方是否有权要求分割

男方主张，涉案房屋的装修费共计 126000 元，该款项属于夫妻共同财产，应予分割。

如前所属，男女双方所签订的《夫妻财产协议书》合法有效，对双方具有约束力。根据该财产协议书的约定，男方对涉案房屋不负担任何支出，并约定自签订协议后各自取得的财物、工资、收入归各自所有，不作为夫妻共同财产。涉案房屋在前述协议签订后进行装修，相关装修申报手续、装修材料支出等原始票据均由女方持有。因此，男方主张该房屋的装修费属于夫妻共同财产，没有事实依据。男方曾向女方转账 3 万元用于装修，女方也予以确认，男方仅有权要求女方返还该 3 万元。

据此，男方主张分割涉案房屋装修费的要求不应得到支持。

婚内财产赠与之分析

王莉虹*

一、案情介绍

张某与朱某于2009年9月在广州市某区登记结婚，婚后共生育两个小孩。原本夫妻感情较好，但后来由于家庭经济问题与生活琐事等原因，加之婆媳问题这个导火索，致使双方感情受到严重影响。

涉案房产广州市某区某路115号501房（以下简称115号501房）由张某和朱某于2013年4月购买（购买价89万元，由朱某支付首付款39万元，按揭贷款50万元），产权登记在双方名下。2016年7月，张某与朱某共同向某银行办理抵押贷款64万元。2017年7月，张某与朱某签订了一份《夫妻财产协议书》，就115号501房的产权分割达成协议：1. 房屋产权归张某所有，属张某个人财产，因该房办理了按揭抵押，故今后的按揭欠款全部由张某承担；2. 由双方另行向房管部门申请办理产权变更手续；3. 本协议无逃避债务之目的。

2017年7月，双方持该协议在广州市某公证处办理了《公证书》。上述协议签订后，因为存在抵押欠款，故张某与朱某一直没有办理产权过户登记手续，朱某一直支付抵押贷款至2018年3月，从2018年4月开始则由张某支付分期还款。

2018年8月，张某以夫妻感情破裂为由诉至广州市某区人民法院要求离婚；两个小孩的抚养权归自己所有，朱某每月向张某支付抚养费4000元；判决115号501房属于张某个人财产。

二、裁判摘要

广州市某区人民法院作出如下判决：一、张某与朱某离婚；二、两个小孩由张

---

* 王莉虹，广东经国律师事务所律师。

某抚养，朱某按照1000元/人/月的标准向张某支付两个小孩的抚养费；三、略；四、登记在张某与朱某名下的115号501房属于张某与朱某的夫妻共同财产，张某与朱某各享有50%的产权；该房产尚拖欠的银行欠款，在判决生效后，由张某和朱某各承担一半；五、略。

宣判后，张某向广州市中级人民法院提起上诉，广州市中级人民法院作出二审判决如下：一、维持一审民事判决第一项、第二项、第三项；二、撤销一审民事判决第四项、第五项；三、变更一审民事判决第四项为：离婚后，登记在张某与朱某名下的115号501房归张某所有；该房产自2017年7月之后的银行贷款由张某个人承担；具备条件时，朱某有义务协助张某前往房管部门办理房屋的产权变更登记手续。

三、裁判理由

法院认为：一、关于115号501房的分割处理问题。《中华人民共和国婚姻法》第19条第1款规定："夫妻可以约定婚姻关系存续期间所得的财产以及婚前财产归各自所有、共同所有或部分各自所有、部分共同所有。约定应当采用书面形式。没有约定或约定不明确的，适用本法第十七条、第十八条的规定。"《中华人民共和国民法总则》第143条规定："具备下列条件的民事法律行为有效：（一）行为人具有相应的民事行为能力；（二）意思表示真实；（三）不违反法律、行政法规的强制性规定，不违背公序良俗。"[①] 115号501房于2013年4月购买，处于张某与朱某的婚姻关系存续期间，而且是双方共同还贷，故该房屋属于夫妻共同财产。2017年7月，张某与朱某签订了《夫妻财产协议书》，约定115号501房归张某所有等内容，并持该协议在公证处办理了《公证书》。审查张某与朱某均为完全民事行为能力人，签订协议时不存在法律规定无效或者可以撤销的法定情况，该协议是张某与朱某在婚姻关系存续期间对夫妻部分财产的归属作出了明确清晰的约定，应为合法有效，应当遵守执行，是否办理产权变更登记及房屋首付款的来源不影响房屋归属的认定。

由于本案是离婚纠纷，在离婚纠纷中处理夫妻财产问题，因包含夫妻双方的人身关系和婚姻家庭伦理道德的属性，而且《中华人民共和国合同法》第2条第2款

---

① 《中华人民共和国民法典》第143条："具备下列条件的民事法律行为有效：（一）行为人具有相应的民事行为能力；（二）意思表示真实；（三）不违反法律、行政法规的强制性规定，不违背公序良俗。"

明确规定："婚姻、收养、监护等有关身份关系的协议，适用其他法律的规定。"排除了该法在本案中的适用。《中华人民共和国合同法》第186条第2款亦明确规定："具有救灾、扶贫等社会公益、道德义务性质的赠与合同或者经过公证的赠与合同，不适用前款规定。"故一审法院适用《中华人民共和国合同法》第186条第1款的规定分割处分本案的115号501房属于法律适用错误。

四、案件评析

本案中，争议的焦点主要在于115号501房的分割处理问题。2017年7月张某与朱某签订的《夫妻财产协议书》以及在公证处办理的《公证书》，效力应如何认定？是否属于夫妻之间赠与房产的行为？实践中主要有两种观点：第一种观点认为，根据《中华人民共和国婚姻法》第19条第2款的规定，夫妻对其名下财产权属做出的特殊约定的行为，对夫妻双方均具有约束力。第二种观点认为，根据我国《最高人民法院关于适用〈中华人民共和国婚姻法〉若干问题的解释（三）》第6条的规定，婚前或者婚姻关系存续期间，当事人约定将一方所有的房产赠与另一方，赠与方在赠与房产变更登记之前撤销赠与，另一方请求判令继续履行的，人民法院可以按照合同法第一百八十六条的规定处理。赠与人朱某可按照《中华人民共和国合同法》第186条第1款"赠与人在赠与财产的权利转移之前可以撤销赠与"[①] 的规定，在房产未办理变更登记之前，撤销该赠与行为。二审法院采纳了第一种观点，据此作出了生效判决。

综上，笔者对本案评析如下：

1.《夫妻财产协议书》不同于一般意义上的赠与合同，它同时也是对婚姻存续期间部分夫妻共同财产归属的确认。《中华人民共和国婚姻法》第19条第1款、第2款规定："夫妻可以约定婚姻关系存续期间所得的财产以及婚前财产归各自所有、共同所有或部分各自所有、部分共同所有。约定应当采用书面形式。没有约定或约定不明确的，适用本法第十七条、第十八条的规定。夫妻对婚姻关系存续期间所得的财产以及婚前财产的约定，对双方具有约束力。"张某与朱某签订的《夫妻财产协议书》中明确115号501房归张某单独所有，是对婚姻存续期间所得的部分财产的约定，并采取了书面形式、进行了相应的公证，不违反法律的相关规定，不存在协议无效的情形。故对双方均具有法律效力。

---

① 《中华人民共和国民法典》第658条第1款："赠与人在赠与财产的权利转移之前可以撤销赠与。"

2. 我国《最高人民法院关于适用〈中华人民共和国婚姻法〉若干问题的解释（三）》第6条规定："婚前或者婚姻关系存续期间，当事人约定将一方所有的房产赠与另一方，赠与方在赠与房产变更登记之前撤销赠与，另一方请求判令继续履行的，人民法院可以按照合同法第一百八十六条的规定处理。"该条仅适用于夫妻一方将其个人所有的房产赠与另一方的情形。而本案的115号501房于婚后购买，登记在双方名下，系婚后夫妻共同财产，不适用于上述规定，且协议对张某与朱某在婚姻关系存续期间购买的115号501房的归属作出了明确清晰的约定，是真实的意思表示，且不存在无效或可撤销的情形，因此该规定并不适用于本案。

3. 一审判决认为《夫妻财产协议书》因房产赠与尚未实际完成，同时张某违背了协议签订的目的，则赠与协议尚未生效。该认定以物权行为及合同目的作为协议生效的要件，明显是不正确的。本案中的《夫妻财产协议书》经过公证，同时并未在协议中附加义务或者以物权行为作为协议生效要件，也不存在可撤销情形，夫妻双方均应受该协议的约束。

4. 因《夫妻财产协议书》是双方的真实意思表示，不属于附条件生效或是附义务的合同，同时不符合无效合同和可撤销合同的要件，该协议是已经生效的合同，张某与朱某均应当遵照协议履行。

夫妻离婚诉讼时作为共同被告的案例评析

关 莹*

一、案情介绍

2014 年，两原告是第一被告（男方）的父母，第一被告与第二被告在被起诉时仍是夫妻关系，但两被告正在进行离婚诉讼。两原告与第一被告在 2007 年 3 月 13 日签订了《家庭共同出资购房（赡养）协议》（以下简称《赡养协议》），该协议约定："甲方（第一被告）必须要确保有涉诉房屋内的其中一居室达 22.52 平方米供乙方（两原告）居住。……如有违反，甲方必须按出资比例购买同一地段的商品住宅赔偿乙方。" 2012 年 10 月 10 日，两被告签订《分居协议（含财产分配与管理)》(以下简称《分居协议》）时，并无提及上述《赡养协议》。

一审法院认为本案的争议焦点是：1. 两被告签订的《分居协议》是否合法有效？2. 两原告与第一被告签订的《赡养协议》对第二被告是否有约束力？

二、裁判摘要

法院认定：第一被告未能举证证明第二被告是知情并同意《赡养协议》内容的，故第一被告对此应承担举证不能的法律后果，法院对第一被告的主张不予采信。由于第一被告在处理涉案房屋的使用权时并未征得第二被告的同意，而第一被告在 2012 年 10 月 10 日与第二被告签订《分居协议》时，双方已经约定将涉案房屋的权属人由第一被告变更为第二被告，并且第一被告放弃诉争物业的所有权。之后，两被告已办理了涉案房屋的产权变更登记手续，房管部门也于 2012 年 10 月 30 日将涉案房屋的产权登记在第二被告名下。由于《赡养协议》是对第二被告不利

* 关莹，北京大成（广州）律师事务所律师。

的，但第一被告却没有将《赡养协议》的内容写进《分居协议》中，显然不符合常理。鉴此，两原告与第一被告签订的《赡养协议》对第二被告没有约束力。

本案件两原告的诉讼请求被一审法院全部驳回；二审法院驳回两原告上诉，维持原判。

三、案件评析

1. 两原告表示对两被告之间签订《分居协议》以及第二被告在2012年向越秀法院提起离婚诉讼的情况不清楚也不知情。第一被告表示，其与第二被告签订《分居协议》的内容并非其真实的想法，当时是为挽救婚姻而签订的。

第二被告抗辩：其与第一被告在2012年签订《分居协议》时，是平等协商的，协议最终由第一被告定稿，协议中约定涉案房屋由原来的夫妻共同财产变更为第二被告的个人财产，并且按照《分居协议》完成了过户手续，房产登记从原来的第一被告变更登记为第二被告，《分居协议》中涉及本案房产登记的权利义务已经履行完毕。

法院认定：两被告在婚姻关系存续期间签订的《分居协议》属于对夫妻共同财产归属的约定，是两被告的真实意思表示，其内容没有违反法律、法规的强制性规定，是合法有效的合同，对两被告均有约束力。《分居协议》约定：涉案房屋的权属人由第一被告变更为第二被告，并且第一被告放弃物业的所有权。而第一被告在签订上述协议后将涉案房屋的产权变更登记到第二被告名下的行为，也表明第一被告是认可该协议内容的。因此，第一被告关于《分居协议》的内容并非真实意思表示的抗辩意见，显然缺乏依据，法院对此不予采纳。

2. 两原告称其与第一被告签订的《赡养协议》约定，第一被告购买的涉案房屋，由第一被告出资774651元，两原告以银行转账形式出资150000元，以第一被告名义一次性支付给该商品住宅开发商；第一被告必须确保有其中一居室达22.52平方米供原告俩人居住，如有违反，第一被告必须按出资比例购买同一地段的商品住宅赔偿原告。同时，第一被告坚称第二被告对上述《赡养协议》是知情的。

第二被告抗辩：本人完全不知情，两原告只是和第一被告签订了《赡养协议》，并且签订《赡养协议》时，两原告与两被告是共同居住的。证人是第一被告的司机，证人出庭作证证实两原告与第一被告签订《赡养协议》的时间是工作日的中午，由证人开车送第一被告回到家中与两原告签订《赡养协议》。本案律师提出合理疑点是：为何两原告与第一被告要在工作日的中午这个时间段，避开第二被告每天晚上都在家的情况，第一被告在工作日的中午特地跑回家一趟与两原告签订《赡养协议》，若像第一被告辩称的第二被告是知情并口头同意的，为何不将签订的时间从工作日的中午改到平时的晚上，等第二被告下班回到家中或者周末的时间让其一同签署呢？并且两被告在签订《分居协议》时，完全没有提及第一被告与两原告曾经签订了损害第二被告利益的《赡养协议》。

四、后续案情介绍

上述案件的两被告（夫妻）在法院判决离婚（另案）后，被男方父母（两原告）第二次作为共同被告起诉到法院，两原告的诉讼请求是：1. 解除《赡养协议》；2. 两被告返还两原告出资购房款 15 万元，赔偿两原告出资购买涉案房屋增值收益损失 525644.11 元；3. 判决两被告返还两原告涉案房屋装修款 286500 元。

一审法院在主持第三次开庭审理时，审判长明确告知两原告的代理律师，通知两原告与原告的小儿子（涉案第三人）必须到庭解释，为何法院在第三人所在的装修公司调查回来的情况与原告诉称完全不一致，被调查的公司称并没有与两原告签订任何形式的《家装施工合同书》，《家装施工合同书》上的公章并非其单位的真实公章，也没有开具任何形式的发票或收据。不久，两原告申请撤诉。

两原告诉称：其委托小儿子（第一被告的弟弟）任职的工程公司实施装修工程，并签订正式的《家装施工合同书》，原告将工程款 286500 元以现金的形式交给小儿子，再由小儿子交给其所任职的工程公司，工程公司开具收据 7 份。

第二被告抗辩：原告与原告的小儿子所任职的工程公司签订正式的《家装施工合同书》，但工程公司并没有根据如此正式的合同形式开具相应的发票，而是开具了不正式的收款收据，并且收据在相隔数天或者数个月后，收据的号码几乎是连续的。并且在 2007 年，两原告作为退休工人，竟然在家存放将近 30 万元的现金，作为装修款全额支付工程，这是完全不符合常理的。在事实无法还原的情况下，可以通过生活常识来探究当事人的真实意思表示。第二被告有充分的理由相信上述《家装施工合同书》以及收据都是为了虚假诉讼而制作的，而并非事实。

一审法院依职权主动调查取证。法院向工程公司发《调查函》，工程公司《复函》：本公司从没有与两原告签订《家装施工合同书》，亦从没有向原告出具过相关工程款的收据。

至此，一审法院在第三次开庭审理时，审判长明确告知原告代理律师需要让原告（男方的父母）与原告的小儿子到庭解释，为何法院调查情况与原告诉称完全不一致。不久，原告申请撤诉。

五、案件评析

本案的实质是第一被告利用与两原告之间是近亲属的关系，虚构夫妻共同债务，让两原告向两被告（夫妻）起诉，来损害第二被告的合法利益。对此，《中华人民共和国婚姻法》第 47 条第 1 款也作出了相应的规定："离婚时，一方隐藏、转移、变卖、毁损夫妻共同财产，或伪造债务企图侵占另一方财产的，分割夫妻共同财产时，对隐藏、转移、变卖、毁损夫妻共同财产或伪造债务的一方，可以少分或不分。离婚后，另一方发现有上述行为的，可以向人民法院提起诉讼，请求再次分割夫妻共同财产。"《中华人民共和国民事诉讼法》第 111 条规定："诉讼参与人或者其他人有下列行为之一的，人民法院可以根据情节轻重予以罚款、拘留；构成犯罪的，依法追究刑事责任：（一）伪造、毁灭重要证据，妨碍人民法院审理案件的；……"

从上述案件可以看出，有些夫妻在离婚时，一方为了自己不法的目的，不断恶意制造夫妻共同债务，希望通过诉讼的方式损害另一方的利益，其行为不但严重浪费司法资源，并给另一方造成极大的心理负担，对小孩也造成极其恶劣的影响。希望将来更多的夫妻在离婚的时候，不要只看着经济利益，更要多关心子女的身心健康，毕竟子女才是夫妻二人最大的财富！

抚养权与夫妻共同财产、债务归属情况之分析

王莉虹*

一、案情介绍

邱某与郑某于2012年12月4日登记结婚，婚后于2015年8月和2017年8月分别生育郑某甲和郑某乙。在婚姻关系存续期间，双方因感情不和经常发生争吵。郑某原就职于医院，但在2016年7月贸然离职，离职后将家庭存款全部用于炒股。郑某为了筹集更多的资金进行炒股，还提出抵押房产获取贷款的要求，但被邱某拒绝。郑某沉迷于炒股，不顾两个孩子的成长，严重伤害了夫妻间的感情。邱某多次苦心规劝，但郑某仍不思悔改，最终致使双方感情破裂。

位于某地的房产（以下简称涉案房产）系郑某婚前个人购买。双方经充分协商之后，于2013年8月27日签订了一份《协议书》，约定涉案房产由邱某和郑某各占二分之一的产权份额，该份《协议书》还在广州市某公证处进行了公证，确认其为双方的真实意思表示。在一审庭审过程中，双方确认涉案房产价值170万元。

2015年5月26日，郑某与其他3人成立了深圳市某管理有限公司（以下简称深圳某管理公司），先后三次以夫妻共同财产出资共计209500元，并获得该公司11%的股权，现仍为该公司的合法股东。

2018年5月，邱某以夫妻感情破裂为由向广州市某区人民法院提起离婚诉讼，请求法院判决：1. 双方离婚；2. 两个婚生小孩郑某甲、郑某乙由邱某抚养，郑某每个月给予邱某每个孩子2500元的抚养费，合计5000元；3. 涉案房屋归邱某所有，邱某补偿郑某房屋差价；4. 分割其他夫妻共同财产；5. 本案的全部诉讼费用由郑某承担。

---

* 王莉虹，广东经国律师事务所律师。

二、裁判摘要

广州市某区人民法院经依法审理之后，作出一审判决：一、判令双方离婚；二、婚生小孩郑某甲由郑某携带抚养，郑某乙由邱某携带抚养；三、涉案房产由邱某所有，剩余贷款由邱某负责偿还，邱某一次性支付房屋补偿款691920.88元给郑某；四、邱某与郑某名下银行卡归各自所有，郑某一次性支付31613.63元给邱某；五、深圳某管理公司11%的股权归郑某所有，郑某向邱某补偿104750元。

后双方均没有提起上诉。

三、裁判理由

法院认为：一、关于子女抚养的问题，邱某和郑某的婚生儿子郑某乙尚未满2周岁，且邱某不存在《最高人民法院关于人民法院审理离婚案件处理子女抚养问题的若干具体意见》中规定的不适宜抚养子女的情形，故郑某乙由邱某抚养为宜。婚生儿子郑某甲已年满2周岁，且双方于2017年12月分居后，郑某甲一直跟随郑某生活，已形成固定的生活模式，随意改变不利于孩子健康成长，故郑某主张郑某甲归其抚养应予准许。二、关于夫妻共同财产分割问题，涉案房产虽是郑某婚前购买，产权登记在自己名下，但双方于2013年8月签订的《协议书》约定上述房屋由双方各自占有二分之一的产权份额。现双方确认涉案房产价值为170万元，尚未还贷31万余元，由于郑某表示没有能力一次性支付房屋补偿款，而邱某要求房屋归其所有。有鉴于此，根据《中华人民共和国婚姻法》第19条的规定，涉案房产归邱某所有，邱某按照房产价值减去扣除贷款后剩余价值的50%，对郑某一次性进行货币补偿。三、关于夫妻共同债务的问题，郑某在庭审中主张：夫妻关系存续期间其名下的信用卡欠费共计13万余元，这些欠款为夫妻共同债务，邱某必须承担共同清偿责任。但据信用卡转账明细显示：有多笔支付款项超过1万元以上大额消费支出，但郑某就此未能详细说明资金去向是为家庭生活所需，也未能及时提供相应的消费凭据予以证明，故上述欠款无法确认为夫妻共同债务，应属于郑某的个人债务。

四、案件评析

本案主要涉及夫妻离婚时子女抚养权归属、婚内财产分割以及夫妻共同债务承担的问题，现具体分析如下：

1.《最高人民法院关于人民法院审理离婚案件处理子女抚养问题的若干具体意见》第1条规定："两周岁以下的子女，一般随母方生活，母方有下列情形之一的，可随父方生活：（1）患有久治不愈的传染性疾病或其他严重疾病，子女不宜与其共同生活的；（2）有抚养条件不尽抚养义务，而父方要求子女随其生活的；（3）因其他原因，子女确无法随母方生活的。"第3条规定："对两周岁以上未成年的子女，父方和母方均要求随其生活，一方有下列情形之一的，可予优先考虑：……（2）子女随其生活时间较长，改变生活环境对子女健康成长明显不利的……"具体到本案，郑某甲已年满2周岁，且在邱某与郑某分居后一直跟随郑某共同生活，让郑某甲跟随郑某共同生活，有助于固定其生活模式，能尽量减少父母离婚后对孩子造成的不利影响。至于郑某乙，由于其尚未满2周岁，且作为母亲的邱某不存在子女不宜与其共同生活的情形，在此情况下，郑某乙跟随邱某生活更为适宜。

2.《中华人民共和国婚姻法》第19条第1款和第2款规定："夫妻可以约定婚姻关系存续期间所得的财产以及婚前财产归各自所有、共同所有或部分各自所有、部分共同所有。约定应当采用书面形式。没有约定或约定不明确的，适用本法第十七条、第十八条的规定。夫妻对婚姻关系存续期间所得的财产以及婚前财产的约定，对双方具有约束力。"涉案房产虽然系郑某于婚前购买，但在婚后，郑某与邱某签订协议约定将其二分之一的份额归邱某所有，并经过了公证，由于协议签订时不存在法律规定无效或者可以撤销的情况，该协议是邱某与郑某在婚姻关系存续期间对夫妻部分财产的归属作出了明确清晰的约定，应为合法有效，应当遵守执行。是否办理产权变更登记不影响房屋份额归属的认定。在审判实践中，若出现涉案房产是夫妻共有房屋，而双方对房屋价值及归属无法达成协议的情况时，常见的做法是房屋能实际分割使用的，可以分割使用。对不能分割使用的，可以作价分给一方，另一方取得补偿。在郑某无法一次性支付房屋补偿款的情况下，将涉案房产判归邱某所有，并由邱某对郑某进行货币补偿，符合法律规定，也最大限度地避免了双方后续因为房产而产生其他纠纷。

3. 一方以夫妻共同财产出资与他人共同持股的有限公司，离婚时，常见的股权分割方式主要有两种：第一种是夫妻间直接转让股权，包括以下三点：（1）夫妻双方协商一致将出资额部分或者全部转让给该股东的配偶，但必须经过公司过半数股东同意，并且其他股东明确表示放弃优先购买权的，该股东的配偶才可以成为该公司股东；（2）夫妻双方就出资额转让份额和转让价格等协商一致的，过半数股东不同意转让，但愿意以同等价格购买该出资额的，夫妻对转让出资所得的财产进行分割；（3）过半数股东不同意转让，也不愿意以同等价格购买该出资额的，视为其同意转让，该股东的配偶可以成为该公司股东。第二种是作价补偿，股权在夫妻间不发生转移。本案的郑某在婚姻关系存续期间，以夫妻共同财产出资设立深圳某管理公司，若邱某愿意持有公司股权并享有、承担相应的权益及风险，可经工商行政部门变更权益所有人；若邱某不愿意持有公司股权，可由郑某以该5.5%股份的所有权的原购入金额对邱某进行补偿。

4. 对于郑某提出的婚姻关系存续期间，名下信用卡欠费13万余元属于夫妻共同债务的主张，《最高人民法院关于审理涉及夫妻债务纠纷案件适用法律有关问题的解释》第3条规定："夫妻一方在婚姻关系存续期间以个人名义超出家庭日常生活需要所负的债务，债权人以属于夫妻共同债务为由主张权利的，人民法院不予支持，但债权人能够证明该债务用于夫妻共同生活、共同生产经营或者基于夫妻双方共同意思表示的除外。"据此，夫妻共同债务的认定应以债务是否为家庭生活、子女教养而产生。因此，主张信用卡欠款为夫妻共同债务的一方应提供证据印证欠款是用于家庭生活所需，抑或是另一方对此债务予以追认。

婚前财产婚后转赠配偶，因该财产所生之债难以认定共同债务

苏慧仪*

一、案情介绍

彭先生的父母颇有先见之明，在彭先生刚毕业时就为其购买房产并登记在其名下，也没有订立借条、协议之类的书面文件。随后彭先生和大学同学结婚，婚后便把这套房子的一半产权赠与女方，并签订了《协议书》，还进行了公证。

若这段婚姻一直和美大家也相安无事，可惜好景不长，结婚三四年后小两口便闹起了离婚。女方主张该套房子一半的产权，理由是彭先生已将该套房子的一半产权赠与自己；彭先生当然不同意，因为自己是背着父母将房产赠与女方的，父母知道后一定很伤心，彭先生担心父母会接受不了。然而，事已至此，彭先生也曾咨询过律师，明白女方拥有房子一半产权是大概率事件，于是他转而主张因购买涉案房屋所产生的债务为夫妻共同债务，因为彭先生认为如果女方主张房屋产权的话，那么理所当然地要承担父母出资购房所产成的债务。

案件进入诉讼程序之后，彭先生自知有愧于父母，因此一审时也没有向父母说明实情，未能有效举证且缺席该案审理，结果一审法院对其诉求并未支持，彭先生几乎全部败诉。二审时彭先生找到了笔者，笔者自知案件改判不易，再加上彭先生所补充的 58 万元债权存在的证据严格来说不属于新证据，二审法院一般不会采纳，只能是尽人事，听天命。我们补充提交了彭先生父母支付 58 万元购房款的转账流水、相应购房单据及彭先生手写的借条，并申请彭先生的父母出庭作证。由于没有任何证据证明女方对该笔债务是知情的且同意作为夫妻共同债务，笔者只能尝试用

---

* 苏慧仪，广东知章律师事务所律师。

民法的公平原则来为彭先生主张权利。遗憾的是，最终二审法院就该判项维持了原判，我们的主张失败了。

二、裁判摘要

二审法院认为：

1. 关于房屋的分割处理问题。虽然涉案房屋是男方婚前购买，但在婚姻关系存续期间，男方与女方签订了《协议书》约定该房屋为双方共同共有。男方不能举证证明该《协议书》存在胁迫等非法无效情形，故该协议真实有效，双方应遵照执行。一审法院认定男方与女方离婚后各占该房屋产权的一半份额并由男方协助女方办理房屋产权变更登记手续并无不当，本案对此项予以维持。男方在一审阶段主张由其取得涉案房屋，二审书面上诉状中则请求由其取得房屋的全部份额并由其补偿女方，但二审庭询中又当庭变更上诉主张为要求由女方取得房屋全部产权并支付一半补偿款。对此，女方明确表示不同意。双方最终无法协商一致。男方作为完全民事行为能力人，在诉讼当中所实施的诉讼行为应审慎。本案是离婚诉讼，男方经一、二审法院合法传唤却不出席庭审，秉持放任的态度。其在诉讼当中反复变更个人主张，欲推翻之前所实施诉讼行为，因缺乏理据，本院不予支持。

2. 关于男方主张婚前向其父所借的58万元借款为夫妻共同债务的问题。男方一审并未到庭，只提交了书面的答辩意见。当事人对其提出的诉讼主张有责任提交证据证实。一审法院因其举证不足不予支持其诉讼请求的判决并无不当。二审期间，男方的父亲作为证人出庭作证，在庭上承认该笔借款发生在男方结婚之前。对此女方表示不清楚借款的情况，亦不确认为夫妻共同债务，即该债务为男方个人债务。在二审阶段男方不能提供充分有效的证据证实有夫妻共同举债的合意，女方取得涉案房产并没有附设承担债务的条件，亦没有表示加入承担男方婚前个人债务的意思表示。男方主张推翻一审法院该项认定，因缺乏事实和法律依据，本院不予支持。

三、案件评析

本案中二审法院维持原判是否合理？彭先生及其父母的权益应当如何维护？

首先，我们来看看二审法院的裁判观点是否正确。二审法院认为，彭先生与女方签订的《协议书》因不能举证是在受胁迫的情况下签订的，因而是合法有效的。

由于彭先生上诉时主张要求房屋归自己，其向女方补偿房款；庭上又变更主张为房屋归女方，要求女方补偿房款。态度反复，再加上一、二审本人均不到庭，对本案持放任态度，故“因其在诉讼当中反复变更个人主张，欲推翻之前所实施诉讼行为，因此二审法院不予以支持”。至于58万元借款为夫妻共同债务的问题，因彭先生本人一审缺席庭审且举证不足，故一审法院不予以支持并无不当。二审中虽彭先生的父亲到庭，但由于该笔借款系发生在结婚之前，女方也表示不知情，也没有证据证明夫妻存在共同举债的合意，女方取得房产并没有附设承担债务的条件，亦没有表示加入承担彭先生婚前个人债务的意思表示，故该借务为彭先生个人债务。

二审法院的上述认定，单凭此债务发生于双方婚姻关系建立之前，事后也没有得到女方追认这一点，也难说不当，只是对男方彭先生而言似乎显失公平。毕竟通过彭先生的赠与行为，女方实实在在获得了涉案房屋的利益；但同时，该债务也的确是为了购置房屋产生的，却仅因为发生的时机不对，最终由彭先生一人承担。

其次，彭先生及其父母的权益应当如何维护？我们能否尝试利用民法的公平原则来说服法官，支持彭先生的诉求呢？

在探明这个问题前，我们首先要说明何为公平原则。公平原则是民法的一项基本原则，它要求当事人在民事活动中应以社会正义、公平的观念约束自己的行为、平衡各方利益，要求以社会正义、公平的观念来处理当事人之间的纠纷。公平原则强调在市场经济中，对任何经营者都只能以市场交易规则为准则，享受公平合理的对待，既不享有任何特权，也不履行任何不公平的义务，保持权利与义务的一致。

本案中，婚后将婚前财产转赠配偶，因该财产而生之债是否能认定为夫妻共同债务是没有明确法律规定的，因此，公平原则就有了适用的空间。从权利与义务相一致的角度来分析，女方享受房产所带来的利益的同时却不承担债务，这对彭先生明显是不公平的。

那么，为何二审法院在审理时并未采纳笔者提出的公平原则呢？笔者认为，这在很大程度上与彭先生对待此案的态度有关。其一，彭先生自始至终没有出席法院的庭审；其二，彭先生的诉求在诉讼过程中出现多次反复。在笔者看来，彭先生的态度反复源自于之前没有任何诉讼经验且其意愿受父母的影响较大。彭先生在一审时的观点是房子是婚前向父母借款全款购买，同意在优先偿还买房借款的前提下，出售该房产所得的财产在还款后剩余的部分再由双方平分，可惜其并没有提供借款购房的证据，因此一审法院对彭先生的主张未予以支持。二审上诉时，笔者已经反复提示要固定诉求，且要求彭先生本人务必到庭。遗憾的是，这两个要求彭先生均未能做到。庭审中，很容易感受到法官对当事人的这种处理方式是不认同的，再加上彭先生是离婚的主要过错方，二审最终维持了原判，我方提出应适用公平原则的观点并未得到法院的支持。

总结本案，笔者认为它带给我们的启示有二：一是离婚案中当事人一定要到庭。虽然《中华人民共和国民事诉讼法》第 144 条规定：“被告经传票传唤，无正当理由拒不到庭的，或者未经法庭许可中途退庭的，可以缺席判决。”但因离婚诉讼是涉及双方当事人身份关系的纠纷，如果一方当事人不到庭应诉，会阻碍人民法院审查双方的感情是否确已破裂等事实情况，从而增加审理此类案件的工作量和难度。因此，《中华人民共和国民事诉讼法》第 62 条规定：“离婚案件有诉讼代理人的，本人除不能表达意思的以外，仍应出庭；确因特殊情况无法出庭的，必须向人民法院提交书面意见。”这是法律要求当事人亲自到庭的特殊规定。同时，由于离婚是人生大事，关系到两个家庭及未成年人抚养等重要问题，如果当事人无正当理由屡次缺席离婚案件庭审的，难免会给法官留下不负责任的印象。一旦在法官心中形成这样的形象，后面工作的难度便可想而知了。二是绝不能在婚姻关系存续期间盲目地向配偶赠与财产。实践表明，关系好的时候什么都可以，关系不好的时候什么都想要回来。如果确实抵挡不住对方穷追猛打的财产索求，可以设立附条件的赠与，如为赠与附设一个生效时间，附设获得赠与物的条件，这样也可以让婚姻更长久和纯碎一些。本案中如果彭先生在赠与前把情况告知父母，让女方受赠的同时确认并愿意承担欠款，就不会有感觉不公平的情形发生。男方对于女方也不会难以启齿，因为父母全款购房是事实，房子用于家庭日常生活也是事实，既然都是家庭的一分子，女方在受赠财产的同时共担债务也无不当，如果女方不同意，男方拒绝赠与也是理所当然，因为这份感情也显得不纯粹。

综上，在婚姻关系中，我们要扮演好每一个角色，作为子女要多为父母着想，尊重父母，不要把父母辛苦半生积攒的财产轻易拱手赠与他人，若事前征询父母，也不会落得像彭先生这样的结果。作为配偶，我们也要懂得换位思考，顾己及人，婚姻关系也才能够更加长久和稳固。

离婚协议书约定房屋赠与子女可否撤销?

丁亚民*

一、案情介绍

王某、李某原是夫妻，育有一子李小某。双方于2003年×月×日协议离婚，《离婚协议书》约定：“……关于房屋权属的处理。1. 越秀区某房属部队集资建房，有使用权，无产权。荔湾区某房是以甲乙双方名义注册的福利住房，具有产权（房产证正在办理）。2. 按照国家规定，夫妻双方只能拥有一套福利住房，因此甲方单位规定，如越秀区某房允许出售，则购房差价由甲方单位支付，甲方须退出荔湾区某房返还给甲方单位。3. 甲乙双方协定，首选的福利住房为越秀区某房。若该房不能购买，则荔湾区某房为其福利住房。由甲方负责办理有关购房手续。如荔湾区某房先办理房产权证，该证书由乙方保管，待办理完可购越秀区某房手续后，乙方将荔湾区某房产证退还甲方单位。4. 甲乙双方自愿放弃按规定享有的对福利住房的主张权利，甲乙双方同意，双方共同拥有的一套福利住房，双方都放弃主张权利，无偿馈赠给儿子李小某所有。5. 在福利房购属未明确前，甲方暂住越秀区某房，乙方暂住荔湾区某房，在福利房购属明确后，即办理赠与手续，所购福利房即为李小某所有，其处分权也为李小某所有。……”

后王某、李小某起诉李某，要李某过户房产至李小某名下，李某反诉王某、李小某，主张撤销《离婚协议书》中有关房产赠与的约定，重新分割王某在离婚后购买的房产。

李某主张的理由有：1. 在《离婚协议书》中关于将福利住房赠与李小某的约定，仅系双方的意向性约定，是双方在离婚时因房改政策未落实，产权不明晰的情况下，搁置房产分割的做法。该约定并非双方就离婚财产分割的约定，应当适用

---

* 丁亚民，广东连越律师事务所律师。

《中华人民共和国合同法》的有关规定。2. 李某与王某虽在《离婚协议书》中约定将房产赠与李小某，但李某与王某从未就此事与李小某达成一致，赠与尚未发生法律效力。事实上，李某与李小某达成的一致意见是：李某向李小某支付现金另购房产，原荔湾区房产仍归李某所有。在双方协商一致后，李某陆续向王某转账支付了100余万元，李小某用该款购买了房产。3. 即使认定李某与王某在《离婚协议书》中将房产赠与李小某的约定发生法律效力，李某也有权依据《中华人民共和国合同法》第186条第1款的规定撤销赠与。李某提交了证人证言、录音、照片等大量证据，用以证实李某转账情况，李小某对李某存在言语及武力威胁，甚至是持刀威胁，以及限制李某人身自由等严重侵害李某权益的行为，故李某有权依据《中华人民共和国合同法》第192条的规定撤销赠与。4. 王某在离婚前签约购买花都某房产，并在签订《离婚协议书》时隐瞒该事实，应认定王某在签订《离婚协议书》时存在欺诈，应重新分配财产。

王某主张称：1.《离婚协议书》中约定房屋赠与子女是一种以解除双方身份关系为目的的赠与行为，具有一定的道德义务性质及强烈的人身关系依附性质，不以子女是否成年为前提。同时，离婚协议中的赠与有别于普通民事主体之间的赠与，根据特别法优于一般法的原则，本案应适用婚姻法及相关司法解释的规定。2.《离婚协议书》是双方真实意思表示，且双方在签订协议时不存在任何欺诈、胁迫行为，并向法院提交了李某亲笔书写的《离婚协议书草稿》作为证据，证明在《离婚协议书》签订前，李某已知并同意王某另行购买个人房产，花都某房屋属于王某的个人财产。3.《离婚协议书》中的赠与条款属于不可撤销条款，在第三人明确接受赠与的前提下，李某应依法履行赠与义务。婚姻关系的解除涉及身份关系变动，财产分割也是达成人身关系变动的基础，如果允许反悔和变动，双方对是否离婚会有新的态度。本案双方已于14年前离婚，离婚后各自重新组建了家庭，因此，双方的婚姻关系已解除并且不可逆转，依附于身份关系变动的财产分割约定，双方必须按约履行。本案的赠与条款依附于离婚协议而存在，离婚协议中的房屋赠与条款与整个离婚协议是一个整体，在《离婚协议书》不可撤销的前提下，李某无权撤销该赠与条款。并且夫妻离婚时将财产赠与子女，是夫妻双方共同作出的意思表示，如撤销也应由双方共同向李小某提出。4. 李小某一直以来都明确表示同意接受赠与，而王某也多次向其承诺会履行赠与义务，赠与行为的双方已达成一致意思表示。

二、裁判摘要

一审广州市荔湾区人民法院作出民事判决，支持王某诉请，驳回李某反诉。二审广州市中级人民法院裁判驳回李某上诉维持原判。后李某申请再审，广东省高级人民法院裁定驳回再审申请。

三级法院裁判核心理由及理念基本一致，可归纳为如下观点：

1. 关于《离婚协议书》效力问题。法院认为，王某和李某签订的《离婚协议书》是双方的真实意思表示，对双方均具法律约束力。经审查，认定王某是在离婚后以分割夫妻共同财产形成的个人财产支付购房款并取得该房屋的物权，因此花都某房屋不属双方的夫妻共同财产，不能认定王某在签订《离婚协议书》时存在欺诈。

2. 关于赠与撤销问题。法院认为，《离婚协议书》是双方为解除婚姻关系及处理夫妻共同财产等问题而订立的，是基于婚姻家庭的身份关系达成的协议，双方在离婚协议中对房屋所作的财产处理，与双方解除婚姻关系等条款构成离婚协议的整体，密不可分，而双方将福利房赠与儿子所有这一约定，也是依附于双方婚姻关系的解除，带有身份关系性质，不同于单纯的财产赠与。在李小某表示接受赠与的情况下，王某、李某应当履行《离婚协议书》中的约定，将房产赠与李小某，并协助办理上述房屋的过户手续。

三、案件评析

（一）离婚后立即购买房产是否构成《离婚协议书》存在欺诈的问题

本案的争议焦点之一，在于离婚后立即购买房产是否构成《离婚协议书》存在欺诈的问题，法院更倾向于严格遵照《离婚协议书》中具体条款表述的约定。

对于离婚协议效力的问题，法院着重审查，双方均是成年人，是否具有完全民事行为能力，应当承担自身行为产生的法律后果，是否存在欺诈、胁迫等法定可撤销要件。

首先，双方在离婚时签订了《离婚协议书》，意思表示明确，应当予以遵守。同时，如果当事人在协议离婚后就财产分割问题反悔，请求变更或者撤销财产分割协议，应当在一年内提出。

其次，李某、王某离婚多年，李某未能举证证实在签订《离婚协议书》时存在欺诈、胁迫等情形。

结合本案，《离婚协议书》中约定银行存款、有价证券、股票等资产归李某一人所有，李某一次性给付王某 30 万元补偿款等，王某虽然是在离婚协议签订后与开发商签订合同购买房屋，但此时王某与开发商仅形成了债权债务关系，尚未取得该房屋的物权。结合合同约定购房款是在 2004 年 × 月 × 日前一次性支付，房款发票均在离婚后出具，王某举证的《离婚协议书草稿》等因素，应当认定王某是在离婚后以分割夫妻共同财产形成的个人财产支付购房款并取得该房屋的物权，因此花都某房屋不属双方的夫妻共同财产，不能认定王某在签订《离婚协议书》时存在欺诈。因此应认定双方签订的《离婚协议书》合法有效。

（二）离婚协议中约定赠与条款能否撤销的问题

本案的争议焦点之二，在于离婚协议中约定的赠与条款能否撤销的问题。

解决此问题，首先应解决《离婚协议书》中赠与条款的法律适用问题。《中华人民共和国合同法》《中华人民共和国婚姻法》及相应司法解释均有对赠与的规定条款，但具体规定又不尽相同，究竟适用哪一规定，是解决本案赠与能否撤销问题的基础。

本案中，李某要求依据《中华人民共和国合同法》第 186 条、第 192 条的规定撤销赠与。但三级法院均认为，福利房赠与条款虽然含有赠与财产的含义，但是该条款是双方对离婚整体安排的一部分，因此带有明显的身份关系性质，不同于一般性的单纯财产赠与协议。或者说，赠与条款依附于离婚协议而存在，与离婚条款及其他条款构成一个整体，因此不适用《中华人民共和国合同法》的相关规定，而应适用调整婚姻家庭关系的《中华人民共和国婚姻法》《最高人民法院关于适用〈中华人民共和国婚姻法〉若干问题的解释（二）》第 8 条、第 9 条等规定。

可见，三级法院对《离婚协议书》撤销赠与的法律适用判定一致，均选择了《中华人民共和国婚姻法》。

确定适用《中华人民共和国婚姻法》后，就严格按照该法有关赠与的规则进行审判。三级法院均认为：双方自愿签订的《离婚协议书》合法有效，赠与条款理应履行。

理由有：1.《离婚协议书》是合法有效的，故其中的福利房赠与条款也是合法有效的，不可单独抽离。李某与王某于 2003 年 × 月 × 日经平等协商后自愿签订《离婚协议书》，是合法有效的，具有法律约束力。其中福利房赠与条款是双方在离婚协议签订过程中经过协商，彼此妥协让步后达成的一致约定，是双方当事人的离婚条件之一，因此是离婚协议不可分割的一个部分，不宜将上述条款单独抽离出来对其法律效力加以评判。故《离婚协议书》是合法有效的，其中的福利房赠与条款也是合法有效的。2. 赠与条款被视为以离婚为目的的赠与行为，本案双方于签订离婚协议的当天办理了离婚登记手续，即赠与福利房的目的已经实现，故基于诚信原则，该福利房赠与条款不可撤销或变更。3.《离婚协议书》中的赠与非单独财产赠与，该《离婚协议书》是双方为解除婚姻关系及处理夫妻共同财产等问题而订立的，是基于婚姻家庭的身份关系达成的协议，双方在离婚协议中对房屋所作的财产处理，与双方解除婚姻关系等条款构成离婚协议的整体，密不可分，而双方将福利房赠与儿子所有这一约定，也是依附于双方婚姻关系的解除，带有身份关系性质，不同于单纯的财产赠与。至于李某以李小某已经成年并具有独立生活能力，却索取巨额资金购房，还威胁恐吓并损害其权益等为由主张撤销赠与，并认为赠与人不自愿时便可反悔、撤销，单纯机械地适用《中华人民共和国合同法》有关财产赠与的相关规定，且证据不足。

综上，法院最终认定，李某请求撤销《离婚协议书》所涉的赠与条款，应适用《中华人民共和国民法总则》《中华人民共和国婚姻法》及相关司法解释的规定，而非适用《中华人民共和国合同法》关于赠与合同的规定。在李小某表示接受赠与的情况下，王某、李某应当履行《离婚协议书》的约定，将房产赠与李小某所有，并协助办理上述房屋的过户手续。

第三章

夫妻共同债务认定

家庭共同经营导致夫妻共同债务的认定

朱又又[*]

一、案情介绍

张某甲与陈某是夫妻关系，婚后生育张某乙、张某丙两个女儿。2000 年，张某甲以其名义通过家庭经营的形式申请开办了某某油厂，经营粮油加工。其间，张某甲多次向高某赊购原材料。2018 年 1 月 22 日，张某甲向高某出具《欠高某原材料款》凭证一张，明确从 2017 年 1 月 18 日至 10 月 20 日，实欠高某原材料款共 173950 元，张某甲在欠款人一栏签名确认。欠款凭证签订后，张某甲于 2018 年 2 月 6 日、2 月 21 日、4 月 26 日向高某还款共计 26000 元。2018 年 5 月 10 日，张某甲去世。高某向陈某、张某乙、张某丙追讨货款未果，遂诉至法院请求：1. 判决陈某、张某乙、张某丙在继承死者张某甲遗产范围内向其支付货款 147950 元；2. 判决陈某对张某甲所欠其货款 147950 元承担连带支付责任；3. 该案诉讼费、财产保全费全部由陈某、张某乙、张某丙承担。

第一次庭审中，陈某、张某乙、张某丙对高某所提供的欠货凭证中所署的“张某甲”与其亲属张某甲的关联性有异议，并申请证人严某、冯某出庭作证，拟证实张某甲与陈某从 2009 年起夫妻关系破裂。社区居委会出具证明，拟证实陈某于 2009 年 4 月发现张某甲与他人非婚生育小孩后，陈某即和张某甲分居并随女儿在广州生活。此后，两人各自独立生活，互无往来。某县某小学出具学校基本信息一份，拟证明该校学生张某辉，父亲姓名为张某甲，母亲姓名为钟某。

同时，高某申请笔迹鉴定，法院依法向某县市场监督管理局调取了张某甲申请开办某某油厂的有关“张某甲”签名的证据材料做样本，依程序选定某某司法鉴定所对高某提供的欠单上“张某甲”签名笔迹进行司法鉴定。高某预付了鉴定费用

---

* 朱又又，广东合盛律师事务所律师。

7476 元。某某司法鉴定所于 2018 年 9 月 11 日出具《鉴定意见书》，鉴定意见为：高某提供的欠单上“张某甲”签名与样本二“张某甲”是同一人笔迹。陈某、张某乙、张某丙对该意见书无异议。

二、裁判摘要

某市某县人民法院作出一审民事判决：一、陈某欠高某货款 147950 元，陈某应在该判决发生法律效力之日起十五日内支付给高某；二、张某乙、张某丙对上述第一项债务在继承张某甲遗产实际价值范围内负连带清偿责任。陈某不服前述判决向某市中级人民法院提起上诉，并提交了其与张某甲分居的证据，经审理，最终驳回其上诉，维持原判。

法院认为：本案中，张某甲欠高某货款 173950 元，有张某甲立下的欠款凭证和鉴定意见书证实，双方存在债权债务关系，一审法院对高某提供的欠款凭证予以确认理据充分，虽然涉案货款凭据的欠款人处仅有张某甲一人签字，但涉案货款为张某甲经营某某油厂期间欠付的原材料款，而张某甲的某某油厂是以家庭作坊方式经营的，陈某也曾参与实际经营管理，其收入也是用于家庭支出，因此该债务应当认定为张某甲与陈某在婚姻关系存续期间的夫妻共同债务，故陈某应对该债务承担偿还责任。此外，张某乙、张某丙作为张某甲的法定继承人，亦应在继承张某甲的遗产实际价值范围内承担涉案货款的清偿责任。

三、案件评析

（一）本案的争议焦点

本案争议焦点在于相关债务是否属于夫妻共同债务。《最高人民法院关于适用〈中华人民共和国婚姻法〉若干问题的解释（二）》第 23 条规定：“债权人就一方婚前所负个人债务向债务人的配偶主张权利的，人民法院不予支持。但债权人能够证明所负债务用于婚后家庭共同生活的除外。”《最高人民法院关于审理涉及夫妻债务纠纷案件适用法律有关问题的解释》第 2 条规定：“夫妻一方在婚姻关系存续期间以个人名义为家庭日常生活需要所负的债务，债权人以属于夫妻共同债务为由主张权利的，人民法院应予支持。”据此可知，最高人民法院明确认为，相关债务即使表面上属于个人债务，但该债务实际上用于婚后家庭共同生活、共同经营的，也应认定为夫妻共同债务。本案中法院认为相关欠款属于夫妻共同债务理由如下：

陈某虽提供了社区居委会的证明，但法院认为该证明不能证实陈某与张某甲存在分居的事实，因夫妻是否共同居住及生活，结合生活实际，外人并不当然知情。陈某申请了证人严某、冯某出庭作证以证实陈某因张某甲有非婚生儿子而分居，证人严某陈述“听他人说：张某甲与他人有非婚生儿子，陈某与张某甲分居”、证人冯某陈述“听他人说：张某甲与他人有非婚生儿子，没有见陈某居住”，法院对其证人证言内容的真实性未予确认。涉案货款发生在张某甲与陈某夫妻关系存续期间，虽然涉案货款凭据的欠款人处仅有张某甲一人签字，但张某甲的油厂是家庭作坊方式经营的，其收入也是用于家庭支出，根据《最高人民法院关于审理涉及夫妻债务纠纷案件适用法律有关问题的解释》第2条的规定，法院认定涉案货款为夫妻共同债务。因此，一审、二审法院认定相关债务属于夫妻共同债务，陈某应承担连带清偿责任是正确的。

（二）关于夫妻共同经营债务的认定问题

本案中，对于夫妻共同债务的认定问题，笔者认为其核心在于该经营主体是否由夫妻双方共同经营。

首先，根据《中华人民共和国婚姻法》第41条的规定，离婚时，原为夫妻共同生活所负的债务，应当共同偿还。因此，夫妻共同承担权利义务的基础在于夫妻共同生活。但是立法对于何为“夫妻共同生活”并无相关规定，《最高人民法院关于审理涉及夫妻债务纠纷案件适用法律有关问题的解释》实施后，夫妻共同生活的债务包括“以个人名义为家庭所负”“夫妻共同生活、共同生产经营或者基于夫妻双方共同意思表示所负”债务，但由于夫妻共同生活所具有的伦理实质及封闭特性，债权人需证明相关债务实际上是用于夫妻家庭并非易事，在大多数情况中，债权人会要求债务人实行“共债共签”，若无法做到“共债共签”，则需要花费大量精力调查债务人财产流动状况，这实际上背离了立法本意，加大了交易成本。

其次，对于夫妻共同经营则具有一定程度的公开性。就个体工商户或集体工商户而言，《中华人民共和国民法总则》第56条第1款规定：“个体工商户的债务，个人经营的，以个人财产承担；家庭经营的，以家庭财产承担；无法区分的，以家庭财产承担。”① 由于个体工商户通常是夫妻共同生产经营，这使得夫妻共同债务与承包方/经营方的个人债务之间的界限比较模糊，债权人举证证明夫妻一方所负债务用于个体工商经营的，即可认定该负债为夫妻共同债务。概言之，在夫妻共同

---

① 《中华人民共和国民法典》第56条第1款：“个体工商户的债务，个人经营的，以个人财产承担；家庭经营的，以家庭财产承担；无法区分的，以家庭财产承担。”

财产制下，若夫妻团体被嵌入企业经营的框架中（包括但不限于个体工商户），夫妻双方实际上存在共同经营、参与经营的外观表象，夫妻一方对外负债系用于投资该企业或经营项目中，另一方基于经营管理的原因对此明知或应当知道的，可以推定该负债所获利益系家庭利益，相关债务属于夫妻共同债务。在该等情况下，即使夫妻一方举证证明双方已经分居，但该分居情况并不具有公开性，若债权人对分居情况并不知情，则难以对抗债权人的主张。

最后，《最高人民法院关于适用〈中华人民共和国婚姻法〉若干问题的解释(二)》第25条规定："当事人的离婚协议或者人民法院的判决书、裁定书、调解书已经对夫妻财产分割问题作出处理的，债权人仍有权就夫妻共同债务向男女双方主张权利。一方就共同债务承担连带清偿责任后，基于离婚协议或者人民法院的法律文书向另一方主张追偿的，人民法院应当支持。"非举债方须以其全部财产偿还夫妻共同债务。但从法理分析，非举债方没有参加缔结相关共同债务，其在结婚前或离婚后取得个人财产与夫妻共同生活无关，不应属于夫妻共同债务，该规定无疑加重了非举债方的法律责任。因此为保护非举债方利益，建议规定夫妻离婚时，非举债方有向另一方追索的权利。

婚后父母要给钱，怎么给才安全？

——从金某1诉林某某与金某2民间借贷纠纷案谈起

李小非*

一、案情介绍

林某某（女方）与金某2（男方）是大学同学，毕业后两人登记结婚。婚后，夫妻两人在广州分别创业，其中金某2创立传媒公司，林某某成立个人工作室。随着夫妻两人事业的发展壮大，他们在生活中也聚少离多，两人经常因为工作的问题引发争吵。后林某某起诉至法院，要求与金某2解除婚姻关系。在两人的离婚诉讼审理期间，金某2的父亲金某1向法院起诉，要求林某某与金某2共同偿还自婚前开始借给金某2本人的七笔款项共计人民币180万元。

一审法院经审理查明：1. 2012年12月×日，金某1向金某2银行汇款18万元，汇款用途载明为生活费。2. 2013年1月×日，金某1向金某2银行汇款20万元，汇款用途载明为往来。3. 2013年4月×日，金某1向案外人王某某银行汇款30万元，汇款用途载明为往来。4. 2013年12月×日，金某1向金某2银行汇款100万元，汇款用途载明为往来。5. 2014年7月×日，金某1向金某2银行汇款5万元，汇款用途载明为往来。6. 2014年10月×日，金某1向金某2银行汇款4万元，汇款用途载明为往来。7. 2015年5月×日，金某1向金某2银行汇款3万元。8. 2016年5月×日，金某2向金某1出具《借条》，载明“本人金某2于2012年12月起分多笔向金某1借到人民币合计1800000元，本人保证三个月内还清，逾期不还则按照银行同期贷款利率收取逾期利息”。

另根据已生效的民事判决书查明，2014年2月×日、2月×日、3月×日，金

---

* 李小非，广东五美律师事务所律师。

某2分别向案外第三人李某某转账10万元、20万元、20万元。2014年11月×日李某某与林某某签订《借款合同》，约定李某某向林某某借款50万元。后李某某违约，林某某、金某2起诉至法院，要求李某某偿还50万元债务及利息。法院经审理，判决李某某向林某某、金某2清偿本金50万元及其利息。

金某1主张案涉七笔汇款均为借款，并向法庭提供七张借条，称该七张借条均由金某2在2015年年末的时候分多次补充出具。

金某2表示，案涉七笔汇款均为其向金某1借款。其中，案涉第四笔汇款100万元中的50万元由林某某出借给朋友李某某，剩余50万元用于其与林某某的家庭生活；其余六笔汇款均用于其与林某某的家庭生活。案涉第三笔汇款，系先由案外人王某某垫付款项30万元至传媒公司的账户用于公司资金周转，金某2向金某1借款后由金某1直接向案外人王某某汇款30万元。传媒公司资金周转结束后将该笔款项转至林某某账户，用于林某某的日常生活支出。金某2为此提供了公司转账给林某某的转账凭证、业务回单予以证明。

对此，林某某主张：1. 第一笔汇款发生在其与金某2结婚之前，属于金某2的个人债务；其余六笔汇款虽然发生在婚后，但属于金某1对于金某2的赠与，且均被金某2用于个人高消费。其中，第三笔汇款，金某2虽提供证据证实将该笔款项转至其银行账户，但其名下的该银行账户一直由金某2实际控制使用，其对该笔款项不知情。2. 其向朋友李某某出借50万元，该笔借款由金某2支出。林某某表示金某2是金某1唯一的儿子，从小就被金某1宠爱，金某1曾在金某2上学期间就为其购买多间商铺并登记在其个人名下，而且金某1在金某2与林某某结婚时就曾出全款为两人在广州的珠江某城购买婚房，以此主张金某1有向金某2赠与大额款项的习惯与经济实力。

一审法院认为：金某1向金某2及金某2指定的账户银行汇款，与金某2向金某1出具借条的事实，共同证明金某1与金某2之间存在借贷合同关系。关于第一笔借款18万元，发生在金某2与林某某结婚之前，不属于夫妻共同债务，林某某不需要承担清偿责任。关于第二笔借款20万元，金某2所出具的借条载明借款用途为扩大公司经营，属于商事行为，未用于夫妻共同日常生活或消费，金某1要求林某某承担共同清偿责任缺乏理据，不予支持。关于案涉第三笔借款30万元，结合案涉银行账户交易流水来看，该笔款项在合理期间内最终转至林某某名下银行账户，林某某虽辩称其名下用于接收该笔款项的银行账户由金某2实际控制，其本人对于该笔款项并不知情，但未能提供任何证据予以证实，林某某应当对该笔债务承担共同清偿责任。关于案涉第四笔借款100万元，该笔借款发生在金某2与林某某婚姻关系存续期间，金某2接受该笔款项后不久即通过林某某向其朋友出借50万元，林某某作为配偶及出借款项方理应了解该笔款项的由来，现林某某辩称其对于该案涉借款不知情但又未能就其出借款项的来源予以合理说明，故可推定林某某对该案涉借款知情并表示同意，该笔100万元借款属于夫妻共同债务，林某某应当共同清偿。关于第五笔、第六笔与第七笔借款虽是金某2以个人名义所负，但均发生在夫妻关系存续期间，结合借款用途，且金额并未明显超出家庭日常生活需要，应认定是金某2与林某某的夫妻共同债务，林某某应当共同承担。

一审法院判决林某某应当对案涉第三笔30万元、第四笔100万元、第五笔5万元、第六笔4万元、第七笔3万元借款共计人民币1420000元及利息向金某1承担连带清偿责任；金某2向金某1清偿借款380000元及利息。

一审判决后，金某1与金某2未提起上诉，林某某不服一审法院判决向律师团队寻求帮助。律师团队经过仔细梳理案情，制定了案涉第三笔、第四笔、第七笔债务属于被上诉人金某2的个人债务的诉讼思路，并向广州市中级人民法院提起上诉。

二、裁判摘要

不难看出，本案二审的争议焦点在于案涉第三笔、第四笔、第七笔债务是否属于夫妻共同债务。二审针对这三笔款项的性质和使用情况，认定如下事实：

(一) 2013年4月×日金某1向王某某银行账户汇款30万元

银行相关流水显示转账情况为：2013年4月×日王某某转账30万元给传媒公司，2013年4月×日金某1转账30万元给罗某某，2013年10月×日传媒公司转账30万元给林某某，2013年12月×日林某某转账31.5万元给金某2。

二审庭审中，金某1与金某2主张2013年4月×日王某某汇入传媒公司的30万元是传媒公司向金某2的借款，王某某是代金某2垫付借款，后来金某2于2013年4月×日向金某1借款用于归还王某某的垫付款项，而且传媒公司将该笔30万元款项转至林某某账户时明确注明用途是还款，而林某某也没有提供任何证据证明其与传媒公司之间存在其他借贷关系，因此该最终被转至林某某账户的30万元就是金某1的借款。

对此，林某某回应，对于该笔30万元款项没有借款的合意，没有用于家庭共同生活，也没有与金某2共同经营传媒公司，该笔款项系用于传媒公司的生产经营，属于商事行为，应当适用合同相对性原则，以交易双方当事人为主体，而林某某并非借款合同的相对方，与金某1并非同一法律关系的适格主体，不应当为此承担清偿责任，而且林某某于2013年12月×日已经转回31.5万元到金某2账户。

（二）2013年12月×日金某1向金某2银行汇款100万元

二审时，金某2解释在2013年12月×日收到金某1转账100万元借款后，将其中80万元转给林某某做理财，随后李某某借款，林某某将该款赎回后转账给金某2。

林某某回应称，金某2自认该笔100万元借款系传媒公司经营所需，而一审法院未对此予以认定，金某2未能完成该笔100万元系全部用于林某某与金某2的共同生活的举证责任，且金某2账户于2013年12月×日收到金某1转账100万元之后曾有多笔款项进出，其中截至2013年12月×日累计已达到150万元之多，而金钱属于种类物，这些资金已经发生混同。即使金某2在此之后分别转账80万元至林某某账户，金某1亦无法证明该笔80万元完全系来自于金某1的100万元借款。退一步讲，即使查明金某2对外借款的50万元来源于金某1出借的100万款项，林某某也仅需对该50万元承担连带偿还责任。

（三）2015年5月×日金某1向金某2银行汇款3万元

二审时林某某回应称，金某2收到该笔款项之后随即转入传媒公司账户，并非用于家庭生活开销，认定夫妻共同债务的前提是审查该借款是否用于夫妻家庭共同生活或者共同生产经营，之后才考虑借款金额是否超出家庭日常生活需要的问题，因此，并非所有的小额借款都应当被认定为夫妻共同债务。

经审理，二审法院认为：1. 关于案涉第三笔30万元借款。首先，金某2向金某1出具的《借条》已经明确用于资金生意周转，金某1也确认金某2向其借款是以公司需要验资的缘由，因此一审法院适用《最高人民法院关于审理涉及夫妻共同债务纠纷案件适用法律问题的解释》第2条的规定认定该笔债务属于夫妻共同债务，属适用法律不当；其次，按照银行流水来看，传媒公司因验资需要向股东金某2借款，金某1的该笔借款也是转账给王某某用于偿还王某某垫付转给传媒公司的30万元，亦并非用于金某2与林某某的家庭日常生活；再次，传媒公司属于有限责任公司，金某2仅系自然人股东之一，传媒公司的商事行为不能等同于金某2与林某某的共同生产经营行为；最后，虽金某2主张传媒公司于2013年10月×日向其偿还该笔借款30万元并转入林某某账户，但即使时过半年后的该转款行为跟2013年4月×日金某1转入王某某账户的款项有间接关联性，随后林某某账户也已经在2013年12月×日转回31.5万元到金某2账户。至于后来传媒公司与其股东金某2之间的频繁转款往来行为，不影响对案涉借款承责主体的认定。因此，案涉第三笔

30万元借款属于金某2的个人债务。2. 关于案涉第四笔100万元借款。首先，金某2出具的相应《借条》上已经明确用于扩大经营业务需要，因此该笔借款并非以个人名义为家庭日常生活需要所负的债务，一审法院适用法律不当；其次，一审时金某2陈述当时为扩大经营业务估算是需要100万元，实际上没有用到那么多，于是林某某就把其中50万元用于放贷；结合金某2接受该笔款项后不久即向林某某的朋友出借50万元以及金某2、林某某共同起诉向借款人追讨的事实，法院认定该笔转款中的50万元被金某2用于其与林某某的共同生活；最后，鉴于2013年12月至2014年1月金某2账户曾有多笔款项进出且数额较大，林某某也否认理财80万元来源于金某1转款100万元，金某1也没有充分证据证实除了前述转借给他人的50万元之外，另外50万元是由金某2与林某某用于夫妻共同生活、共同生产经营。综上分析，本院认为金某2因公司业务需要向金某1借款100万元之后，将其中50万元用于与林某某的共同生活，林某某应当对该笔借款中的50万元承担共同偿还责任，剩余50万元属于金某2的个人债务。3. 关于案涉第七笔3万元借款。金某2出具的相应《借条》上已经明确是因个人财务紧张需要借款，金某2也确认收到该款项后转入传媒公司，其用途并非用于家庭日常生活，故该借款属于金某2的个人借款。

至此，林某某的上诉请求全部得到了二审法院的支持。

三、案件评析

父母出资为子女添置财产或者贴补子女生活的现象比比皆是，那么一旦子女的婚姻出现状况，父母与子女之间经常会出现经济纠纷，父母希望拿回钱物，而子女的配偶一方则不愿返还。那么，婚后父母为子女出资案件的争议焦点主要有哪些？我们对此该如何应对？下面，笔者就一一为大家解析。

（一）父母给予的款项性质应如何认定

司法实践中比较倾向于将此类款项认定为帮助子女渡过经济难关的临时性资金出借，认为子女应负有偿还义务。

也有的观点认为应将此类款项认定为父母对子女的赠与，依据是《最高人民法院关于适用〈中华人民共和国婚姻法〉若干问题的解释（二）》第22条第2款的规定："当事人结婚后，父母为双方购置房屋出资的，该出资应当认定为对夫妻双方的赠与，但父母明确表示赠与一方的除外。"这种观点系对法律适用情形的认识不清形成的。该规定是基于父母有明确赠与的意思表示，而赠与对象不明确时的情形，解决的是父母赠与夫妻双方还是一方的问题，是夫妻离婚分割共同财产时的认定依据，并不适用于父母明确主张出资是借款要求子女清偿时的情形。

此外，赠与是赠与人将自己的财产无偿给予受赠人，受赠人表示接受赠与的行为，应谨慎认定。《最高人民法院关于适用〈中华人民共和国民事诉讼法〉的解释》第109条规定："当事人对欺诈、胁迫、恶意串通事实的证明，以及对口头遗嘱或者赠与事实的证明，人民法院确信该待证事实存在的可能性能够排除合理怀疑的，应当认定该事实存在。"这表明对赠与事实的认定标准高于一般事实"具有高度可能性的"的证明标准。如果子女方未能提供较为充足的证据（一般要求是书面的赠与合同）对于父母的赠与予以证明，将很难得到法院的支持。

子女成年后，父母的抚养义务已经完成。父母为子女出资购房或出资创业等情形虽属常见，但是不能将此视为理所当然，也绝非法律所倡导。父母给予子女的钱物，除有明确赠与意思表示的以外，应当视为父母以帮助为目的的临时性资金出借，子女应当负有偿还义务。

（二）父母给予的款项是否应认定为夫妻共同债务

根据2018年1月18日起施行的《最高人民法院关于审理涉及夫妻债务纠纷案件适用法律有关问题的解释》的规定，夫妻共同债务原则上要求共债共签，如果举债方的配偶没有共同签字，则要求其事后追认或者债权人有证据证明该债务系用于夫妻共同生活、共同生产经营。该解释虽未对何为共同生活、共同生产经营作出进一步的明确规定，但根据公平原则，实践中应要求夫妻双方共同受益才能认定为共同债务。

本案中，案涉第五笔、第六笔债务用于上诉人林某某与被上诉人金某2举办婚礼的开销，系用于夫妻共同生活。因此，律师团队权衡之后建议委托人放弃对这两笔案涉借款提出上诉请求。

综上所述，笔者建议，父母出资为子女添置财产或者贴补子女生活的，最好能够在出资当时用法律认可的形式明确款项的性质，如与子女签订赠与合同或者借款协议，并取得子女配偶的书面签字确认，以避免日后产生不必要的纠纷。

个人债务与夫妻共同债务之界定

陈樟宜[*]

一、案情介绍

陈某与伍某原系夫妻，双方于2007年登记结婚，婚后不久，陈某便婚内出轨，与伍某分居，并与第三者同居。2011年12月陈某与伍某双方协议离婚，离婚协议约定夫妻婚姻关系存续期间双方各自对外的债权债务离婚后由各自享有和承担。

郭某与陈某系多年朋友关系，陈某长期从事大额短期转借款项业务，在婚姻关系存续期间于2009年3月、7月、8月、9月、11月及2010年2月向郭某借款共计160万元，陈某未按约定偿还，于2011年7月立下借据，载明陈某以现金形式向郭某借款人民币100万元，为期一个月，逾期则按银行贷款利率的四倍支付违约金，直至还清全部借款及违约金为止。陈某在2011年8月立下借据，载明陈某以现金形式向郭某借款人民币60万元，为期七天，逾期则按银行贷款利率的四倍支付违约金，直至一定还清全部借款及违约金为止。后陈某未按约定偿还借款，郭某遂起诉要求陈某、伍某共同偿还借款及利息合计160万元。诉讼过程中，郭某、伍某共同确定已经偿还12.2万元，尚欠147.8万元。

二、裁判摘要

一审法院判决：一、陈某在判决发生法律效力之日起五日内，一次性偿还147.8万元并按中国人民银行规定的同期贷款利率的四倍计付该款从2011年12月至实际清偿之日止的利息给郭某；二、驳回郭某的其他诉讼请求。一审判决后，郭某不服提出上诉，要求伍某、陈某共同偿还本金人民币147.8万元。

---

* 陈樟宜，广信君达律师事务所律师。

二审法院判决：驳回上诉，维持原判。

三、裁判理由

首先，本案借条并无伍某的签名，表明伍某没有借款的意思表示。其次，郭某、伍某均确认陈某长期从事大额短期转借款项业务，虽郭某称陈某借款时表示借款系用于购房，仅有证人证言，不足为证，且陈某与伍某在婚内确无共同购房，结合陈某的从业背景，以及其余与郭某之间的长期多次大额借款的情况，可以认定该借款并非一般意义上为家庭日常生活而发生的借款。再次，从伍某提供的证据来看，本案借款发生时陈某与异性关系密切，夫妻感情逐渐恶化及至 2011 年 12 月夫妻二人离婚，按常理，夫妻双方不可能就借款形成合意，即使用于经营，伍某也无法享受该款带来的共同利益。最后，本案所涉借款发生后，没有证据证明陈某和伍某家庭内有大额支出，家庭也无须大笔举债的情形，而伍某有稳定的收入，再结合陈某连续多次大额借款的情况，表明借款应是陈某个人所为。综上，在伍某并无借款的合意，未分享该借款所带来的利益，且款项并非用于夫妻双方应履行的法定义务或有其他应负道德义务的情况下，本案借款应认定为陈某个人债务，伍某无需向郭某承担还款责任。

四、案件评析

（一）本案的争议焦点

本案的主要争议焦点为涉案借款是否属于陈某和伍某的夫妻共同债务。一种观点认为：借款发生在陈某和伍某婚姻关系存续期间，虽然伍某认为该借款发生在陈某与伍某感情不和分居后，对借款不知情，但因陈某在婚姻存续期间已长期从事大额短期转借款项业务，伍某作为配偶不可能不知道丈夫的借款行为。作为商业经营者不可能必然赚取利润，也不可能以赚取利润方可认定其权利义务归属于夫妻共同权利义务，不能排除陈某的借款行为形成了夫妻共同债务。借据中的表述也不能证明债权人和债务人明确约定为债务人个人债务的情形。陈某、伍某的离婚协议书关于约定各自对外的债权债务离婚后由各自享有承担的约定，仅对陈某、伍某内部具有约束力。因此，借款应属于陈某、伍某的夫妻共同债务。另一种观点则认为：借款没有伍某的签名，证明伍某没有借款的意思表示。借款并未用于郭某（出借人）所说陈某与伍某购置夫妻共同生活所需的房产。借款时，伍某与陈某已经分居，不能享受借款所带来的共同利益。伍某有稳定的收入，而陈某有连续多次大额借款的情况，表明借款应是陈某个人所为。因此，借款应属于陈某的个人债务。

法院采纳了第二种观点，具体分析如下：

所谓夫妻共同债务，应是夫妻婚姻关系存续期间，夫妻双方或一方为维持共同生活需要或者出于共同生活上目的从一经营活动所引起的债务。《中华人民共和国婚姻法》第41条规定："离婚时，原为夫妻共同生活所负的债务，应当共同偿还。共同财产不足清偿的，或财产归各自所有的，由双方协议清偿；协议不成时，由人民法院判决。"从法条原意来看，夫妻共同债务的要件，一是发生在婚姻关系存续期间，二是必须为夫妻共同生活所负。而是否用于夫妻共同生活，应从夫妻有无共同举债的合意以及夫妻是否分享了债务的共同利益来判断。就本案而言，首先，本案借条并无伍某的签名，表明伍某没有借款的意思表示；其次，郭某、伍某均确认陈某长期从事大额短期转借款项业务，虽郭某称陈某借款时表示借款系用于购房，仅有证人证言，不足为证，且陈某与伍某在婚内确无共同购房，结合陈某的从业背景，以及其余与郭某之间的长期多次大额借款情况，可以认定该借款并非一般意义上为家庭日常生活而发生的借款；再次，从伍某提供的证据来看，本案借款发生时陈某与异性关系密切，夫妻感情逐渐恶化及至2011年12月夫妻二人离婚，按常理，双方不可能就借款形成合意，即使用于经营，伍某也无法享受该款带来的共同利益；最后，本案借款发生后，没有证据证明陈某和伍某的家庭有大额支出，家庭也无须大笔举债的情形，而伍某有稳定的收入，再结合陈某连续多次大额借款的情况，表明借款应是陈某个人所为。综上，在伍某并无借款的合意，未分享该借款所带来的利益，且款项并非用于夫妻双方应履行的法定义务或道德义务的情况下，本案借款应认定为陈某个人债务，伍某无需向郭某承担还款责任。

（二）关于涉案借款的法律性质及分析

1. 陈某所欠借款系其个人债务，伍某对该借款完全不知情，与伍某无关，应由陈某自行承担偿还责任。陈某向郭某借款的行为虽然发生在陈某与伍某的婚姻关系存续期间，但陈某从未向伍某提及过其向郭某借款的情况，借条也是陈某单方向郭某出具的，伍某对借款毫不知情，更没有在借款上签字，该借款与伍某无关。

2. 陈某与伍某因感情问题于2009年2月便开始分居，直到2011年12月20日离婚，其间伍某与陈某各自的生活自理，财务独立。陈某向郭某借款的时间为2011年7月19日和2011年8月11日，正是陈某与伍某分居期间。陈某借款后并未将借款用于陈某与伍某的夫妻共同生活，不是陈某与伍某的夫妻共同债务，而是陈某的个人债务，应由其自行承担偿还责任。

3. 陈某与伍某分居后，与其女朋友（第二任妻子）同居，并设立公司进行贷款业务，其所借借款均用于该公司的运营及与其同居女友的共同生活，并无一分钱用于与伍某的生活，所借借款均是陈某的个人债务，应由陈某自己承担偿还责任。

综上所述，由于伍某对陈某借款事宜毫不知情，没有与陈某共同借款的意思表示，陈某借款后也没有将借款用于与伍某的夫妻共同生活，而是将借款用于陈某与同居女友设立的财务公司及共同生活，该借款应属于陈某的个人债务，应由陈某以其个人财产清偿。

第四章

扶养纠纷

患难与共不仅仅是誓言，也是法定义务

——妻子诉丈夫支付扶养费纠纷

孙槐玉*

一、案情介绍

贺某（女，原告）与敖某（男，被告）于1971年8月结婚，双方婚后育有三个子女。儿子为残疾人，离婚后靠低保生活，有一未成年儿子需要抚养；大女儿成年后自杀身亡；小女儿成家另住，孩子年幼，经济条件一般。敖某原为广州某运输公司（国有企业）的员工，2000年4月退休后的退休待遇每月为5500多元；贺某退休后每月领取居民养老保险金800多元。

2006年年初，敖某将自己的户口迁离与贺某共同居住的住址。2010年5月，敖某在外租房与贺某分居。2010年3月之前，敖某还偶尔给贺某几百元生活费用于家庭开支或主动买些生活用品回家。从2010年3月开始，敖某再也不给贺某生活费，贺某每月靠800多元的居民养老保险金维持生活，支付煤气、水电及一切家庭开支，生活十分困难。贺某无奈之下只好承包了一间简易自行车棚，每月收入3000元左右，贺某平时除了养活自己之外，还要兼顾儿子与孙子，因儿子是残疾人，没有劳动能力，孙子又读初中，花费较大，儿子每月领取的低保费用根本无法支撑两父子的生活，贺某心疼儿子及孙子，便将辛苦赚来的自行车保管费全部补贴了儿子的生活开支与孙子的读书费用。但贺某毕竟已年近70岁，一人长时间看管自行车力不从心，勉强支撑了两年后不得不放弃。贺某多次向敖某提出要求给予生活费，敖某均不予理睬，贺某只好将敖某起诉至法院，要求敖某每月支付扶养费2000元。贺某向法院提供了其领取居民养老保险金的存折、敖某领取退休金的农行存折等证

* 孙槐玉，广东高义律师事务所律师。

据佐证。

敖某辩称其与贺某已分居，且其给了贺某 5 万元购买医疗保险，小女儿买房也是他给了 5 万元，同时自己也有病需要钱治疗，不同意每月付 2000 元扶养费给贺某，即使要付，也只愿意每月付 1500 元。

二、裁判摘要

法院最终判决敖某每月支付贺某 1800 元扶养费。

三、裁判理由

法院审理后查明：原、被告系结婚多年的夫妻，夫妻之间有相互扶助的义务。贺某已退休，丧失劳动能力，现收入只有 800 多元养老保险金，生活存在一定困难，相对而言敖某退休后退休待遇较高，故酌情确认敖某每月支付贺某 1800 元扶养费。

四、案件评析

本案是典型的因夫妻一方不履行扶养义务而引起的纠纷，夫妻之间的扶养义务在《中华人民共和国婚姻法》第 20 条中有明确规定："夫妻有互相扶养的义务。一方不履行扶养义务时，需要扶养的一方，有要求对方付给扶养费的权利。"本条所称的扶养义务，主要是指婚姻关系存续期间夫妻之间在生活中相互扶助和供养的法律责任，既包括生活上的照顾，也包含经济上的供养。

就本案而言，涉及三个方面的法律问题：

1. 敖某与贺某已分居，分居期间是否对贺某有扶养的义务？

2. 扶养费的支付标准？

3. 在女儿应该赡养贺某的情况下，敖某是否可以免除对贺某的扶养义务？

（一）关于夫妻分居期间是否有扶养义务的问题

从法律责任构成要件分析，夫妻之间的扶养义务需具备以下要件：1. 基于夫妻双方婚姻的效力而产生，即应以存在合法有效的婚姻为前提。如果是男女同居关系，即使双方生育有子女及有稳定的同居生活，因双方不具备合法的婚姻关系，不具备夫妻身份，也就不存在夫妻之间的扶养义务。2. 夫妻一方确实需要另一方扶养，具体表现为夫妻一方患病、丧失劳动能力、缺乏生活来源、年老体弱需要照顾等。3. 一方需要具有相应的经济能力、经济条件、照顾另一方生活起居的能力等。

就本案而言，贺某与敖某是经登记结婚的合法夫妻，在夫妻关系存续期间，双方之间具有法律上的扶养义务。即使双方分居，在婚姻关系未解除的前提下，这种法定的义务也不能免除，敖某在庭审中以双方已分居为由主张不应支付贺某扶养费于法无据。

（二）关于扶养费的支付标准

《中华人民共和国婚姻法》第 20 条是对夫妻之间的扶养义务所作的原则性规定，但对扶养费的支付标准并无具体的规定。因此，法院处理具体案件时具有较大的自由裁量权。笔者认为，处理此类案件，既要考虑要求扶养一方的生活困难程度，也要兼顾对方的实际履行能力。具体来说，应从双方的经济来源、谋生能力、健康状况、居住所在地的生活水平、各自的生活负担（如夫妻双方赡养各自父母的支出）等方面考量，同时也要考虑夫妻共同财产状况。

本案的贺某与敖某均已退休，年龄相近，贺某的经济来源是养老保险金（每月 800 元），敖某的经济来源是退休金（每月 5500 元），双方均无其他经济收入，除了贺某居住的一间房屋外，无其他夫妻共同财产。双方均无大病，身体健康状况并无明显差别，且居住在同一座城市，生活水平相同，也无其他生活负担。由此对比，除了两人收入有巨大差距之外，其余条件基本相同。从夫妻共同财产的角度看，在婚姻关系存续期间，两人的收入均是夫妻共同财产，理应平均分配，贺某每月 800 元的收入与敖某每月 5500 元的收入如果平均分配，则每人应分配 3000 元左右，贺某主张敖某每月支付 2000 元的扶养费合情合理，敖某也有实际支付的能力。

（三）在子女应该赡养的情况下，夫妻一方是否可以免除对另一方的扶养义务

《中华人民共和国婚姻法》第 21 条第 1 款规定：“父母对子女有抚养教育的义务；子女对父母有赡养扶助的义务。”本条规定的子女赡养父母的义务与夫妻之间的扶养义务均属家庭成员之间应尽的扶助义务，但子女与父母之间因亲子关系形成的赡养关系与夫妻之间因婚姻关系形成的扶养关系是两个不同的法律关系。子女赡养父母是子女的义务，夫妻之间互相扶养是夫妻双方的义务，此义务非彼义务，不可相互替代。赡养义务和扶养义务没有法律适用上的先后性，也不因此义务的实现而免除彼义务的履行。

本案贺某与敖某的儿子与女儿对两人均有赡养义务，但儿子因残疾没有赡养父母的能力，女儿虽有赡养的能力，但贺某念及女儿经济条件一般，女儿的子女又年幼的情况下，不愿增加女儿的负担。即使贺某的女儿履行了赡养贺某的义务，也不能代替敖某对贺某的扶养义务。

由此可见，夫妻一方履行扶养义务与另一方接受扶养的权利是对等的，有扶养能力的一方必须自觉履行这一义务，特别是在对方生病、丧失劳动能力的情况下。如果一方拒不履行扶养义务，另一方有权要求对方给付扶养费。对于年老患病或没有独立生活能力的配偶，如拒不履行扶养义务，情节恶劣的，可依据《中华人民共和国刑法》的相关法律规定，依法追究夫妻一方遗弃的刑事责任。

患难与共不仅仅是结婚时的誓言，更是缔结婚姻关系之后夫妻之间法定的扶养义务。本案中贺某、敖某具有合法婚姻关系，在贺某丧失劳动能力、生活存在困难的情况下，具有高收入的敖某拒绝支付生活费，违背了夫妻之间相互扶助的法定义务；且敖某的收入属于夫妻共同财产，贺某也一样享有支配权，故无论是从夫妻之间相互扶助的法定义务，还是从夫妻共同财产的角度，本案贺某在生活困难时要求敖某支付扶养费既符合夫妻伦理道德，也符合《中华人民共和国婚姻法》相关规定。

夫妻扶养义务之案例评析

韩曼莉*

一、案情介绍

W小姐与Y先生通过朋友介绍认识，双方恋爱后不到半年即结婚。双方没有进行任何婚前检查，也没有向彼此透露家族史。两人婚后生活甜蜜，Y先生也对W小姐爱护有加。但好景不长，婚后第二年，W小姐因一场感冒，到医院检查身体时查出患有白血病。Y先生得知后，对W小姐的态度随之有了一百八十度的大转变。Y先生开始找借口出差、晚归，当W小姐因无法联系Y先生，致电Y先生母亲后，获得的竟然是一句冷语“谁叫你有病?”

自此，Y先生像人间蒸发一般，无法取得联系。W小姐无奈，因治疗疾病需要大量医药费，故委托律师代为向法院提起诉讼，要求Y先生依法履行夫妻扶养义务，承担相关扶养费用。

二、裁判摘要

人民法院经依法审理，认定Y先生应向W小姐承担扶养义务，并作出判决：一、Y先生向W小姐每月支付扶养费1000元用于治疗，直至W小姐治愈；其他略。(本案起诉时并未提起离婚诉求)

三、裁判理由

夫妻间有互相扶养的义务，一方不履行扶养义务时，需要扶养的一方有要求对

* 韩曼莉，广东正平天成律师事务所律师。

方给付扶养费的权利。根据《中华人民共和国婚姻法》第20条等相关规定，本案中的妻子可以要求丈夫在能力范围内承担其重病期间的医疗费、护理费、生活费等必要开支。现就夫妻扶养及相关权利进行分析。

四、案件评析

（一）夫妻互负扶养义务

夫妻间的扶养义务是法定的，凡逃避履行或故意不履行的，应承担法律的否定评价。本案的丈夫Y先生违反了《中华人民共和国婚姻法》中关于夫妻扶养义务的规定，妻子可以单独提起扶养费之诉，也可以在离婚案件中一并追偿。

1. 夫妻扶养义务的法律规定

《中华人民共和国婚姻法》第20条规定："夫妻有互相扶养的义务。一方不履行扶养义务时，需要扶养的一方，有要求对方付给扶养费的权利。"根据上述法律规定，夫妻负有相互扶养的义务，这是由婚姻效力而生的法定义务。

2. 夫妻扶养的内容及必要性

包括夫妻在经济上相互供养、生活上相互扶助和精神上相互尊重与慰藉。夫妻之间任一方出现患病、生活困难、丧失劳动能力或因其他原因导致需要扶养的，有扶养能力的另一方应当承担扶养的义务。特别是在女方因患病、怀孕导致无法工作、没有收入来源等情况下，男方更应不弃不离，尽心尽到照顾、扶养的义务。

本案中，双方当事人可能已分居，但在法律上仍具有夫妻关系，女方因患病导致收入降低乃至无收入的情况下，作为丈夫无论是从道义上还是从法律上，均应承担责任并履行相应的扶养义务。

3. 提起扶养之诉的注意事项

（1）诉前财产保全

扶养之诉可以单独提出，也可以在离婚诉讼中一并提出。为保障给付判决的执行，防止对方私自转移财产，笔者建议当事人向管辖法院提起诉前财产保全。若申请诉前财产保全的，《中华人民共和国民事诉讼法》第101条规定："利害关系人因情况紧急，不立即申请保全将会使其合法权益受到难以弥补的损害的，可以在提起诉讼或者申请仲裁前向被保全财产所在地、被申请人住所地或者对案件有管辖权的人民法院申请采取保全措施。申请人应当提供担保，不提供担保的，裁定驳回申请。人民法院接受申请后，必须在四十八小时内作出裁定；裁定采取保全措施的，应当立即开始执行。申请人在人民法院采取保全措施后三十日内不依法提起诉讼或者申请仲裁的，人民法院应当解除保全。”还要注意必须于30日内提起民事诉讼。而且提起诉前保全，还要有能证明情况紧急等的必要证据。

本案中，妻子可以在提起诉讼的同时，申请法院对夫妻共同财产或丈夫个人财产中用于扶养的部分进行查封、冻结。

（2）先予执行申请

根据婚姻相关法律规定，凡涉及子女抚养费、赡养费、夫妻扶养费用的纠纷，当事人可根据需要，直接向管辖法院对该给付之诉申请先予执行。

本案中，妻子患重病，急需手术治疗费，若符合前述情况，可以直接向管辖法院提起扶养费给付之诉，并同时申请先予执行。

（3）证据保存

扶养费的标的一般都是现实已产生且未履行支付的费用。司法案例中，对于当事人已产生且已支付的部分，法院一般不予支持。因此，笔者提醒大家，在日常生活中，当事人应注意保存好相关费用单据，在需要对第三方履行付款行为前，应先向有扶养义务的配偶方书面提出给付扶养费的意思表示或提起相应的诉讼请求。

（二）分割夫妻共同财产的原则

夫妻共同财产的分割，应以照顾女方为原则。

《中华人民共和国婚姻法》第39条第1款规定：“离婚时，夫妻的共同财产由双方协议处理；协议不成时，由人民法院根据财产的具体情况，照顾子女和女方权益的原则判决。”《最高人民法院关于人民法院审理离婚案件处理财产分割问题的若干具体意见》第13条规定：“对不宜分割使用的夫妻共有的房屋，应根据双方住房情况和照顾抚养子女方或无过错方等原则分给一方所有。分得房屋的一方对另一方应给予相当于该房屋一半价值的补偿。在双方条件等同的情况下，应照顾女方。”另，根据《广东省实施〈中华人民共和国妇女权益保障法〉规定》（现已失效），夫妻因男方过错而离婚的，对子女抚养和住房、财产分割等问题的处理，应当照顾女方的合理要求，给女方造成损失的，男方应当予以补偿。

从上述规定可知，在一般的离婚案件中，分割财产时应以照顾女方、无过错方为原则。本案中，若男方提起诉讼离婚，女方可以以患重病、男方不履行夫妻扶养义务存在过错等事实和理由要求多分夫妻共同财产。

综上，本案中的丈夫应依法履行夫妻义务，对患重病的妻子给予物质上及精神上的帮扶。否则，妻子可以依法拿起法律武器，维护自己正当的合法权益。

（三）律师提示

1. 婚前充分了解，减少草率结离

恋爱是婚姻的基础，了解是婚姻的基石。本案中，男女双方是恋爱不到半年结的婚，感情基础不深，婚前了解可能存在相对不足。彼此认识不深，婚后感情还没有完全建立起来，缺乏共同进退、相互依存的观念是男方选择逃避、不履行夫妻扶养义务的根本原因。

2. 婚姻是门艺术，需要长期经营

柴米油盐酱醋茶，物质与精神的结合，才是真实的婚姻。婚姻经营需要爱、需要情、需要有情怀，这种情怀叫作“宁静致远”。

3. 婚前财产协定，规避部分风险

对于婚前财产较多，彼此了解及信任度相对较弱的男女，可以进行婚前财产协定。婚前财产协定，最好公证或律师见证。

4. 婚后矛盾升级，善用法律武器

我国《最高人民法院关于适用〈中华人民共和国婚姻法〉若干问题的解释（三）》第4条规定：“婚姻关系存续期间，夫妻一方请求分割共同财产的，人民法院不予支持，但有下列重大理由且不损害债权人利益的除外：（一）一方有隐藏、转移、变卖、毁损、挥霍夫妻共同财产或者伪造夫妻共同债务等严重损害夫妻共同财产利益行为的；（二）一方负有法定扶养义务的人患重大疾病需要医治，另一方不同意支付相关医疗费用的。”有上述情形的，当事人可以在不解除婚姻关系的情况下，单独分割夫妻共同财产。

第五章

同居关系析产纠纷

非婚同居财产分割纠纷案

张少星*

一、案情介绍

陈某与周某于2009年建立恋爱关系，2013年开始同居生活，同居期间双方对日常生活开支均有付出，对履行同居家庭义务均有贡献。在经济上双方存在较密切的往来，双方频繁使用支付宝相互转账且金额较大，同居期间周某掌握陈某的银行卡密码并且多次使用陈某的银行卡大额转账至由自己操作的基金证券账户中。2016年，双方开始谈婚论嫁并且商量共同购买婚房，双方作为共同的买受人与开发商签订了《广州市商品房买卖合同（预售）》后，又各自办理了住房公积金贷款，由于购房时双方感情尚好且无明确约定该房屋的出资比例、房屋份额等事项，尽管该房屋的首付款以及大部分房贷由周某负担，陈某仅出资部分购房款及与房屋相关的税费，但是周某一直未要求陈某承担一半的房屋贷款，2018年周某在明知各自出资份额相差较大的情况下仍选择将涉案房屋权属份额登记为共同共有。本案另一个不可忽视的情节是他们于2016年10月在老家和广州两地举行了婚礼并开始对外以夫妻名义共同生活，外界均认为他们是“夫妻”。举行完结婚仪式后双方并没有到民政局登记结婚，2018年底双方感情开始出现问题，吵架以及出轨问题愈演愈烈，双方的亲属还时常被牵扯进来，2018年底双方正式分手，陈某搬离涉案房屋。

2018年12月陈某以共有基础丧失为由，将周某诉至广州市某区人民法院，请求拍卖涉案房屋且拍卖所得款由陈某和周某各占二分之一。

二、裁判摘要

庭审过程中，法官一方面不否认双方对房屋的出资悬殊这一客观事实，另一方

---

* 张少星，广东金桥百信律师事务所律师。

面考虑到双方同居长达五年之久且购买房屋的目的是缔结婚姻关系，在同居期间对共同生活、家务劳动、照顾另一方工作生活均做出贡献，单纯按照出资情况来处理案涉房屋份额显然有失公平。为了平衡双方的利益，化解双方的矛盾，法官多次联系原被告双方及其代理人，经主审法官耐心地给两人分析利弊，反复解释、劝说和组织调解，最终双方均作出让步，同意涉案房屋权属归周某所有，周某向陈某支付补偿款35万元，该案以调解方式结案。

三、案件评析

（一）本案的争议焦点

本案的焦点在于陈某和周某对涉案房屋的占有份额应当如何确定。周某坚持其占有涉案房屋的大部分份额，陈某则主张双方应当各占有涉案房屋50%的份额。目前，审判实践中对于非婚同居房屋财产纠纷主要有两种观点。一种观点认为《不动产权证书》的记载具有法律约束力，权属证书已注明案涉房屋为原、被告两人共同共有，也可以理解为双方对于涉案房屋份额作出了约定，因此对涉案房屋的出资情况不影响双方各自占有房屋50%的份额。另一种观点则认为虽然《不动产权证书》登记为共同共有，但是出资较多一方对房屋的贡献较大，而且同居关系并不等同于婚姻关系，同居关系并不能引起人身关系的变更，进而无法像婚姻关系那样必然引起财产关系的变更，同居关系终止时双方是独立平等的民事主体，财产也应是独立的。

（二）审理非婚同居关系纠纷的法律

目前我国尚无专门规定处理非婚同居财产关系纠纷的法律，通过案例检索，人民法院审理非婚同居财产关系纠纷主要依据如下：

1. 我国最高人民法院发布的《关于人民法院审理未办结婚登记而以夫妻名义共同生活案件的若干意见》第10条规定：“解除非法同居关系时，同居生活期间双方共同所得的收入和购置的财产，按一般共有财产处理，同居生活前，一方自愿赠送给对方的财物可比照赠与关系处理；一方向另一方索取的财物，可参照最高人民法院（84）法办字第112号《关于贯彻执行民事政策法律若干问题的意见》第（18）条规定的精神处理。”该规定在逻辑上并不严谨。首先，根据意思自治原则，男女双方在解除同居关系时对同居生活期间所得财产达成一致意见的，应当尊重当事人的意愿，按当事人的意思进行处理，因此较为妥当的做法是在该条款后面加上：当事人另有约定的除外。其次，该规定中“一般共有”的用语会引发新的争议，《中华人民共和国物权法》仅规定了按份共有和共同共有两种共有方式，那么对“一般共有”既可以理解为共同共有也可以理解为按份共有，司法实践中不同法官对“一般共有”的理解不同，造成案件的审理更多是依靠法官对该法条的个人理解，容易导致出现同样的案件类型不同裁判的现象。

2. 我国《最高人民法院关适用〈中华人民共和国婚姻法〉若干问题的解释（一）》将符合一定条件的非婚同居确定为事实婚姻并受《中华人民共和国婚姻法》保护，解除事实婚姻适用解除一般婚姻关系的法律规定，其他不符合条件的非婚同居按同居关系的相关规定处理，遗憾的是对非婚同居期间的财产问题却只字未提。

3. 我国《最高人民法院关适用〈中华人民共和国婚姻法〉若干问题的解释（二）》第 1 条规定：“当事人起诉请求解除同居关系的，人民法院不予受理。但当事人请求解除的同居关系，属于婚姻法第三条、第三十二条、第四十六条规定的‘有配偶者与他人同居’的，人民法院应当受理并依法予以解除。当事人因同居期间财产分割或者子女抚养纠纷提起诉讼的，人民法院应当受理。”该规定仅仅明确了人民法院受理的范围，对解决同居关系财产纠纷没有作出具体规定。

4. 我国《最高人民法院关于贯彻执行〈中华人民共和国民法通则〉若干问题的意见（试行）》（以下简称《民通意见》）第 90 条规定：“在共同共有关系终止时，对共有财产的分割，有协议的，按协议处理；没有协议的，应当根据等分原则处理，并且考虑共有人对共有财产的贡献大小，适当照顾共有人生产、生活的实际需要等情况。但分割夫妻共有财产，应当根据婚姻法的有关规定处理。”有的法院在审理非婚同居关系财产纠纷案件时，根据共同生活期间获取、积累的劳动报酬、奖金、分红等财产，一方可不经另一方同意使用上述财产，认定男女双方同居期间财产混同，进而根据《民通意见》第 90 条的规定对双方争议的财产作出分割。

（三）司法实践中对非婚同居关系终止时财产分割问题的处理

通过对比、归纳大量的案例发现，非婚同居关系终止时，对于财产的分割，法官首先应查明双方之间是否存在财产分割的协议，虽然我国最高人民法院发布的《关于人民法院审理未办结婚登记而以夫妻名义共同生活案件的若干意见》第 10 条没有规定当事人约定优先，但是我国 1990 年《最高人民法院民事审判庭关于贯彻执行最高人民法院〈关于人民法院审理未办结婚登记而以夫妻名义同居生活案件的若干意见〉有关问题的电话答复》第 2 条规定：“关于处理非法同居案件中，双方对非婚生子女抚养和非法同居期间财产处理已达成协议，是分别制作判决书、调解书还是用判决形式一并处理的问题，我们认为：解除非法同居案件中的子女抚养和财产分割属于牵连之诉，应予一并处理。当事人对子女抚养和财产分割达成协议的，人民法院只需将当事人之间达成的协议直接写进判决书即可，无须分别制作判决书、调解书。”所以，如对财产分割有协议且为双方真实的意思表示不违反法律的强制性规定，法官往往按照财产协议进行审理和判决。在没有财产分割协议的前提下，法官对能证明非婚同居前以及同居期间属于一方的财产，原则上判归个人所有，在无法证明财产归属时，法官综合考虑双方在关系终止时的过错，再根据权属证书的记载以及其他书面证据，推定财产为双方共同共有，即大多数情况下法院倾向认为我国最高人民法院发布的《关于人民法院审理未办结婚登记而以夫妻名义共同生活案件的若干意见》第 10 条规定的“一般共有”就是共同共有。持相反观点的法院认为，根据“谁主张谁举证”的原则，在同居关系终止时未能提供证据证明曾经对同居期间获取、积累的财产作出约定或者同居期间双方的财产构成混同，提出主张的一方应承担举证不能的不利后果。

非婚同居现象体现了现代社会男女关系的多样性，但是这种同居生活必然会带来各种各样的问题，如果缺少相应的法律规范，只会造成越来越多的同案不同判的现象。因此，需要规范非婚同居的司法标准，以解决非婚同居带来的种种社会问题，促进人们增强法律意识，这样，人们在选择非婚同居这种生活方式时才会更加谨慎。

恋爱或同居期间购房，分手后房屋如何分割？

陈　红*

一、案情介绍

王某与罗某曾是情侣关系。2001年4月，王某和罗某与广州某房地产开发有限公司签订《某花园认购书》，以286756元认购某花园305房。同日，现金支付10000元定金；2001年5月，再现金支付首期款756元。2001年6月，王某和罗某与中国民生银行广州分行签订《楼宇按揭（抵押）贷款合同》，向中国民生银行广州分行贷款276000元用于购买上述房屋，贷款期限为三十年。开发商于2001年7月1日出具了上述房屋的房款发票，金额为286756元，客户名称为王某与罗某。

2001年8月王某与罗某分手。2003年5月22日，房管部门核发上述房屋的《房地产权证》，房屋共有人为王某与罗某。双方未对各自占有讼争房屋的份额进行约定。王某与罗某分手后不再来往，罗某后与其他人结婚。罗某主张所有购房款都是其支付的，包括购房定金、首期款及银行按揭贷款等，其是房屋的实际出资人；王某对此不认可，认为购房定金、首期款是双方共同支付的，但确认每月银行贷款一直由罗某偿还。

王某于2019年2月到法院起诉，要求：确认其占有上述房屋50%的所有权份额；罗某协同其办理上述房屋的产权过户手续和房地产登记手续。

二、裁判摘要

一审法院认为，根据房管部门核发的讼争房屋的《房地产权证》，广州市某花园305房的房地产共有人为王某与罗某。《中华人民共和国物权法》第103条规定：

---

* 陈红，广东岭南律师事务所律师。

“共有人对共有的不动产或者动产没有约定为按份共有或者共同共有，或者约定不明确的，除共有人具有家庭关系等外，视为按份共有。”① 第104条规定：“按份共有人对共有的不动产或者动产享有的份额，没有约定者约定不明确的，按照出资额确定；不能确定出资额的，视为等额享有。”② 王某与罗某没有约定对房屋的共有方式，双方也并不具有家庭关系，应当视为双方对涉案房屋为按份共有；王某与罗某也未对各自占有讼争房屋的份额进行约定，定金及首期房款根据现有证据是由王某与罗某共同支付，余下房款由王某与罗某共同向银行贷款，房款发票的客户名称也记载为王某与罗某。故应认定王某与罗某对讼争房屋的出资额比例为50%。据此，判决：广州市某花园305房由王某占有50%的所有权份额；罗某于本判决生效之日起十日内，协同王某办理上述房屋的产权过户手续和房地产登记手续。

三、案件评析

（一）恋爱或同居期间购房，分手后对于房屋的处理方式

随着社会经济的发展，因恋爱或同居关系产生房屋共有的情况比较多见。恋爱双方以结婚为目的共同购置房屋，后因各种原因分手而未能结婚，如何分割共有的房屋成为双方争执的焦点。在司法实践中，对登记在双方名下共同共有的房产，如双方出资情况与登记不一致应如何分割，存在不少争议。主要涉及两个问题：一是如何确定双方的产权份额；二是房屋产权归谁，由谁给谁补偿。

对如何确定双方的产权份额的问题，如双方约定了产权份额，或者在房屋产权登记时明确了各自产权份额，则按照双方约定或者登记的份额处理。对于双方没有约定，但在房屋产权登记时，登记为共同共有的，实践中，法院主要有以下两种处理方法：

1. 按双方实际出资情况确定产权份额

按双方实际出资情况确定产权份额的，如：（2010）赤民一初字第180号案、（2011）湛中法民一终字第199号案、（2018）渝0113民初12610号案。

在（2011）湛中法民一终字第199号案中，湛江市中级人民法院认为：关于共有财产的处理原则及分割，争议的房产在产权证中对双方的所有权性质已明确登记

---

① 《中华人民共和国民法典》第308条：“共有人对共有的不动产或者动产没有约定为按份共有或者共同共有，或者约定不明确的，除共有人具有家庭关系等外，视为按份共有。”

② 《中华人民共和国民法典》第309条：“按份共有人对共有的不动产或者动产享有的份额，没有约定或者约定不明确的，按照出资额确定；不能确定出资额的，视为等额享有。”

为共同共有，因此对争议共有财产应按分割共同共有原则处理。根据我国《最高人民法院关于贯彻执行〈中华人民共和国民法通则〉若干问题的意见（试行)》第90条之规定，本案双方是基于同居恋爱关系共同购置房产，双方的基础共同关系具有一定特殊性，应予以考虑。虽然该房屋产权证中注明庞某为房屋共同共有权人，但双方对该房产证确定的权利归属本身有异议，且双方针对该房产的出资事实分别进行了举证证明，因此，不能仅凭房产证之共同共有性质证明双方享有等额权利。庞某主张对共有房产应按等份分割原则处理，只是基本符合法律精神，但不能简单地理解为各占50%进行分配，应从公平合理角度出发，考虑共有人对共有财产的投资多少即实际出资情况酌情分配。至于庞某提出解除同居关系分割财产应参照夫妻共同财产进行分割的问题，因双方不是合法的夫妻关系，也没有形成事实上的夫妻关系，因此庞某主张按夫妻共同财产进行分割理据不足。综合考虑双方对讼争房屋的投资情况、实际需要等，可酌情确定庞某分得讼争房屋权利的30%，卢某分得讼争房屋权利的70%。从双方对房屋的实际权利份额及房屋的实际使用情况考虑，原审法院将争议的房屋判归卢某所有，由卢某支付折价款给庞某的处理原则并无不当。

在（2018）渝0113民初12610号案中，重庆市巴南区人民法院认为：双方共同购买了诉争房屋，但并未约定对诉争房屋的共有方式，应当视为按份共有，共有比例应当按照各自付款比例确定。

2. 按照共同共有均等分割

按照共同共有均等分割的，如：(2011）穗番法民三初字第1055号案、(2013）穗中法民五终字第2505号案。

在（2011）穗番法民三初字第1055号案中，广州市番禺区法院认为：许某与邱某某双方对财产的出资责任、所有权比例等并无明确约定，均是基于共同取得、共同占有和使用的目的。这一点可在双方于2009年2月5日与发展商签订的《商品房买卖合同》及其附件双方联名签署合同，以及其后在房管部门办理预登记以及出证中均已登记双方占有份额性质为共同共有等方面予以证实。因此，结合本案中双方出资份额不对等的情况，应当视为双方在出资购买房产时出资多的一方存在向出资少的一方施与赠与的事实，而且，该房屋在办理不动产登记后，该赠与行为已生效，即双方共同共有财产的效力既符合双方原始共识也于法律上给予确认。并且，依据物权法中规定的不动产物权以登记为准的原则，双方对该房屋共同共有的性质是确定的。许某以其名下账户出资金额多于邱某某实际出资金额为由，要求更改已在房地产管理部门登记确定的共同共有为按份共有，并要求以出资金额比例分配该共有财产，违背了双方购房过程的真实意思表示及事实，也违反法律对已完成的不动产登记效力的规定，法院对此请求不予支持。因此，对双方争议房屋的所有权认定为双方共同共有，在析产处理上应当认定为各方占有50%的权益。

二审法院广州市中级人民法院认为：《中华人民共和国物权法》第17条规定："不动产权属证书是权利人享有该不动产物权的证明。不动产权属证书记载的事项，应当与不动产登记簿一致；记载不一致的，除有证据证明不动产登记簿确有错误外，以不动产登记簿为准。"[①] 涉案房屋的权属人登记为许某、邱某某，故涉案房屋产权应归许某、邱某某共有。双方于2009年2月5日与发展商签订《商品房买卖合同》及其附件双方联名签署合同，其后在房管部门办理预登记及出证中均登记双方未对各自占有份额性质作出约定。因此，双方在恋爱期间购买涉案房屋并登记在两人名下，具有共同出资购房的共同拥有的意思表示。双方对财产的出资责任、所有权比例等并无明确约定，均是基于共同取得、共同占有和使用的目的，属于共同共有。原审法院结合本案具体案情及双方之间的特殊关系，认定双方对涉案房屋产权各占50%，并无不妥，本院予以维持，故驳回上诉，维持原判。

（二）笔者关于本案的思考

根据我国《最高人民法院关于贯彻执行〈中华人民共和国民法通则〉若干问题的意见（试行）》第90条规定，明确了共同共有财产处理的一般等分处理原则，但也表明需考虑共有人对共有财产的贡献大小、适当照顾共有人生产、生活的实际需要等情况。均等分配只是分割共同共有财产的一个原则性要求，贡献大小是考量分配的另一个必不可少的重要因素，而共有财产的贡献大小，主要是指共有人的出资份额。均等分配与出资额都是共同共有财产分割时须考虑的情况。这主要是出于公平原则的考虑，公平原则是民法的最高原则，在与其他民法原则的关系上，公平原则对其他民法原则起着重要的指导和统率作用。

在本案中，罗某虽主张所有购房款包括定金、首期款以及后期银行按揭贷款均由其支付，但原告王某对此不认可，认为定金和首期款是双方共同支付的，房屋买卖合同和抵押贷款合同是双方共同签订的，只确认银行按揭贷款是罗某支付的。显然，从本案证据看：罗某的出资明显比王某多，王某依约应承担按揭款的一半，但其从未支付过，18年来每月按揭款均由罗某用其和妻子的夫妻共同财产偿还。一审法院单纯地从共同共有平等分割原则确定产权份额，确认双方各占50%的产权份

---

① 《中华人民共和国民法典》第217条："不动产权属证书是权利人享有该不动产物权的证明，不动产权属证书记载的事项，应当与不动产登记簿一致；记载不一致的，除有证据证明不动产登记簿确有错误外，以不动产登记簿为准。"

额，不仅会在处理结果上导致对出资多的罗某不公平，而且会引发诉累，罗某的妻子显然不会同意丈夫将每月按揭贷款的一半赠与已毫无关系的王某，罗某和妻子定会提起诉讼追讨已支付的按揭款。因此，恋爱或同居期间购买房屋后分手，对已登记为按份共有的房产，在分割时应当考虑共有人的实际出资情况。

恋爱期间购房分割裁判规则

李　平*

一、案情介绍

2008年3月，王某与秦某建立恋爱关系，经过一段时间交往，打算结婚，于是决定共同购置房屋。2009年12月，王某、秦某共同购置一套位于广州市番禺区某街道某大厦301房。该涉讼房屋建筑面积为105.8平方米，交易价格为797000元。二人共同按揭贷款56万元。2010年1月，涉讼房屋产权登记为王某、秦某共同共有。购房不久双方发生矛盾，2010年2月，两人正式分手。

王某主张涉讼房屋的定金、首付款共237000元全部由自己支付。秦某主张自己曾支付定金5000元。法院酌情认定秦某支付定金2500元，剩余费用由王某支付。房屋购买时双方对于各自所占份额未作约定；房屋购买后一直由王某使用至今，秦某未使用过该房屋。房屋的银行抵押贷款每月由王某供款，王某已于2018年3月清偿银行贷款。贷款期间其共偿还借款本息761338.28元。

因双方当事人均主张房屋产权，一审法院组织双方进行竞价，王某最高出价290万元，秦某最高出价285万元。

二、裁判摘要

本案一审法院广州市某区人民法院作出民事判决：一、位于广州市某区某街道某大厦301房的全部产权归被告王某所有。二、被告王某应于本判决发生法律效力之日起10日内向原告秦某支付折价补偿款953330.86元。

我国《最高人民法院关于贯彻执行〈中华人民共和国民法通则〉若干问题的

---

* 李平，广东容林律师事务所律师。

意见（试行）》第90条规定：“在共同共有关系终止时，对共有财产的分割，有协议的，按协议处理；没有协议的，应当根据等分原则处理，并且考虑共有人对共有财产的贡献大小，适当照顾共有人生产、生活的实际需要等情况。但分割夫妻共有财产，应当根据婚姻法的有关规定处理。”由于双方当事人均确认对于涉讼房屋份额并无约定，而双方对于涉讼房屋的出资情况属于债权范畴，对于房屋物权的份额并无影响，故涉讼房屋应当按照等分原则进行分割，由秦某与王某各占50%份额。至于王某主张涉讼房屋是类似“彩礼”性质，在双方当事人未办理结婚登记的情况下应向王某返还的抗辩意见，因秦某不确认该房屋是“彩礼”性质，王某对此未举证证明，一审法院对该抗辩意见不予采信。

在本案诉讼中，经一审法院主持竞价，王某对涉讼房屋出价290万元，高于秦某的最高出价，根据价高者得的竞价原则，一审法院确认涉讼房屋产权由王某取得，根据双方对涉讼房屋产权享有的份额比例，王某应向秦某补偿145万元（290万元×50%）。因双方均同意在本案中一并处理已出资部分的补偿问题，一审法院在计算折价补偿时予以一并处理。对于已出资部分，秦某应当向王某补偿496669.14元［（237000元+761338.28元）÷2－2500元］。综上，王某应当向秦某支付涉讼房屋折价补偿款953330.86元（145万元－496669.14元）。

一审判决后，王某不服提起上诉，二审维持原判。

三、案件评析

（一）恋爱期间购房，男方出全资或者绝大部分资金，房屋产权登记为双方共同共有，是否具有彩礼性质

彩礼，是指男女双方在婚约期间或结婚之前男方本人或男方家庭给予女方本人或女方家庭的一定数额的货币或实物。彩礼作为婚约财产的一种，其给付具有很强的目的性，即缔结婚姻；其给付对象有很强的指向性，即女方或女方家庭。

我国《最高人民法院关于适用〈中华人民共和国婚姻法〉若干问题的解释（二）》第10条规定：“当事人请求返还按照习俗给付的彩礼的，如果查明属于以下情形，人民法院应当予以支持：（一）双方未办理结婚登记手续的；（二）双方办理结婚登记手续但确未共同生活的；（三）婚前给付并导致给付人生活困难的。适用前款第（二）、（三）项的规定，应当以双方离婚为条件。”

如果本案中王某支付全部或者绝大部分购房款，同时将房屋登记为双方共同共有的情形可以认定为具有彩礼性质，则在王某与秦某没有结婚的情形下，王某可以要求秦某返还彩礼，即要求对方返还超出其出资比例的涉案房屋产权。

在本案中，王某并未举证双方以结婚为前提购买涉案房屋，也未举证双方曾将房屋产权约定为彩礼，同时也未举证当地有将房屋产权作为彩礼的习俗。从王某和秦某共同购买涉案房屋、共同签署购房合同和按揭合同，并且将涉案房屋的产权登记为共同共有，而双方对房产的出资责任、所有权比例等并无明确约定的情况来看，双方具有共同出资购房且共同拥有涉案房屋的意思表示，而非王某将涉案房屋赠与秦某或者秦某家庭。

因此，本案中房产登记为共同共有的情形不符合彩礼的属性，法院对王某的该项主张不予认定是正确的。

（二）恋爱期间购房，登记为双方共同共有，如何进行分割

根据我国物权法的相关规定，共有包括按份共有和共同共有。按份共有人对共有的不动产或者动产按照其份额享有所有权。共同共有人对共有的不动产或者动产共同享有所有权。由以上概念可见，如果房屋登记为按份共有，分割时按照登记的各自份额进行分割即可。但如果房屋登记为共同共有，由于该种情况属于共有人不分份额地享有所有权，如果进行分割相对比较复杂。

我国《最高人民法院关于贯彻执行〈中华人民共和国民法通则〉若干问题的意见（试行）》第90条是处理恋爱期间共同共有财产分割的法律依据。根据该条规定："在共同共有关系终止时，对共有财产的分割，有协议的，按协议处理；没有协议的，应当根据等分原则处理，并且考虑共有人对共有财产的贡献大小，适当照顾共有人生产、生活的实际需要等情况。但分割夫妻共有财产，应当根据婚姻法的有关规定处理。"

本案中，王某与秦某对涉案房屋的分割没有达成协议，按照上述规定，应当按照等分原则处理，并且要考虑共有人对共有财产的贡献大小，适当照顾共有人生产、生活的实际需要等情况。

"按照等分原则处理"比较好理解和适用，但是，对于"考虑共有人对共有财产的贡献大小，适当照顾共有人生产、生活的实际需要等情况"应当如何理解与适用呢？

笔者以"恋爱、购房、共同共有、分割"为条件搜索了与本案类似案件的裁判情况，发现大部分案件均只按照等分原则进行了分割，并未"考虑共有人对共有财产的贡献大小"，而对"照顾共有人生产、生活的实际需要等情况"这一规定参考因素更没有具体反映。只有小部分案件，特别是上海地区的部分案件，会参考共有人的出资情况对另一方进行补偿。例如：

1. 上海市第二中级人民法院（2018）沪 02 民终 713 号民事判决书

涉案房屋经评估市场价值为 558 万元。结合双方在庭审中的意见变化，综合考虑购房资金的出资及还贷情况、双方所做贡献大小、目前的住房情况，法院认为系争房屋归叶某所有为宜。从房款认定出资比例来考虑，沈某出资 108 万元，占总房价款 278 万元的 38.8%；从购房总成本（包括固定装修）来考虑，沈某出资占比约 40%。综上，法院结合本案实际，及双方分割意见，综合考虑双方的共有情况、出资情况、贡献大小、房屋评估市场价等因素，酌情确定由叶某支付沈某房屋折价款 220 万元。

2. 上海市第一中级人民法（2011）沪一中民二（民）终字第 3109 号民事判决书

原审法院认为，系争房屋登记为崔某、罗某共同共有，双方理应依照对于不动产的贡献分割系争房屋。就出资而言，崔某持有出售人朱某的收条两份，且其中一份收条明确付款人为崔某。从证据的高度盖然性来看，可以认为首付款及定金均系崔某支付。而首付款之外的银行按揭贷款亦由崔某向银行申请获得。故可以认为崔某支付系争房屋的全部房款。罗某抗辩其向崔某银行账户支付了 65000 元的主张，因没有提供相应的事实依据，法院不予采纳。结合崔某、罗某双方对于系争房屋之贡献及已经登记为共同共有之事实，及经司法评估确认的房屋市场价值 1476000 元，原审法院认为，析产后房屋产权应判归崔某为宜。但崔某应对罗某所享有的产权份额补偿折价款 295200 元。二审法院认为，原审法院根据该房屋的登记情况、双方关于出资方面的举证程度以及司法审价的结果，判决房屋归崔某所有，由崔某支付罗某房价 20% 的折价补偿款，并无不妥之处。

本案中，法院认为王某和秦某双方对于涉讼房屋的出资情况属于债权范畴，对于房屋物权的份额并无影响。因此，本案判决按照等分原则对涉案房屋进行分割。虽然本案的判决结果与目前该类纠纷大部分法院的裁判观点一致，但笔者认为，考虑到本案中双方当事人从恋爱到购房再到分手仅仅一年多时间的实际情况，在涉案房屋购房款大部分由王某出资的情况下，还是建议法院考虑双方的出资情况酌定各自份额更为恰当。

第四篇

继承纠纷

第一章

法定继承

法院能否判决拍卖未超三分之二所有权份额人同意处分的房产？

苏慧仪*

一、案情介绍

李先生的父亲生前有多段风流债，在与李先生母亲婚姻关系存续期间，瞒着李先生的母亲，私自和情人杨某共同出资购买了涉案物业，各占该物业二分之一产权。不久李先生的父亲与其母亲离婚，李先生跟随父亲生活在涉案房产内。后李先生父亲与情人杨某分手，娶冯某为妻，婚姻关系一直维持至身故。2016 年李先生的父亲身故，情人杨某起诉至法院要求拍卖涉案房产，分割所属份额对应权益，同时要求李先生和冯某支付多年占用该涉案房产的使用费。

对于拍卖涉案房屋，分割各自所属份额问题，由于李先生父亲生前没有法律意识，一直未对涉案房产立下遗嘱以免继承人日后纠纷，而本案启动后李先生父亲的继承人由于意见分歧较大，一直未办理继承手续。李先生想继续居住在涉案房产中，不想涉案房产被卖掉，而李先生的继母冯某由于与李先生父亲是二婚，感情不深，因而想尽快卖掉房产获利，李先生的奶奶胡某觉得左右为难，让李先生和继母冯某统一意见后再找她，她随最终意见。尽管原告杨某及被告冯某很想把房产卖掉，但经办法官认为由于该案房屋产权不清晰，需要办理继承确认产权份额后才能处理，限期各方先协商办理涉案房产继承手续，再行判决。

而李先生在准备办理继承的过程中发现，涉案房产是其父在与母亲婚姻关系存续期间购置的，遂告知其生母关某，关某为了让自己儿子最大限度获得产权份额，故向李先生、冯某和胡某提起离婚后财产分割诉讼，让正在审理的共有物分割纠纷

* 苏慧仪，广东知章律师事务所律师。

一案更加复杂。

二、裁判摘要

本案经办法官意见前后不一，在产权如此不清、继承人没有办理继承、关某确权案未判决的情况下，将李先生母亲关某追加进来作为第三人；在获悉关某不同意卖掉房子的情况下，判决原告杨某以交吉价拍卖或变卖涉案物业，所得款项由原告杨某占50%，登记在李先生父亲名下的产权份额由李先生父亲的继承人和房屋权利人按照各自所占房屋产权份额分配。另对于原告杨某主张的房屋使用费问题，李先生认为房子是自己的，不应支付使用费；被告冯某认为早已搬离涉案房产，虽屋内还有少量个人物品，由于没有居住所以不存在房屋使用费，本案在多次庭审沟通中，杨某为避免矛盾进一步激化更难处理涉案房产问题，故将此项诉求撤回。

三、案件评析

本案法院的判决是否恰当？笔者认为本案这种处理有待商榷。《中华人民共和国物权法》第97条规定："处分共有的不动产或者动产以及对共有的不动产或者动产作重大修缮的，应当经占份额三分之二以上的按份共有人或者全体共同共有人同意，但共有人之间另有约定的除外。"① 本案中，按照可预计的产权份额分配如下，杨某占50%，冯某占8.33%，两者合计接近60%，没有超涉案房产产权三分之二产权份额。而李先生的生母按理应占涉案房产四分之一的产权份额，李先生占8.33%，胡某占8.33%，三人共占份额超过41%，而李先生及其生母反对拍卖处理房产，胡某又一直缺席不表态，也就是说本案不可能有超过三分之二产权份额的人同意处分共有物。而各共有人之间也没有对共有物的处分另有约定，因此该案不宜强行处分。

本案因李先生等人未办继承手续，李先生生母关某的份额有待确认，涉案房产产权人很不清晰，应先待继承手续办妥及关某离婚后财产分割案判处后再行处理，判决拍卖有可能越权侵犯共有权人的处分权，应先判决驳回原告杨某要求拍卖涉案

---

① 《中华人民共和国民法典》第301条："处分共有的不动产或者动产以及对共有的不动产或者动产作重大修缮、变更性质或者用途的，应当经占份额三分之二以上的按份共有人或者全体共同共有人同意，但是共有人之间另有约定的除外。"

房产的诉求为宜。案件的判决真是难倒执行法官，也难倒原告杨某。即使杨某将本案申请执行，在产权人不清晰的情况下执行法官需要披露案件信息，有想认拍的人一看就不敢参与拍卖，即使有人参与了拍卖，在产权不清晰的情况下，执行法官也难以出具协执让拍卖所得者办理过户手续。因为协执是对应具体的人出具的，判项没有确认谁取得涉案房产多少份额，所有人都是待定状态，协执难以出具，法院拍卖走不通，该判项判而不能执行，原告杨某的诉求相当于未获支持。

该案若不能拍卖处理，原告杨某能否主张实物分割呢？《中华人民共和国物权法》第100条规定："共有人可以协商确定分割方式。达不成协议，共有的不动产或者动产可以分割并且不会因分割减损价值的，应当对实物予以分割；难以分割或者因分割会减损价值的，应当对折价或者拍卖、变卖取得的价款予以分割。共有人分割所得的不动产或者动产有瑕疵的，其他共有人应当分担损失。"[①] 一般地，若各共有人无法达成一致拍卖意见，审理法官会建议实物分割，让各共有人给出实物分割意见，若各共有人不能达成实物分割意见的，审理法官一般也不会判决拍卖，而是会运用自由裁量权判定各方使用具体位置，若共有物确实难以分割的，则会判决使用人支付房屋使用费。

原告杨某能否向李先生和冯某主张房屋使用费呢？很多人不明白，房子自己也有份，为何居住在自己房子内还用支付使用费呢？这是因为虽然自己有份，但房子不全是自己的，自己占用了别人份额，对于多占用的部分是要支付使用费的。冯某主张已搬离涉案房屋，虽然屋内还有其物品，但没有居住在涉案房屋因而不用支付使用费的理由不成立。占用不仅指居住使用，自有物品占用也是占用，同样也是要支付使用费的，因此冯某的抗辩理由不成立。

案件判决之后，李先生等人应如何处理？由于李先生父亲的份额有待确认，尽管李先生父亲的继承人们可办理继承手续，为免继承人们办妥继承手续后配合原告杨某损害李先生权益，笔者建议先行处理关某的离婚后财产分割案，待关某的份额确认后，李先生父亲的继承人们再办理继承手续，这样尽管把房产卖掉了，也能最大限度地保障李先生的权益。

综上，随着中国国内房地产经济高速发展，生活中共有房产纠纷十分高发，共有物分割纠纷案件也越来越多。那么法院一般如何处理共有物分割纠纷案件呢？一

---

① 《中华人民共和国民法典》第304条："共有人可以协商确定分割方式。达不成协议，共有的不动产或者动产可以分割且不会因分割减损价值的，应当对实物予以分割；难以分割或者因分割会减损价值的，应当对折价或者拍卖、变卖取得的价款予以分割。共有人分割所得的不动产或者动产有瑕疵的，其他共有人应当分担损失。"

般地，法院在共有房屋分割纠纷案件中有四种处理方法。第一种方式，让原、被告双方协商使用，并尊重双方分割使用意见；第二种方式，若原、被告双方协商后无法达成一致共有房屋的分割使用意见，建议一方向另一方支付对价，支付对价一方独占房屋所有权或使用权；第三种方式，若原、被告双方均不能支付对价，则建议原、被告双方将涉案房屋拍卖，双方分配拍卖后的价款；第四种方式，在以上三种方法都行不通的情况下，法官将运用法律赋予的自由裁量权裁判共有房屋分割方案，由获取房屋较大面积的一方向另一方补偿房屋价差。

涉及房屋的共有物分割纠纷案件通常是相当复杂的一系列法律问题，也是当下经济活动中比较常见的纠纷类型，这种类型的案件没有必然的共通性，因为每个房子的情况都不一样，有些还涉及房屋的继承问题，例如本案就是继承问题未解决，导致共有房屋分割问题错综复杂，法官需要根据房子的实际情况判断是否适宜分割。本案并不适宜判决所有共有人长期共同共有，因为杨某、冯某与李先生没有血缘关系，彼此关系早有芥蒂，几乎不可能共同生活在一起。因此，在处理涉及家庭关系所衍生的房产分割纠纷时，要及时处理好各种复杂的关系，早日通过谈判尽快促成各方和解才是上策，不然旷日持久的诉讼案件将更加撕裂脆弱的家庭关系，后续将可能给案件带来更多的困难。

养子女是否具备继承权？

李实忠*

一、案情介绍

王某是某市传统白酒酿造有限公司负责人，虽然公司的规模不大，但是其品牌认知度非常高，并且为了能独立经营拒绝上市。按照市场估价，王某公司包括无形资产在内的总资产最少1亿元。

王某公司属于半家族式公司，老板是王某，拥有公司99%的股权，其有妻子孙某和一名公开的情人刘某。妻子生有四个孩子，分别为孙一（化名）、孙二（化名）、孙三（化名）和孙四（化名），其中孙二为女儿，其余是儿子。情人刘某育有一女刘小（化名）。

2018年10月，王某在每周例行的登山活动中被毒蛇咬伤，虽有向导立刻简单处理伤势，并且呼叫了医院的救护车，但两天后54岁的王某还是在医院抢救无效去世。进入医院后，王某始终处于昏迷状态，临终前苏醒时间不到一分钟，没有交代遗嘱，就此离开人间。

王某家族长辈知道王某四年前应长辈要求拟定了遗嘱，但没想到的是，律师告知王某在死亡前一周，亲自到律师所取消了遗嘱，而且没有订立新遗嘱。由于确认没有留下遗嘱，就需要按照法律规定进行财产分配。

王某去世后，王某妻子孙某及其子女对财产进行分割，但排除了刘小继承财产的权利。此时情人刘某表示不公，起诉要求在财产分割过程中，加入其女儿刘小的分配权益。此案首先进行调解，但在调解过程中孙某坚决不同意给小三的孩子继承财产的权利，理由为刘小并非王某亲生，与王某没有血缘关系。

刘某认为，其女儿刘小虽然不是王某亲生，但是从小一起生活，符合王某养女

---

* 李实忠，广东海际明律师事务所律师。

身份，并一定程度上王某也认同这一层关系，因此刘小具备继承王某财产的条件。而孙某擅自分割财产的行为，损害了刘小的正当权益，考虑到现财产已经分割完毕，孙某应当赔偿刘小 200 万元。

二、裁判摘要

法庭宣判，原告刘某败诉，刘小无权继承王某遗产中的 200 万元。

三、裁判理由

审理过程中，刘某律师出示了一份证据，在死者王某的保险柜中，存储一份死者生前和当事人刘小的亲子鉴定报告，证明刘小并非死者王某的亲生子女。也就是说死者王某在生前已经知道刘小与其并非亲子关系。

经法庭查明，死者王某在生前与孙某的家庭关系并不和谐，并且曾经在其生病期间，妻子孙某以及孩子孙一、孙二、孙三、孙四都以各种理由推脱，并没有尽到应尽的陪护责任。相反，在病床前照顾王某起居的是没有血缘关系的刘小。并且死者王某生前不止一次在公开场合表明态度，要收养刘小，公开声称留给刘小至少 200 万元的遗产，但是双方并没有履行收养手续。刘某也没有和王某办理婚姻登记手续，这只是死者生前某一段时间的意思表示，并没有作出有效的法律行为。

四、案件评析

（一）本案的争议焦点

1. 本案中，未办理收养手续，是否可以承认刘小的养女身份，并继承财产？
2. 养子女是否拥有跟亲生子女一样的继承权？
3. 第三者刘某是否具有婚姻实质要件，是否拥有继承权？

（二）具体分析

本案中第一个争议问题，在王某生前没有办理收养刘小的手续，不能形成事实收养关系。首先我们要了解事实收养关系的认定应具备以下条件：1. 收养当事人双方均须符合法律规定的条件；2. 收养人与被收养人公开承认其养父母养子女关系，以父母子女相称，并为群众及有关组织所公认，双方相互间有扶养的事实；3. 养子女与生父母在事实上已终止了父母子女间的权利义务关系；4. 未曾办理收养公证或登记手续。对此，根据我国有关政策规定，亲友、群众公认，或有关组织证明确以养父母与养子女关系长期共同生活的，虽未办理合法手续，也应按收养关系对待。据此，凡符合前述条件的事实收养，国家承认其收养的效力，并予以法律保护。

在本案中，刘小没有终止与其生父母之间的权利义务关系，并且与其亲生母亲长期一起居住，且王某也不符合法律规定的收养条件：

1. 收养人无子女，即收养人不论是有配偶者，还是无配偶者，都必须无子女（包括亲生子女、养子女、有事实抚养关系的继子女）。这里所说的无子女，并非指不能生育者。如果有生育能力而不愿生育，要求收养子女的，只要具备相应条件，也可以收养子女；当然，如果子女均已死亡的，也可以收养。

2. 有抚养和教育被收养人的能力。这种能力主要是指收养人须是具有完全民事行为能力者，具备抚养被收养人的必要经济条件，具有良好的道德品质，能够从物质生活和教育诸方面为被收养人提供必要的条件。

3. 未患有在医学上认为不应当收养子女的疾病。由于此条为《中华人民共和国收养法》中刚刚修改的内容，哪些疾病不准收养子女，还有待于医疗卫生行政部门进一步作出明确的规定。司法实践中通常对有严重传染病或精神病的人禁止其收养子女。

4. 年满 30 周岁。这是取得收养人资格的最低法定年龄，不满 30 周岁的公民一般不得收养子女。若收养人为夫妻的，须夫妻双方均年满 30 周岁。

5. 有配偶者作为收养人，应由夫妻双方共同收养；收养人（包括共同收养的夫妻）一般收养一名子女。这是现行《中华人民共和国收养法》第 8 条第 1 款和第 10 条第 2 款所作的一般要求。

第二个争议问题，如果刘小是合法养子女，按照《中华人民共和国婚姻法》第 26 条第 1 款的规定，国家保护合法的收养关系。养父母和养子女间的权利和义务，适用本法对父母子女关系的有关规定。

《中华人民共和国继承法》第 10 条规定，第一顺序继承人是配偶、子女、父母。该条款还规定本法所说的子女，包括婚生子女、非婚生子女、养子女、有扶养关系的继子女；本法所说的父母，包括生父母、养父母、有扶养关系的继父母。

《中华人民共和国婚姻法》和《中华人民共和国继承法》的相关规定，明确了养子女与婚生子女享有平等的权利和义务。养子女对养父母生前的合法个人所有的财产，享有与养父母的婚生子女同样的权利，均属于第一顺序继承人。养祖父母与养孙子女的关系，应视为养父母的养子女关系，享有第一顺序继承人的权利。养子女与婚生子女、养子女与养子女之间，是兄弟姐妹关系，互为第二顺序继承人。

如果养子女对养父母尽了赡养义务，同时对生父母扶养较多，则可依《中华人民共和国继承法》第 10 条的规定继承养父母的合法个人财产，同时《中华人民共和国继承法》第 14 条还规定："对继承人以外的依靠被继承人扶养的缺乏劳动能力又没有生活来源的人，或者继承人以外的对被继承人扶养较多的人，可以分给他们适当的遗产。"

在本案中，关于遗产继承方面的法律法规比较明确，刘小所要争取的就是死者王某的养子女身份。如果这一层身份得到认可，那么其就具备了继承遗产的资格。所以本案的关键点就是，确认王某去世之前是否明白刘小的血缘关系。因为只有王某生前认可了刘小的非血缘情况，并认可其养女身份，才能有后续的发展。

而对刘小来说，陪护王某的行为已经发生，并得到王某认可，可以佐证王某生前得到刘小的悉心照顾，刘小作为除继承人以外对被继承人尽了扶养义务的人，可以适当分得遗产。虽说王某生前不止一次在公开场合宣布刘小具备其 200 万元的继承权利，但无书面遗嘱加以证明，也不符合口头遗嘱的立定条件。因此刘小不能以第一继承人的身份继承遗产，但可以以除继承人以外对被继承人尽了扶养义务的人，适当分得遗产，这样不会违背被继承人的意愿。

第三个争议问题，按照时间来讲，王某与刘某不符合 1994 年 2 月 1 日之前事实婚姻形成的条件，不可能形成事实婚姻，并且王某已有配偶，虽然感情不好，但并没有解除婚姻关系。所以，刘某无法作为第一顺序法定继承人继承遗产。

（三）相关知识拓展

所谓非婚生子女，从广义上讲，是指父母非婚姻关系所养育的子女，包括婚前、婚外性行为所生的子女和养子女，有抚养关系的继子女以及未经丈夫同意、事后丈夫又不予认可的人工授精所生的子女。

第一，非婚生女子的继承权，依法受法律保护。《中华人民共和国婚姻法》第 25 条第 1 款规定："非婚生子女享有与婚生子女同等的权利，任何人不得加以危害和歧视。"该规定把非婚生子女的地位视同婚生子女，也就是说，婚生子女享有的一切权利，非婚生子女同样享有，且不允许任何个人、组织、法人加以危害和歧视，由此而引起的侵权，由侵权人承担完全责任。

第二，养子女。《中华人民共和国婚姻法》第 26 条第 1 款规定："国家保护合法的收养关系，养父母和养子女间的权利和义务，适用本法对父母子女关系的有关规定。"该条规定是对合法成立的收养关系、因此而成立的养父母子女关系，与生父母子女关系完全等同，只有在养子女经合法手续解除关系后，这种地位才会丧失。任何个人、组织、法人都不得解除这种关系或剥夺其地位。

第三，继子女。《中华人民共和国婚姻法》第27条规定："继父母与继子女间，不得虐待或歧视。继父或继母和受其抚养教育的继子女间的权利和义务，适用本法对父母子女关系的有关规定。"该条规定明确了继父母子女之间的关系，适用对父母子女关系的规定，即继子女取得了与亲生子女同样的法律地位。

第四，关于"人工授精所生子女"的法律地位的确定。《最高人民法院关于夫妻离婚后，人工授精所生子女的法律地位如何确定的复函》明确了在夫妻关系存续期间，双方一致同意进行人工授精，所生子女应视为夫妻双方的婚生子女，父母子女之间权利义务关系适用《中华人民共和国婚姻法》的有关规定。

《中华人民共和国婚姻法》和《中华人民共和国继承法》都明确规定，非婚生子女与婚生子女一样，享有平等的继承权。如《中华人民共和国婚姻法》第24条第2款规定："父母和子女有相互继承遗产的权利"；第25条第1款规定："非婚生子女享有与婚生子女同等的权利，任何人不得加以危害和歧视。"

当然，保护非婚生子女的继承权，并不是提倡生育非婚生子女。但是，犯错误的是非婚生子女的父母，不是非婚生子女，非婚生子女不应当承担责任。因而保护他们与婚生子女一样享有同等的继承权，是公平合理的。非婚生子女要取得继承生父母遗产的权利，必须证明与生父母的身份关系。

综上所述，非婚生子女享有与婚生子女同等的权利，在继承问题上均属第一顺序继承人，其继承权是法定的，不可侵害。

涉港法定继承的准据法确认

丁亚民*

一、案情介绍

原告罗某、朱某甲、朱某乙、朱某丙、朱某丁、朱某戊及被告朱某己因被继承人朱某庚已去世多年，其遗下的原广州市番禺县A镇某村房屋（现广州市A区）仍然没有办理完成继承手续，导致房屋无法正常维修和使用，已产生矛盾多年。而该房屋产权不清晰，影响需缴的税费，且被继承人银行存款也一直无法处理，各继承人起诉至法院要求法院确权。

被继承人朱某庚于2006年4月9日在我国香港地区死亡，生前没有订立遗嘱。被继承人朱某庚的父亲和母亲均先于其死亡。其名下有位于广州市番禺县A镇某村的房屋和中国银行账户中的存款。被继承人朱某庚与罗某仅在1949年期间在香港地区按中国传统风俗习惯结婚，始终未办理婚姻登记，除与罗某有婚姻外，朱某庚未在任何地区与任何人依照任何风俗、宗教仪式或法律形式结婚或同居。两人除生育朱某甲、朱某乙、朱某丙、朱某丁、朱某戊和朱某己，没有其他婚生子女、非婚生子女、养子女、继子女。其中被告朱某己始终不配合办理继承公证，原告已采用各种方式通知被告，请求共同办理继承遗产手续，但均没有回音。遂原告向法院起诉，请求判令：1. 各继承人依法定继承方式继承朱某庚遗留下的位于广州市番禺县A镇某村的房屋中应继承的遗产份额权益；2. 各继承人依法定继承方式继承朱某庚名下的中国银行账户存款中应继承的遗产份额权益。

二、裁判摘要

广州A区人民法院作出民事判决：一、被继承人朱某庚名下位于广州市A区

* 丁亚民，广东连越律师事务所律师。

某村（原番禺县 A 镇某村）的房屋使用权由原告罗某、原告朱某甲、原告朱某乙、原告朱某丙、原告朱某丁、原告朱某戊和被告朱某己共同继承，原告罗某享有其中 4/7 的使用权份额，原告朱某甲、原告朱某乙、原告朱某丙、原告朱某丁、原告朱某戊和被告朱某己各享有 1/14 的使用权份额；二、被继承人朱某庚名下中国银行账户内的存款港币 36155.36 元以及利息由原告罗某一人继承，归原告罗某所有。

三、案件评析

（一）管辖权

本案原被告就管辖权争议了很久。原告朱某甲属加拿大国籍，其余当事人以及被继承人均为我国香港特别行政区居民，故本案为涉外、涉港法定继承纠纷案件。本案诉争的遗产包括位于广州市 A 区的房屋以及银行存款，《中华人民共和国民事诉讼法》第 33 条第 3 项规定，因继承遗产纠纷提起的诉讼，由被继承人死亡时住所地或者主要遗产所在地人民法院管辖，本案主要遗产位于 A 区，因此 A 区人民法院依法对本案行使管辖权。

（二）夫妻关系和夫妻财产关系的准据法

夫妻关系和夫妻财产关系的认定以及法定继承的准据法适用应区别对待。

本案诉争遗产系在罗某与朱某庚依风俗习惯摆酒席结婚后取得，罗某是否系被继承人朱某庚的合法配偶，以及是否得作为其配偶享有诉争遗产的相关权益，属于对罗某与被继承人朱某庚的夫妻关系以及夫妻财产关系的认定。《中华人民共和国涉外民事关系法律适用法》第 23 条规定：“夫妻人身关系，适用共同经常居所地法律；没有共同经常居所地的，适用共同国籍国法律。”第 24 条规定：“夫妻财产关系，当事人可以协议选择适用一方当事人经常居所地法律、国籍国法律或者主要财产所在地法律。当事人没有选择的，适用共同经常居所地法律；没有共同经常居所地的，适用共同国籍国法律。”罗某与被继承人均为我国香港特别行政区居民，因此双方的夫妻关系和夫妻财产关系的认定均应当适用我国香港特别行政区的有关规定。

（三）继承的准据法

法定继承，适用被继承人死亡时经常居所地法律，但不动产法定继承，适用不动产所在地法律。

本案诉争遗产包括位于广州市 A 区的房屋及银行存款，《中华人民共和国涉外民事关系法律适用法》第 31 条规定：“法定继承，适用被继承人死亡时经常居所地法律，但不动产法定继承，适用不动产所在地法律。”因此本案诉争房屋的法定继承应适用《中华人民共和国继承法》及其他中国内地法律，诉争银行存款的法定继承应适用我国香港特别行政区的规定。

（四）适用国外法的实体处理途径

经公证及司法专递的《法律意见书》援引国外法的相关法律条文，且符合《最高人民法院关于贯彻执行〈中华人民共和国民法通则〉若干问题的意见（试行）》第193条的规定，可作为审理案件的准据法适用。

（五）本案A区人民法院对实体问题的具体处理

第一，对于双方夫妻关系的认定，根据已查明的香港特别行政区《无遗嘱者遗产条例》（第73章）第3条规定，有效婚姻包括《婚姻制度改革条例》（第178章）宣布为有效的旧式婚姻。而《婚姻制度改革条例》第7条规定，凡于指定日期（1971年10月7日）前按照中国法律与习俗在香港举行婚礼者，若按照香港或婚姻任何一方家庭承认是其家庭原籍的地方接受为适当的中国习俗举行婚礼，即构成旧式婚姻。因此罗某虽然未与朱某庚办理婚姻登记手续，但是根据我国香港特别行政区法律规定，双方婚姻关系有效，系合法夫妻关系。

第二，对于夫妻财产关系的认定。本案诉争房屋以及银行存款是否属于夫妻共同财产，因原告提供所查明的香港特别行政区有关规定部分并不适用本法律问题，而本院亦无法查明香港特别行政区的相关规定，根据《最高人民法院关于贯彻执行〈中华人民共和国民法通则〉若干问题的意见（试行）》第193条的规定，应适用我国内地法律。《中华人民共和国婚姻法》第17条第1款规定：“夫妻在婚姻关系存续期间所得的下列财产，归夫妻共同所有：（一）工资、奖金；（二）生产、经营的收益；（三）知识产权的收益；（四）继承或赠与所得的财产，但本法第十八条第三项规定的除外；（五）其他应当归共同所有的财产。”本案诉争房屋系在罗某与朱某庚婚姻关系存续期间建成并取得房屋所有权证，银行存款也系在双方婚姻关系存续期间存入，因此本案上述财产的相关权益均属于夫妻共同财产，由被继承人朱某庚生前与罗某共同共有。现朱某庚已去世，根据《中华人民共和国继承法》第26条的规定，诉争房屋的权益和存款各有一半份额应先划出归罗某享有，另一半份额方属于由朱某庚之继承人可继承的遗产。

第三，关于遗产分割的问题。首先，诉争房屋系位于广州市A区某村的集体所有性质土地之上盖房屋，根据《中华人民共和国土地管理法》和《中华人民共和国物权法》的规定，集体所有性质的土地所有权主体应是本村集体，其上盖房屋的所有权较之普通国有土地上盖房屋有自身特点，其在土地性质、登记制度、限制流转等方面均与后者不同，而本案当事人均非村集体成员，因此罗某及其他原、被告均享有及可继承的权益应是诉争房屋的使用权，而非所有权。《中华人民共和国继承法》第 10 条第 1 款和第 2 款规定："遗产按照下列顺序继承：第一顺序：配偶、子女、父母。第二顺序：兄弟姐妹、祖父母、外祖父母。继承开始后，由第一顺序继承人继承，第二顺序继承人不继承。没有第一顺序继承人继承的，由第二顺序继承人继承。"第 13 条第 1 款规定："同一顺序继承人继承遗产的份额，一般应当均等。"本案双方当事人是被继承人的配偶和子女，均系第一顺序继承人，应当共同继承位于原番禺县 A 镇某村（现广州市 A 区某村）的房屋使用权一半的份额，即各继承该房屋使用权的 1/14 份额。则该房屋使用权的 4/7 份额归罗某享有及继承，其余五名原告及被告各继承该房屋使用权的 1/14 份额。

被继承人朱某庚名下中国银行账户内的存款，根据查明的香港特别行政区《无遗嘱者遗产条例》第 4 条第 3 项的规定，因存款的一半份额低于港币 50 万元，因此应当由罗某一人继承，即该银行存款的全部份额归罗某一人所有。

涉外继承之大家族里的争产风波

关　莹*

一、案情介绍

原告陈某甲、陈某乙、陈某丙、陈某丁、陈某戊、陈某己、张某甲、张某乙、张某丙、张某丁、张某戊、张某己、王某甲诉称：被继承人有三个儿子，由于二儿子和小儿子新中国成立前去了台湾地区，长期不通消息，故在被继承人和大儿子去世后，大儿子的妻子和子女办理了继承在被继承人名下广州市越秀区某街某号房产的公证，大儿子的妻子、子女共同继承三分之一，二儿子、小儿子各继承三分之一，后来了解到二儿子和小儿子均已先于被继承人去世，小儿子没有法定继承人，被继承人的其他晚辈中也有陆续去世的，各被继承人生前未立过遗嘱，故原留给二儿子的三分之一由其法定继承人即原告陈某甲、陈某乙、陈某丙、陈某丁、陈某戊、陈某己代位继承，留给小儿子的三分之一份额应作为被继承人未分配遗产，由原、被告按法定继承方式重新进行继承分割。因本案涉及众多继承人且散居国内、外，部分人年事已高，难以相互配合共同办理继承、析产等相关手续，故提出法定继承之诉请。

被告王某乙、李某甲、史某乙辩称：同意原告诉讼请求，按法定继承方式由原、被告按份继承被继承人名下的广州市越秀区某街某号房屋产权。

法院经审理查明：被继承人与丈夫生育三个儿子，被继承人丈夫于新中国成立前去世，被继承人于 1970 年 6 月 25 日去世。被继承人大儿子和妻子生育四个女儿，大儿子于 1976 年 1 月 13 日去世，大儿子的妻子于 2001 年 5 月 15 日去世。被继承人的大儿子的大女儿与丈夫生育张某甲、张某乙、张某丙、张某丁、张某戊、张某己，被继承人大儿子的大女儿与丈夫于 1966 年离异，未再婚，已于 2017 年 11 月 11 日去世。

---

* 关莹，北京大成（广州）律师事务所律师。

被继承人大儿子的二女儿与前夫生育王某甲、王某乙两名子女，前夫于1968年1月17日去世，二女儿与黄某甲再婚，再婚后二人未生育子女，黄某甲与前妻育有黄某乙、黄某丙两名子女。二女儿于2010年9月12日去世，黄某甲于2011年6月10日去世。

被继承人大儿子的三女儿生育史某甲、史某丙两名子女，三女儿于2009年9月3日去世，史某丙于2018年1月19日去世，被告李某甲是史某丙的妻子，史某乙是二人的儿子。

被继承人二儿子与妻子生育陈某甲、陈某乙、陈某丙、陈某丁、陈某戊、陈某己六名子女，二儿子于1968年6月20日去世，妻子于2010年11月29日去世。

被继承人的三儿子于1956年去世，生前未曾婚育。

据房登记字××号不动产登记查册表显示，涉案房产广州市越秀区某街某号房屋产权于2017年6月19日变更登记但未缮证，取得产权的方式均为继承。

到庭当事人一致称被继承人与丈夫以及二人已经去世的晚辈直系血亲及配偶均未以遗嘱对涉案房产广州市越秀区某街某号房屋作出过处分。

黄某乙、黄某丙在本案诉讼过程中书面声明放弃关于涉案房产广州市越秀区某街某号房屋的继承权并办理了公证。

到庭各方当事人对案件事实没有争议。

一审宣判后，双方当事人均未提出上诉，判决已发生法律效力。

二、裁判摘要

1. 继承人先于被继承人死亡，且没有晚辈直系血亲，故形式上留给该继承人的份额实质上是被继承人未分配的遗产，应按被继承人死亡时的法定继承人范围再次分割。

2. 继承人及其妻子、三位女儿、一位孙子依次死亡，故继承人向被继承人继承的份额又经过多次转继承。

3. 继承人先于被继承人死亡，继承人可向被继承人继承的遗产份额由其子女代位继承。

三、案件评析

（一）相关法律

《中华人民共和国继承法》第5条、第10条、第11条、第13条第1款、第25

条第 1 款、第 36 条第 2 款。

（二）审理难点

本案审理难点主要在：被继承人的部分后嗣曾经办理了涉案房产广州市越秀区某街某号房屋的继承权公证，部分继承人的继承份额已经变更登记。

法院认为：广州市越秀区某街某号房屋原产权人（被继承人）生前未立遗嘱，依照《中华人民共和国继承法》第 5 条规定，应按法定继承方式办理继承。被继承人儿媳、四个外孙（其中一位是本案被告陈某庚）于 1987 年在广州市东山区公证处办理（87）穗东内证字第某号《继承权证明书》时，因无法通知被继承人的二儿子、小儿子或其亲属，在不了解二人已先于被继承人去世的情况下，为他们各保留三分之一份额，充分保护了二人的合法权益，符合相关法律规定。2017 年 6 月 19 日变更产权登记时，只基于史某甲、史某丙的母亲去世而将其份额分配给了她的法定继承人史某甲、史某丙，其余未作变更，且仍保留了被继承人的二儿子、小儿子各三分之一的份额，全体法定继承人的权益均未受影响，故本案在尊重上述既成事实的基础上进行处理。被继承人的小儿子先于被继承人去世，且没有晚辈直系血亲，故形式上留给被继承人的小儿子三分之一份额实质上是被继承人未分配的遗产，应按被继承人去世的法定继承人范围再次分割。

由于被继承人的大儿子及其妻子、女儿、外孙依次去世，故被继承人的大儿子向被继承人继承的份额又经过多次转继承。原告张某甲、张某乙、张某丙、张某丁、张某戊、张某己、王某甲与被告陈某庚、王某乙、史某甲、李某甲、史某乙均为被继承人大儿子的晚辈继承人，其中张某甲、张某乙、张某丙、张某丁、张某戊、张某己、王某甲一致主张每次继承时都在相应的法定继承人范围内等份分割，被告王某乙、李某甲、史某乙均表示同意，该方案没有损害未到庭参加诉讼的被告陈某庚、王某乙、史某甲的利益，符合法律规定。

原、被告共同对留给被继承人的小儿子的三分之一份额转继承分割后，原告张某甲、张某乙、张某丙、张某丁、张某戊、张某己各占全部产权的四十八分之一，原告王某甲和被告王某乙、史某甲各占全部产权的十六分之一，被告陈某庚占全部产权的八分之一，被告李某甲和史某乙各占全部产权的三十二分之一。

被继承人的二儿子先于被继承人去世，依照《中华人民共和国继承法》第 11 条规定，其可向被继承人继承的遗产份额由其子女即本案原告陈某甲、陈某乙、陈某丙、陈某丁、陈某戊、陈某己代位继承。上述六原告一致主张等份分割，符合法律规定。在对登记在被继承人的二儿子名下三分之一代位继承，以及作为其代位继承人与原告张某甲、张某乙、张某丙、张某丁、张某戊、张某己、王某甲及被告陈某庚、王某乙、史某甲、李某甲、史某乙共同继承分割留给被继承人的小儿子的三分之一后，陈某甲、陈某乙、陈某丙、陈某丁、陈某戊、陈某己各占全部产权的十二分之一。

综观全案，本案大家族内的继承人众多，并散居在海外各地，因此最初办理继承手续之时，经办律师建议大家族内的继承人之间互相配合，尽快到公证处办理继承权公证，这是最便捷的途径。奈何在协商的过程中，由于大家族内有的继承人认为自己应该多分得财产，在向其释明法律上明确规定了在被继承人没有遗嘱、遗赠或遗赠抚养协议的一般情况下，是所有合法继承人平均分配被继承人的遗产，但仍然有的继承人为了一己之私，坚持不配合其他继承人办理上述房产的继承权公证，其他继承人经过多年努力，仍无法协商一致办理上述房产的继承权公证后，最终导致了本案的诉讼。本案在办理的过程中，也陆陆续续有继承人相继死亡，因此增加了案件的复杂的程度，可以看出继承的事情如果一拖再拖只会等来更多的麻烦。

该案件对世人有警示的作用，被继承人如果想后代们能和睦相处，不用为争夺财产而反目成仇，应该及早规划其财富的传承，可以在其生前赠与或立下遗嘱，将财产按其意志顺利地交接给下一代人。但如果被继承人没有做到上述安排，在发生继承时，第一代继承人能及早协商解决继承问题，就不会让第三代、第四代继承人之间产生如此多的矛盾，导致最后为了继承家族的财产，整个家族四分五裂并对簿公堂，笔者认为这绝对不是祖辈留下家产时想要得到的结果！

第二章

遗嘱继承

如何认定遗嘱效力案

张少星*

一、案情介绍

本案原告与被告的关系颇为特殊。原告曾某男是被继承人的非婚生儿子，另一原告陈某某是原告曾某男的母亲，且与被继承人共同生活多年。被告梁某某和曾某女是被继承人的妻子和婚生女儿，梁某某与被继承人结婚已超过30年，曾某男系被继承人在与梁某某婚姻存续期间与陈某某所生。

被继承人于2012年6月6日死亡，死亡后留有包括广东省佛山市某房屋售房款2230000元、某资金账户中证券资产和资金资产（港币）若干、某资金账户的资金（人民币）若干元在内的巨额遗产，该遗产主要由被告梁某某控制，原被告双方对于被继承人的遗产分配问题存在争议。多年来陈某某与自己丈夫之间的特殊关系一直让被告梁某某心存怨恨，曾某男的存在更是时刻提醒着她丈夫的不忠以及饱受他人非议的痛苦。在被继承人去世前一周，梁某某与陈某某还因为曾某男与被继承人是否有血缘关系发生激烈争执，并做了亲子鉴定，鉴定中心作出被继承人是曾某男的生物学父亲的鉴定意见。当被继承人去世后梁某某拒绝将遗产按照被继承人的遗嘱进行分割。

2012年至2015年，原被告双方就遗产的分割问题已经发生过多次的争吵，2015年原告无法再忍受对方的拖延和无休止的争吵，于是向法院提起诉讼。诉讼中陈某某向法院提交了一份落款日期为2012年5月22日的遗嘱，遗嘱内容为“我名下的全部财产留给曾某男 2012年5月22日”，原告主张被继承人的遗产应当依照5月22日立下的遗嘱进行处理。

诉讼中两名被告也提交了一份遗嘱，并且主张按照该遗嘱进行处理遗产，遗嘱

* 张少星，广东金桥百信律师事务所律师。

载明“立遗嘱人：曾某某，住广州市海珠区××。代书人：曾某某，兄妹关系。住佛山市××。由于本人病情书写不便，特请我妹代写。留给家人，各自恰守，勿生争执。一、我有若干股票，除去医治住院费后，以我去世当天的各股数计算。留给妻子梁某某50%。女儿曾某女20%。遗赠我儿曾某男20%。好友陈某某10%。曾某男的份额由姑姐曾某某代理监管，每月按需要支出生活费、学习费。二、我尚有一间房子，地址：广东省佛山市××。房产证号××。留给妻子梁某某50%，女儿曾某女20%。遗赠我儿曾某男20%，好友陈某某10%。该房屋要在曾某男20周岁时才能进行买卖处理”，落款日期为2012年5月10日。同时两被告主张陈某某不是法定继承人，陈某某知道受遗赠后未在2个月内表示接受赠与，至起诉时陈某某不应获得10%的遗产。此外被继承人生前的医疗住院费和去世后的丧葬费等款项应当在遗产中扣除后再分20%给曾某男。

二、裁判摘要

广州市某区人民法院判决：一、两名被告在判决生效之日起十五日内向原告陈某某返还广东省佛山某房屋的售房款220000元，向原告曾某男返还上述房屋售房款440000元；二、登记在被继承人名下资金账号（货币：港币）及资金账号内的遗产由被告梁某某取得50%、原告陈某某取得10%、原告曾某男与被告曾某女各取得20%（具体金额以实际分割时证券部门出具的资金明细为准）。宣判后，原被告双方均向广州市中级人民法院提起上诉，后广州市中级人民法院作出判决：驳回上诉，维持原判。

法院认为：被告梁某某提交的2012年5月10日的《遗嘱》为代书遗嘱，形式要件合法完备。而原告陈某某和曾某男提交的2012年5月22日的遗嘱属于自书遗嘱，经司法鉴定无法得出该遗嘱上的日期为被继承人本人所写及形成时间，故不能证明该自书遗嘱为被继承人的最后一份遗嘱，以2012年5月10日《遗嘱》作为本案的处理依据，合法合理。

此外，梁某某主张被继承人生病住院期间的医疗费应在遗产中予以抵扣的主张，法院认为梁某某与被继承人就夫妻共同财产无其他约定的情况下，用于医疗费支出的款项系梁某某与被继承人的夫妻共同财产，被继承人同样有支配权；且作为夫妻，梁某某对被继承人负有扶养义务，故梁某某的主张法院不予支持。

三、案件评析

近年来，随着社会经济与生活的发展，各类遗嘱纠纷不断出现，现实中遗嘱的形式多样，《中华人民共和国继承法》对遗嘱的形式和有效条件作出了明确规定，当遗嘱本身存在缺陷或出现两份内容相互矛盾的遗嘱时，遗嘱继承纠纷也就难以避免了。笔者不久前代理了一起遗嘱继承纠纷，涉及两份内容相互矛盾的遗嘱，现借此案例为大家提供解决此类纠纷的思路。

诉讼过程中原被告双方各自向法庭提交遗嘱一份，并要求按己方提交的遗嘱对被继承人遗产进行处理，由于两份遗嘱的内容相互矛盾，应认定并采纳哪一份遗嘱作为遗产分配的依据成了案件审理最大的争议点。

原告陈某某主张根据法律规定，被继承人生前立下多份遗嘱且内容相抵触的，应当以最后一份遗嘱为准，被告梁某某提供的遗嘱落款日期为2012年5月10日，自己提供的遗嘱落款日期为2012年5月22日，故不应采纳被告提供的遗嘱。

被告则辩称原告陈某某在明知被继承人有家庭的情况下仍与被继承人同居并生下曾某男，在被继承人去世后伪造遗嘱争夺财产，两被告申请法庭对原告提供的遗嘱进行笔迹鉴定。

法院委托的鉴定机构给出鉴定结论为：1. 倾向认定检材自书遗嘱上“曾某某”与委托人指定“曾某某”的笔迹样本是为同一人书写。2. 无法判断检材自书遗嘱上“2012年5月22日”字样与委托人指定“曾某某”的笔迹样本是否为同一人书写。

根据庭审中原被告双方的陈述以及提交的证据，法院最终采纳了被告梁某某提交的2012年5月10日《遗嘱》，判决被继承人的遗产按照2012年5月10日立下的《遗嘱》内容进行分配，具体分析如下：首先原告陈某某提交的遗嘱内容笼统、概括，并未明确被继承人名下的财产范围及对各类财产的具体分配方式；遗嘱中被继承人的签名只能通过司法鉴定得到倾向性意见；而对于落款日期则无法判断是否由被继承人本人书写，因此原告提交的遗嘱是否后于被告提交的遗嘱根本无法得到证实。

被告提交的2012年5月10日的《遗嘱》，从形式上和内容上看，均符合代书遗嘱生效的法定要件，该份遗嘱中有被继承人本人签名，且有无利害关系的代书人、见证人签名确认，原告对该遗嘱的真实性亦不持异议。从时间上看，被告提交的遗嘱形成于被继承人死亡前二十几天，该份遗嘱内容详尽，其在较短的时间内推翻对自己财产作出的安排而重新于2012年5月22日立下自书遗嘱的可能性不大，因此法院对被告提交的遗嘱予以采信。

关于本案原告是否适格问题，本案是一起非婚生子女、同居者与其他法定继承人之间的继承纠纷。虽然原告陈某某与被继承人之间的交往有违道德风俗，但被继承人将部分财产遗赠给陈某某没有违反法律的强制性规定，被告一直侵占被继承人遗产损害了原告陈某某和曾某男的合法权益。作为受遗赠人之一的陈某某早在2012年就多次与被告协商继承分割的问题，原告与被告协商遗产分割的行为即视为原告接受遗赠，并非如被告所称的向法院起诉才视为表明接受遗赠，故陈某某是适格的原告。

关于遗嘱的采信问题，我国法律规定遗嘱分为5种形式：公证遗嘱、自书遗嘱、代书遗嘱、口头遗嘱和录音遗嘱。《中华人民共和国继承法》第17条规定："公证遗嘱由遗嘱人经公证机关办理。自书遗嘱由遗嘱人亲笔书写，签名，注明年、月、日。代书遗嘱应当有两个以上见证人在场见证，由其中一人代书，注明年、月、日，并由代书人、其他见证人和遗嘱人签名。以录音形式立的遗嘱，应当有两个以上见证人在场见证。遗嘱人在危急情况下，可以立口头遗嘱。口头遗嘱应当有两个以上见证人在场见证。危急情况解除后，遗嘱人能够用书面或者录音形式立遗嘱的，所立的口头遗嘱无效。"第20条规定："遗嘱人可以撤销、变更自己所立的遗嘱。立有数份遗嘱，内容相抵触的，以最后的遗嘱为准。自书、代书、录音、口头遗嘱，不得撤销、变更公证遗嘱。"具体到本案，法官严格按照《中华人民共和国继承法》规定的遗嘱形式和内容来审查双方当事人提交的遗嘱证据，被告提供的代书遗嘱完全符合法律规定的遗嘱形式，原告提出的遗嘱因内容不详尽（只用笼统的一句话写全部财产归谁所有、没有"遗嘱"标题）和遗嘱载体的纸张不规则（非A4纸、有裁剪嫌疑），因而未能得到法院的采信。

从该案的遗嘱证据可以反映出立遗嘱是大有讲究的，现在许多人为了避免日后家庭成员在继承遗产的时候产生纠纷，在生前会先立下遗嘱，但是由于对法律不熟悉，自己立下的遗嘱极有可能因为不符合法律的规定而无效，最终导致遗产处理结果有违自己的初衷，还极有可能激化家庭成员之间的矛盾，甚至造成亲人反目、兄弟不和的悲剧。

因此，在订立遗嘱前建议当事人先咨询律师，通过律师的专业解答、代为起草、审查修改等工作，帮助其订立一份合法有效的遗嘱，将当事人的真实意思用准确的法律术语进行归纳表述并尽可能详尽地列明遗产信息，确保当事人的真实意愿得以实现。

涉外继承之留爱不留恨

关 莹*

一、案情介绍

陈女士系香港地区居民，当年从大陆移民后一直单身并未结婚，陈女士的兄弟姐妹很多，虽然她并未生育儿女，但其把兄弟姐妹的子女视为己出，对侄子、侄女爱护有加。

陈女士勤劳俭朴，她用毕生大部分的积蓄，于1998年分期付款购入广州市越秀区某处商铺（以下简称商铺），商铺售价约为港币80万元，面积约40平方米，并于2000年取得《房地产证》。

陈女士知道自己年事已高，并且最近病痛缠身，为了将来能更好地安排自己的财产，于2014年10月在香港地区某律师事务所立下遗嘱，指定侄子陈某甲（香港地区居民）及侄女陈某乙（香港地区居民）为遗嘱的执行人和受托管理人。遗嘱部分内容如下：

“1. 本人指定侄子陈某甲、侄女陈某乙，为本人遗嘱的执行人和受托管理人（以下简称执行人和受托管理人）。

2. 本人将以下地产香港某街某号某楼某室（以下简称地产）遗赠给：（a）60%遗赠给陈某甲；（b）40%遗赠给陈某乙。条件（a）是他有权居住于该房屋内，在居住期内承担该房屋所有非资本性质的支出，（b）是从本人的剩余财产中保有300000元港币用于支付该房屋的所有资本和非资本性质的支出，直至陈某甲和陈某乙将该房屋转让他人。

3. 本人指示，（a）……（b）在陈某甲和陈某乙将该房屋转让他人后，300000元港币的剩余部分由执行人和受托管理人分配给七个受益人，份额如本遗嘱的第4

---

* 关莹，北京大成（广州）律师事务所律师。

条中所述。

4. 本人将所拥有的所有种类的位于任何地点的不动产及个人财产遗赠给执行人和受托管理人，经受托可出售、收回或转换为金钱，并可随自己的意愿将这些行为延期至他们认为适当的时候，而不必为所造成的损失负责，并且在支付本人的债务、殡葬和遗嘱费及遗产税后，该300000元港币的剩余部分分配如下：（a）20%给本人的兄弟陈某丙；（b）20%给本人的侄子陈某丁；（c）10%给本人的侄女陈某戊；（d）10%给陈某甲；（e）10%给陈某乙；（f）30%给慈善机构。

5. 本人在此声明，本人居住于香港特别行政区，此最终遗嘱应根据香港特别行政区法律解释。”

陈女士于2016年1月去世，其侄子侄女都从海外各地赶回香港奔丧，其侄子陈某甲是其葬礼的扶灵人，按照遗嘱的内容其侄子陈某甲及侄女陈某乙作为上述遗嘱的执行人和受托管理人，为陈女士办理其遗产的继承事宜。

二、继承摘要

2016年2月，陈某甲在香港生死登记处，办理陈女士的死亡证明。

2016年6月，陈某甲和陈某乙共同聘请了律师在香港高等法院申请遗嘱鉴定，陈女士的遗嘱经香港高等法院证实并登记，遗嘱检验及所有财产的遗产管理委任书已授予遗嘱中指定的执行人陈某甲及陈某乙。

2016年7月，陈某甲在香港婚姻登记处办理陈女士在1945年至2014年无结婚的证明。

2016年8月，陈某甲在广州聘请律师，协助其二人在广州办理继承陈女士的遗产。

2016年9月，陈某甲和陈某乙在广州公证处先将香港高等法院的《遗嘱鉴定》翻译成中文，并办理接受遗赠公证。

2016年11月，陈某甲和陈某乙在广州市不动产登记中心申请房产过户，在越秀区地方税务局缴纳税费后，领取新的房产证。

三、案件评析

（一）本案难点

1. 在继承权公证中，如何确认商铺的受益人

陈某甲、陈某乙两人是陈女士的遗嘱的执行人和受托管理人，他们认为陈女士

的本意是商铺的受益人包括陈某甲及陈某乙在内，共计七个受益人。

但遗憾的是，陈女士立下的遗嘱中，并未具体提及其于 1998 年在广州购入的商铺。在办理陈女士遗产的继承权时，公证处根据遗嘱第 4 条："本人将所拥有的所有种类的位于任何地点的不动产及个人财产遗赠给执行人和受托管理人"，最后认定，遗赠人陈女士遗赠的商铺，为受遗赠人陈某甲、陈某乙两人共同所有，各占商铺的二分之一产权。

最后，陈某甲、陈某乙两人作为受遗赠人在广州公证处办理了接受遗赠公证。

2. 在遗赠过户交易过程中，如何确定商铺的交易税费

根据《中华人民共和国继承法》的有关规定，遗嘱是将个人财产指定由法定继承人的一人或者数人继承，继承人的范围是法定继承人，法定继承人第一顺序是：配偶、子女、父母；第二顺序是：兄弟姐妹、祖父母、外祖父母。遗赠是将个人财产赠与国家、集体或者法定继承人以外的人。

地方税务局最初核定遗赠是赠与的一种形式，需要按赠与纳税，但赠与是赠与人在生前就把财产赠与受赠人，遗赠是被继承人死亡后赠与才开始。生前就赠与还是死亡后赠与，是赠与和遗赠之间最大的区别。

若税务机关按照赠与计税，转让方（赠与人）需缴纳：增值税（百分之五）、土地增值税（百分之五）以及印花税（万分之五），赠与承受方（受赠方）需缴纳：个人所得税（百分之二十）、契税（百分之三）、印花税（万分之五）。

一般的赠与是指赠与人在生前办理赠与，是赠与人与受赠人共同办理房产交易过户手续。但本案是遗赠，是在赠与人也就是被继承人死亡后，受赠人才能开始办理房产交易过户手续，遗赠本质上是继承。

最终地方税务机构核定该赠与性质是遗赠，要转让方（遗赠人）缴纳：印花税（万分之五），减免增值税（百分之五）和土地增值税（百分之五）；赠与承受方（受赠人）缴纳：印花税（万分之五）和契税（百分之三），减免个人所得税（百分之二十）。综上，减免的税费为百分之三十，本案商铺过户交易税费降低了将近 100 万元。

（二）后记

陈某甲、陈某乙两人在各继承上述商铺二分之一的份额后，将商铺出售，并将售楼款按比例分配给陈女士（被继承人）遗嘱中提及的七位受益人。本继承案件中的陈某甲、陈某乙两人，作为陈女士遗嘱的执行人和受托管理人，尽心尽力地完成了陈女士的遗愿，将遗产如数分配给七位受益人，并将遗产中的一部分按照陈女士的遗愿捐给了生前经常参加活动的慈善机构，律师在协助遗嘱的执行人和受托管理

人安排遗产分配的过程中，继承人之间自始至终没有任何的纷争，该继承案件当事人的作风是众多继承案中的典范。

希望越来越多的被继承人能及早写下遗嘱，并选择最合适的遗嘱执行人和受托管理人，将其财产按其心愿顺利交接给下一代继承人，减少继承人之间纷争，让继承人在继承财产的同时也继承了家族的爱。

涉外遗嘱效力认定与法律适用问题

丁亚民[*]

一、案情介绍

被继承人马某于2017年×月×日在我国香港地区经抢救无效死亡。李某是马某的母亲，马某的父亲已于2008年12月死亡。马某与史某是夫妻关系，两人于1982年×月×日登记结婚，婚后生育马某珊、马×杰两名子女。被继承人马其在进手术室前，仓促出具了一份遗嘱（并未注明“遗嘱”二字），内容为：“我所财产包括房屋现金、工厂股权由老婆、子儿全权负责。”

被继承人马某在内地有两处可供继承的房产：位于广州市的房屋于2017年登记在马某名下，占全部产权，马某系通过赠与、交换的方式取得该房屋所有权；位于佛山市的房屋于2012年购买，2012年12月进行产权登记，登记在马某名下。

史某、马某珊、马某杰提出马某于2017年在香港伊丽莎白医院立下遗嘱，三人均认为应当尊重马某的遗嘱，李某没有继承权，但自愿为其养老支付每月100美元。

李某认为该遗嘱不是真实的，本人已年逾80岁，有很多病痛，每月100美元，不足以养老及医疗。

因协商未果，后李某向法院提起诉讼，请求：1. 判令原告继承马某名下位于广州市房产的四分之一份额；2. 判令原告继承马某名下位于佛山市房产的四分之一份额；3. 判令原告以折价补偿方式继承上述房产份额，由三被告向原告支付上述两套房产折价补偿款2000余万元；4. 本案诉讼费用由三被告承担。

三被告史某、马某珊、马某杰均主张：两套房屋均为马某、史某在婚姻存续期间添置的物业，属于夫妻共同财产，原告提出的所谓1/4的份额的继承，侵害了史某的财产权利。本案应为遗嘱继承，被告持有马某生前在2017年7月3日在香港

---

* 丁亚民，广东连越律师事务所律师。

伊丽莎白医院当着医生、护士、亲朋和史某、马某杰的面所立的遗嘱，马某在遗嘱中写明“我所财产包括房屋现金、工厂股权由老婆、子儿全权负责”。马某的主治医生还就马某的身体意识状况，出具了证明确认马某是自己要求写下遗嘱的愿望与意愿，其当时的精神状况完全符合格拉斯哥昏迷量表（GCS）15/15，也即身体意识完全清醒的情况。马某是香港地区居民，所立遗嘱符合香港地区的有关规定，是合法有效的。根据《中华人民共和国继承法》（以下简称《继承法》）的规定，马某的遗嘱属于自书遗嘱，合法有效，应当适用遗嘱继承。史某与马某结婚几十年来，自始至终都承担着照顾赡养原告的责任。马某虽然身故了，史某仍将继续承担对原告的赡养责任。

二、裁判摘要

广州市某区人民法院作出民事判决，归纳为如下观点：

位于广州市、佛山市的房屋登记在马某名下，均属于马某与史某的夫妻共同财产，分别由马某、史某各占1/2产权份额。关于马某的遗嘱效力问题，在法律适用上，因马某立遗嘱时和死亡时的经常居所地在广东省广州市、佛山市，且案涉不动产所在地亦在广东省广州市、佛山市两地，故本案应适用中华人民共和国法律作为裁判的法律依据。根据马某在2017年7月3日书写的遗嘱内容，不能认定马某已对涉案两房屋的所有权作出了处分的意思表示，因此，对该遗嘱的效力，本院不予确认。鉴于史某一直与马某共同生活，且史某对马某的生前、死后均已尽到了主要扶养、照顾义务，综合本案的实际情况，本院酌定史某、马某珊、马某杰、李某分割马某遗产的比例应为40%、20%、20%、20%。

三、案件评析

（一）被继承房产是否属于夫妻共同财产

本案双方当事人对位于佛山市的房产购买于婚姻存续期间争议不大。争议在于位于广州市的房产是马某父亲生前祖屋回迁房，马某的父亲与马某兄妹四人共同共有，后其他三人将其名下财产赠与马某，故后以马某个人名义登记。案外三人对马某的赠与是对其个人赠与还是夫妻共同赠与，法院认为，适用《中华人民共和国婚姻法》第17条的规定：“……（四）继承或赠与所得的财产，但本法第十八条第三项规定的除外；……”房屋仅登记在一人名下不属于除外规定，该赠与是对马某及其配偶的赠与，该房屋仍是夫妻共同财产。

（二）本案法律适用问题

因马某死亡于香港地区，生前在两地来往，虽有香港居民身份证，但非永久居民，在法律适用上，法院认为：因马某立遗嘱时和死亡时的经常居所地在广东省广州市、佛山市，且案涉不动产所在地亦在广东省广州市、佛山市两地，故本案应适用中华人民共和国法律作为裁判的法律依据。

（三）本案遗嘱效力问题

案涉“遗嘱”既不具备我国《继承法》规定的遗嘱生效要件，也不符合香港地区的遗嘱效力规定，应属无效，被继承人的遗产应当按照法定继承方式处理。

1. 案涉“遗嘱”不具备《继承法》规定的遗嘱生效要件

首先，案涉“遗嘱”并未注明为“《遗嘱》”，且全文仅有“我所财产包括房屋现金、工厂股权由老婆、子儿全权负责”一句话，从其表述并不能确认被继承人有处分自己遗产的意思表示，并不构成《继承法》上的遗嘱。其次，案涉“遗嘱”形式上无法确认全文是否为被继承人本人书写，实质上无法确认遗嘱人的真实意思表示以及订立遗嘱时的行为能力，且没有为缺乏劳动能力又没有生活来源的原告保留必要的遗产份额，不具备我国《继承法》规定的遗嘱生效要件。

有效遗嘱应当符合下列条件：第一，形式符合法律规定；第二，遗嘱人在立遗嘱时具有完全行为能力；第三，遗嘱表示遗嘱人的真实意思；第四，内容合法。但案涉“遗嘱”存在以下诸多问题：

形式上，根据《继承法》第17条第2款的规定，自书遗嘱由遗嘱人亲笔书写，签名，注明年、月、日，但案涉“遗嘱”无法确认全文为本人亲笔书写，且落款处有两个签名，与常理不符。内容上，案涉“遗嘱”指定继承意思不明、处分财产不明、指定对象不明、内容存在严重歧义，无法确认遗嘱人的真实意思表示，缺乏遗嘱的有效要件：其一，“全权负责”不等于“继承”；其二，“我所财产包括房屋现金，工厂股权”并未指明具体财产，无法确定被继承人处分的财产范围；其三，“老婆、子儿”并未写明对方姓名和具体身份信息，不能由非立遗嘱人凭主观意志推定，无法确认指定对象；其四，“遗嘱”内容仅一句话，全部23个字，却存在多处语病，包括“我所财产”“房屋现金”“子儿”等，表述极不规范。最后，案涉“遗嘱”没有为缺乏劳动能力又没有生活来源的李某保留必要的遗产份额，违反法律强制性规定，应属无效。

2. 案涉“遗嘱”也不具备香港地区规定的遗嘱生效要件

根据香港地区规定，遗嘱要生效，符合《遗嘱条例》的规定是其法定要求之一。根据《遗嘱条例》的规定，有效遗嘱应当符合：（1）以书面订立，并由立遗嘱人签署；（2）看来立遗嘱人是欲以其签署令遗嘱生效的；（3）立遗嘱人是在2名或2名以上同时在场的见证人面前作出签署或承认该签署；（4）每名见证人在立遗嘱人面前：①作见证并签署遗嘱，或②承认其所作的签署。

被告方在本案提供案外人二人的声明，拟证明其二人为案涉“遗嘱”见证人，但：（1）该声明系于2019年1月30日作出，距离立遗嘱人去世已近一年半，并不满足见证人要在立遗嘱人面前承认其所作签署的要求；（2）见证人并未在案涉“遗嘱”上署名作见证。

故法院最后认定，马某死亡后，其所有的涉案两房屋的1/2产权份额，应由马某的第一顺序继承人史某、马某珊、马某杰、李某按照比例继承，另因马某生前及治疗期间一直由史某照顾，其后事亦由史某料理，对史某的继承比例酌情予以增加，即史某继承1/2×40%＝2/10的产权份额，马某珊、马某杰、李某继承1/2×20%＝1/10的产权份额。

《家庭会议纪要》的性质、效力之认定

陈焕欢*

一、案情介绍

两被继承人刘某某与李某某为夫妻关系，育有六名子女，双方去世时留有大量遗产。双方生前对名下房产作了如下处理：1. 于1997年，办理了三份公证《赠与书》，分别将房产A全部赠与大儿子刘一子，将房产B全部赠与二儿子刘二子，将房产C全部赠与小儿子刘三子；2. 于1997年，办理了公证《遗嘱书》，将房产D交由大女儿刘一女继承；3. 于1998年，办理了公证《遗嘱书》，将房产E交由小儿子刘三子继承。上述公证赠与、公证遗嘱均未对后期购置的房产F和房产G进行处理。

2010年，两被继承人与六名子女共同签署了《家庭会议纪要》，内容如下：1. 房产A全部由二女儿刘二女继承；2. 房产C和房产F由大儿子刘一子继承；3. 房产E由三女儿刘三女继承；4. 房产D由大女儿刘一女继承；5. 房产G由小儿子刘三子继承；6. 房产B由二儿子刘二子继承；同时对父母的赡养安置问题进行了约定；其他内容略。

2014年，当事人对房产C和房产E办理了产权变更登记手续，均变更至小儿子刘三子名下。

2014年底，被继承人李某某在律师事务所办理了经律师见证的《遗嘱》，内容载明：其去世后所有财产交由三个女儿刘一女、刘二女、刘三女平均继承。

被继承人刘某某于2015年3月去世，被继承人李某某于次月去世。两被继承人去世后，六名子女就继承问题产生争议。三名女儿就被继承人名下的房产F和房产G等遗产的继承问题起诉至法院。

---

* 陈焕欢，广东润科律师事务所律师。

二、裁判摘要

一审法院采纳了《家庭会议纪要》中被继承人刘某某对房产 F 和房产 G 的处理意见，被继承人刘某某对上述两套房屋所享有的一半份额分别由大儿子刘一子和小儿子刘三子继承。而被继承人李某某对上述两套房屋所享有的一半份额的处理意见按 2014 年的律师见证《遗嘱》处理，由三名女儿刘一女、刘二女、刘三女平均继承。判决：一、房产 F 的使用权由大儿子刘一子继承 1/2 份额，由刘一女、刘二女、刘三女各继承 1/6 份额；二、房产 G 的所有权由小儿子刘三子继承 1/2 份额，由刘一女、刘二女、刘三女各继承 1/6 份额；其他判项略。

判后，六名子女均不服一审判决，分别提起上诉。

广州市中级人民法院未采纳《家庭会议纪要》中被继承人刘某某对房产 F 和房产 G 的处理意见，判决被继承人刘某某对上述两套房屋所享有的一半份额按法定继承处理；而被继承人李某某对上述两套房屋所享有的份额按 2014 年的律师见证《遗嘱》处理，由三名女儿刘一女、刘二女、刘三女平均继承。判决：一、撤销原判项，改判房产 F 的使用权由刘一女、刘二女、刘三女各继承 11/42 份额，由刘一子、刘二子、刘三子各继承 1/14 份额；二、撤销原判项，改判房产 G 的所有权由刘一女、刘二女、刘三女各继承 11/42 份额，由刘一子、刘二子、刘三子各继承 1/14 份额；其他判项略。

三、裁判理由

广州市中级人民法院认为《家庭会议纪要》形式上不符合我国继承法规定的遗嘱的形式要件，内容上与被继承人所作的公证遗嘱、公证遗赠及李某某经两名律师见证的代书遗嘱多有抵触，故不认定为遗嘱。被继承人遗产的处理，应先执行公证遗嘱、公证遗赠，如公证遗嘱、公证遗赠没有约定的，按照经律师见证的代书遗嘱执行，其余部分，按法定继承执行。

四、案件评析

（一）本案的争议焦点

本案的争议焦点在于所有家庭成员共同签署的《家庭会议纪要》中对涉案两

套房产的处理与李某某经律师见证的代书遗嘱中的处理方式不同，应否按《家庭会议纪要》的约定分配被继承人的遗产呢？对此争议，主要存在以下两种观点：

第一种观点认为：《家庭会议纪要》不具备法律效力，应当根据其他遗嘱、遗赠的内容确定继承份额，公证遗嘱、公证遗赠的效力优先，其他形式的遗嘱效力在后，遗嘱没有处分的财产，按照法定继承。

第二种观点认为：公证遗嘱、公证遗赠未涉及对涉诉两房产的处理，而《家庭会议纪要》经两被继承人与六名继承人共同签名确认，且争议各方均确认签名属实，该《家庭会议纪要》是各方当事人的真实意思表示，故《家庭会议纪要》中两被继承人对涉诉两房产的处理合法有效。但李某某签署《家庭会议纪要》后，又另行办理了律师见证的遗嘱，对涉诉两房产的分配另做处理，应视为李某某对《家庭会议纪要》相关内容的变更，合法有效。因此，对涉诉两房产的处理，刘某某享有的部分按《家庭会议纪要》处理，李某某享有的部分应按2014年经律师见证的遗嘱处理。

（二）本案所涉法律问题的分析

对于《家庭会议纪要》中关于被继承人财产处理的约定，是否属于遗嘱，是否具有法律效力的问题，《中华人民共和国继承法》第16条第1款规定："公民可以依照本法规定立遗嘱处分个人财产，并可以指定遗嘱执行人。"因此被继承人有权根据自己的意愿处分个人的财产，而本案所涉的《家庭会议纪要》中已清晰表达了两被继承人对涉案两套房屋的处理意愿，且争议各方均确认《家庭会议纪要》中各人的签名属实，是当时一家八口的真实意思表示，本应尊重被继承人及继承人共同达成的共识。但《中华人民共和国继承法》第17条明确规定："公证遗嘱由遗嘱人经公证机关办理。自书遗嘱由遗嘱人亲笔书写，签名，注明年、月、日。代书遗嘱应当有两个以上见证人在场见证，由其中一人代书，注明年、月、日，并由代书人、其他见证人和遗嘱人签名。以录音形式立的遗嘱，应当有两个以上见证人在场见证。遗嘱人在危急情况下，可以立口头遗嘱。口头遗嘱应当有两个以上见证人在场见证。危急情况解除后，遗嘱人能够用书面或者录音形式立遗嘱的，所立的口头遗嘱无效。"也就是说，我国现行法律对公证、自书、代书、录音、口头等五种遗嘱的形式要件作出了具体的要求。而本案所涉的《家庭会议纪要》的形式并不符合上述所列五种遗嘱的形式要件，不能认定为遗嘱，因此不具备遗嘱的法律效力。

然而，《家庭会议纪要》虽然不能视作被继承人的遗嘱，但内容是各方当事人的真实意愿，各方是否应按照该会议纪要的约定对被继承人的遗产进行分配，以尊重死者的意愿呢？对此，笔者认为，虽然当事人依法享有意思自治的权利，但如当事人的意思自治违反了法律、法规的规定，则应认定为无效。因此不应将《家庭会议纪要》视作被继承人的遗嘱，以维护法律权威。从另一角度分析，即便该《家庭会议纪要》不能认定为被继承人的遗嘱，但由于各继承人对相关财产的分配方式均表示同意，即各自同意继承某项财产，而相应放弃了其他财产的继承，他们的相关意思表示能否作为法院审判的依据呢？笔者认为，《家庭会议纪要》是涉案当事人签署该文件时的真实意思表示，但该项意思表示均是基于一定前提条件而作出的，如子女出于尊重父母的意愿而作出的，或基于其他利益的平衡而作出的，仅代表各方当事人签署文件时的意愿。但各方签署上述《家庭会议纪要》后，由于李某某又另行订立了新的遗嘱，而且两被继承人均对《家庭会议纪要》中记载的部分财产的分配另行作出了处分，有部分房产已进行了产权变更登记，不能再按该《家庭会议纪要》约定的方式进行分配，损害了部分继承人原有的权益。因此，在《家庭会议纪要》签署时的原有条件已严重失衡的情况下，仍要求各继承人遵守《家庭会议纪要》的约定，放弃部分遗产的继承，将有失公平，不利于矛盾的化解。

因此，广州市中级人民法院最终判决《家庭会议纪要》不具备法律效力，既符合《中华人民共和国继承法》的相关规定，也体现了法律的公平原则。

遗嘱真实性举证责任分配问题

李　平*

一、案情介绍

被继承人林某与配偶方某共生育六个女儿。林某于 2006 年 7 月去世。林某与方某名下有一处房产，位于广州市南沙区某街道 2 号。2017 年，该房屋所在村被整体征收搬迁，该房屋被征收后获得一套安置房。

在办理征收补偿手续过程中，方某与二女儿、六女儿签署了相关征收补偿文件，并声称安置房由方某、二女儿、五女儿、六女儿四人所有。

四女儿林某森认为自己对父亲遗产的合法继承权受到侵害，经与其他继承人协商未果，向法院提起诉讼，要求继承父亲林某享有份额的房屋被拆迁后获得的安置房中的相应份额。

在诉讼过程中，二女儿及五女儿提交遗书两份，证明被继承人林某生前立有遗嘱，指定其财产份额由二女儿、五女儿继承。

原告林某森不确认该两份遗嘱的真实性，申请法院对该两份遗嘱中林某笔迹的真实性进行鉴定，但由于原被告双方均未能提供符合要求的对比样本，笔迹鉴定无法进行。

二、裁判摘要

广州市某区人民法院作出判决：驳回原告林某森全部诉讼请求。

---

* 李平，广东容林律师事务所律师。

三、裁判理由

本案《遗书》系被继承人林某所立自书遗嘱，该自书遗嘱符合法律规定的形式要件，并系林某真实意思表示，应认定为合法有效。原告主张林某立遗嘱时神志不清，但未提供证据证实，本院不予采信。《遗书》中出现的错别字，系立遗嘱人受文化水平所限及粤语发音习惯的影响，但并不会使人对其如何处分自己财产的意思表示产生歧义，原告以此瑕疵主张遗嘱无效没有依据，本院不予支持。故涉案房屋中属于林某的份额应按照遗嘱处理，原告要求继承没有事实和法律依据，本院不予支持。

四、案件评析

本案争议的焦点问题是，遗嘱真实性的举证证明责任应当由哪方当事人承担。

（一）本案判决认定遗书真实合法有效，但未详述理由

在本案中，原告对被告提供的两份遗书主要存有两个异议。

其一，原告不确认遗书的真实性。原告在被告出示遗书之前，从未听说父亲立有遗嘱，在起诉之前与几被告多次协商的过程中几被告也从未提及。因此，原告不相信父亲真的立有遗嘱，并对遗书中父亲笔迹的真实性申请了司法鉴定。但由于父亲已经去世十多年，无法找到其生前书写的其他文件资料作为对比样本，因此，笔迹鉴定无法进行。

其二，原告认为遗书中有一些错别字，影响遗书所反映的被继承人的真实意思表示。

本案判决对原告提出的第二个异议进行了说理解释，认为遗书中的错别字并不影响对被继承人真实意思的判断。对于原告提出的第一个异议，即对遗书真实性的异议，因笔迹鉴定无法进行，本案判决直接认定遗书真实合法有效，未对在笔迹鉴定无法进行的情况下由原告承担不利后果的理由作出说明。

（二）目前司法实践中关于遗嘱真实性举证责任的裁判现状

在继承纠纷诉讼过程中，当事人不确认遗嘱真实性的情况非常多见，在申请笔迹鉴定后，因客观原因导致无法鉴定的情况也时有发生。在这种情况下，由哪方承担不利后果，各方当事人均有不同理解，这也是目前法院审理继承纠纷案件中的疑难问题。

北京市高级人民法院审判委员会在2018年召开的第9次会议通过了《北京市高级人民法院关于审理继承纠纷案件若干疑难问题的解答》，其中第23条对上述问题进行了解答："遗嘱真实性举证证明责任承担的原则，鉴定不能情况下举证证明责任如何分配？继承纠纷中，原则上应由持有遗嘱并主张遗嘱真实一方承担遗嘱真实性举证证明责任。在因无法提供足够的鉴定对比样本而导致遗嘱笔迹鉴定不能情况下，如有证据证明一方当事人持有鉴定对比样本而拒不提供的，人民法院可根据案情确定由该方承担不利后果。"

从以上规定来看，北京高院认为，除了有证据证明一方当事人持有鉴定对比样本而拒不提供，人民法院可根据案情确定由该方承担不利后果的特别情形之外，一般应当由持有遗嘱并主张遗嘱真实的一方承担遗嘱真实性的证明责任。也就是说，如果遗嘱笔迹鉴定无法进行，该不利后果由主张遗嘱真实的一方承担，如果该方亦无其他证据证明遗嘱的真实性，应当视为遗嘱不真实。

但是，即使是在北京地区，相同法院对上述问题的判决结果也有不一致的情况。举例说明如下：

1. 在北京市第三中级人民法院于2017年06月21日作出的（2017）京03民终6817号二审民事判决中，一审法院认为：姜某1否认上述遗嘱的真实性，法院通过随机摇号的方式确定法大法庭科学技术鉴定研究所进行鉴定，但由于"无样本、样本不充分或不具备比对条件"，通知法院不予受理。王某1主张王某2留有遗嘱，姜某1不予认可，该项事实目前处于事实真伪不明的状态，仅凭王某1提交的两份书面材料法院难以认定其主张的遗嘱的存在，王某1就该项事实的存在负举证责任，并承担举证不能的法律后果。

二审法院认为：关于2015年10月16日两份"遗嘱"的效力问题。当事人对自己提出的诉讼请求所依据的事实有责任提供证据加以证明，没有证据或证据不足以证明当事人的事实主张的，由负有举证责任的当事人承担不利后果。王某1主张应当按照上述两份遗嘱的内容由其继承全部涉案房屋，本院经审查认为，按照法律规定，自书遗嘱由遗嘱人亲笔书写，签名，注明年、月、日。王某1不能举证证明上述两份手写材料为王某2生前亲笔书写，亦不能提供其他证据证明王某2对于涉案房屋处理的真实意思表示。本案中的两份遗嘱，不符合法律规定的自书遗嘱的法定形式，应属无效。

在该案中，法院判决认定应当由提供遗嘱的当事人举证证明遗嘱的真实性。

2. 在北京市第三中级人民法院于2018年06月15日作出的（2018）京03民终5126号二审民事判决中，一审法院认为：靳某2提交了被继承人的遗嘱，在遗嘱中被继承人已经明确了其所有的争议房屋的产权在其去世后由靳某 2 继承；靳某 1 一方面主张签字是在老人非常难受的情况下签的，不能代表真实意思，一方面直接对遗嘱的真实性提出质疑，但既不能提供证据，无法证明被继承人的真实意思表示，又无法通过鉴定手段确定遗嘱是否为靳某林书写。当事人对自己提出的诉讼请求所依据的事实或者反驳对方诉讼请求所依据的事实，应当提供证据加以证明，但法律另有规定的除外。在作出判决前，当事人未能提供证据或者证据不足以证明其事实主张的，由负有举证证明责任的当事人承担不利的后果。因此，法院对靳某 1 的抗辩理由不予采信。

二审法院认为：本案中，靳某 2 提交被继承人于 2003 年 3 月 13 日自书遗嘱一份，靳某 1 虽对该份遗嘱的真实性不予认可，但是不能提供证据予以证明，故本院认定靳某 2 所持遗嘱合法有效。

在该案中，法院判决应当由不确认遗嘱真实性的当事人承担举证证明责任。

由此可见，在遗嘱继承纠纷案件中，有当事人对遗嘱的真实性提出异议的，应当由主张遗嘱真实性的当事人还是由不确认遗嘱真实性的当事人承担举证证明责任，在目前的司法实践中仍存在不同的处理方式。

（三）遗嘱作为遗嘱继承案件中的关键证据，其真实性的举证责任应当由主张按照遗嘱继承的当事人承担

《最高人民法院关于适用〈中华人民共和国民事诉讼法〉的解释》第 90 条规定："当事人对自己提出的诉讼请求所依据的事实或者反驳对方诉讼请求所依据的事实，应当提供证据加以证明，但法律另有规定的除外。在作出判决前，当事人未能提供证据或者证据不足以证明其事实主张的，由负有举证证明责任的当事人承担不利的后果。"根据该条规定，"谁主张谁举证"是我国民事诉讼举证责任分配的一般规则。

对于能够证明案件事实的证据，应当符合真实性、合法性、关联性三个基本要求。在遗嘱继承纠纷案件中，遗嘱毫无疑问是认定该类案件事实的关键证据。因此，提供遗嘱并主张按照遗嘱继承的当事人依法应当对遗嘱这一关键证据的真实性、合法性、关联性承担证明责任。如果其他当事人对遗嘱的真实性提出异议，主张按照遗嘱继承的当事人应当提供有效证据来证明遗嘱的真实性，比如相关的证人证言、订立遗嘱时的录音录像、申请笔迹鉴定等。如果主张按照遗嘱继承的当事人无法提供前述任何证据，则不能仅凭遗嘱本身来确认其真实性。

通过以上分析，笔者认为在本案中，林某的二女儿和五女儿提交了被继承人林某的遗书，主张按照遗书继承，原告林某森对遗书的真实性提出异议并申请了笔迹鉴定，后因无对比样本导致笔迹鉴定无法进行，该不利后果应当由主张按照遗嘱继承的二女儿和五女儿承担。但由于在庭审过程中，被继承人林某的配偶方某确认了遗书的真实性，并证明了遗书的订立过程，其他继承人也表示知道遗书的存在，并同意按照遗嘱继承，虽然方某及其他继承人与二女儿、五女儿同为被告，但在原告无任何证据证明遗书不真实的情况下，二女儿、五女儿关于遗书真实性的主张因母亲方某和其他继承人的确认而显得更加真实。因此，本案判决据此确认林某遗书的真实性是正确的。

借名买房的出名人去世，借名人如何维护自己的合法权益？

陈 红*

一、案情介绍

2007年12月，张某1因在外地，委托其哥哥张某2和母亲李某代购房屋1套，产权登记在张某2和李某名下，张某2是主贷款人。房屋的首期款、银行按揭还款、税费等均由张某1支付。2008年6月张某2和母亲李某各写了一份书面材料，内容包括房屋的租售事宜由张某1全权处理；如其离世，其名下的房屋由张某1继承。2011年李某夫妇和两个儿子及其配偶共同签署《家庭财产协定书》，内容包括该套房屋的购房款、税费及其银行按揭还款都是张某1支付的，所有权归张某1所有等。

2018年6月，张某2突发疾病去世。张某2有妻子李某、两个子女（均未成年），父母健在，但父亲张某中风瘫痪不能说话、不能签名写字、不能行走。张某2去世后，家属发现其对外有大量债务，包括小额贷款公司借款、银行信用卡还款、银行抵押贷款等，已有债权人通过电话追讨债务，债务具体数额不清楚。张某2代持的该套房屋尚有银行抵押贷款，母亲李某年近80岁。

二、裁判摘要

《中华人民共和国继承法》第5条规定："继承开始后，按照法定继承办理；有遗嘱的，按照遗嘱继承或者遗赠办理；有遗赠扶养协议的，按照协议办理。"第19

* 陈红，广东岭南律师事务所律师。

条规定："遗嘱应当对缺乏劳动能力又没有生活来源的继承人保留必要的遗产份额。"因此，由于张某2的子女张小某和张美某尚未成年，应依法保留其必要的遗产份额。张某1以其母亲李某、父亲张某、张某2的妻子林某以及张小某、张美某为被告，提起继承纠纷之诉，请求：1. 依法判令涉案房屋属于被继承人（张某2）1/2的房屋产权，由原告继承8/20的产权份额。2. 依法判令涉案房屋属于被继承人（张某2）1/2的房屋产权，由被告张小某继承1/20的产权份额，或者该1/20产权份额归原告所有，由原告支付房屋折价款。3. 依法判令涉案房屋属于被继承人（张某2）1/2的房屋产权，由被告张美某继承1/20的产权份额，或者该1/20产权份额归原告所有，由原告支付房屋折价款。

张某1提交了首期款、税费以及银行按揭款等支付凭证、发票等以及《家庭房产分配协定》证明涉案房屋的所有购房费用都是由原告张某1支付的，张某2和李某只是出名、代持该房屋，房屋所有权实际归属原告；提交了被继承人张某2的遗嘱，根据其遗嘱，其享有的涉案房屋的产权份额依法应由原告继承。

诉讼中，被告李某、张某、林某均表示放弃继承，其份额由原告继承，李某还表示将其名下的份额全部无偿转给原告，原被告各方在法官的主持下，顺利达成调解协议：1. 登记在被继承人和李某名下的涉案房屋由原告一人占有全部份额，被告张某、李某、林某和张小某、张美某在2018年8月15日前协助办理房屋的过户手续，过户产生的费用由原告承担。2. 原告于2018年8月1日前一次性补偿张小某、张美某各20万元。被告张小某、张美某均放弃对上述房屋的继承份额。3. 原告按照本调解协议向被告张小某、张美某履行付款义务后，两被告不得就本调解协议涉及的遗产向原告主张权利，并放弃对涉案房屋的相应继承份额。

因涉案房屋尚有银行抵押贷款，即使继承房屋，银行也不同意变更抵押贷款人，需要继承人筹措资金，提前偿还银行贷款、办理抵押涂销手续后，方能办理继承过户手续。继承房屋是不受广州市限购政策约束的，即继承人没有广州市购房资格也可继承房屋。

本案当事人因在国外生活多年，法律意识和证据意识比较强，保留了多年的划款凭证，并在父母的主持下兄弟二人和各自配偶均签署了财产协定书，代持人立有遗嘱，将房屋代持的事实予以固定，才使本案顺利调解结案。实践中，在限购政策下，代持房产非常多见，许多人因没有购房资格，以父母或者亲戚的名义购房，多数父母年龄都比较大了，万一哪天突然去世，该房屋就是遗产，由其法定继承人依法继承。即使兄弟姐妹关系融洽，但各自居住在世界各地，想妥善处理遗产继承问题也是麻烦事，如果不融洽呢？由亲戚代持的风险就更大了；出名人对外举债，房屋被查封而发生纠纷，在房价上涨巨大的利益面前反悔。但许多人并没有意识到其中的巨大风险，也没有采取相应的措施防范风险，以致发生诸多矛盾和争执。

三、案件评析

张某1想拿回由张某2和母亲李某代持的该套房屋，并希望不承担张某2的对外债务。律师接受委托后，结合本案案情和相关法律法规规定，认为本案有两种处理方式：

1. 通过非诉讼方式解决，办理继承权公证，张某1通过继承取得该套房屋的所有权。在本案中，因张某2有两个未成年子女，其所立遗嘱没有遗留未成年孩子的份额，以及其父亲为限制民事行为能力人，公证处不给办理继承权公证，即使张某2的法定继承人全部配合也办不了。

2. 通过诉讼解决，有三种方案：

（1）张某1以实际购房人、借名人身份起诉张某2的法定继承人，请求确认该房屋归其所有，并要求张某2法定继承人协助办理过户手续。该方案因广州市实行限购政策，张某1无广州市购房资格，此方案行不通。

（2）依据遗嘱提起继承纠纷之诉，请求依据遗嘱继承该房屋。这意味着涉案房屋的50%产权是张某2的遗产，张某2有大量债务，继承遗产就得偿还债务；遗嘱没有遗留张某2的两个未成年子女的份额，其依法有权继承相应的遗产份额，张某2的妻子也无权代替他们放弃继承。在本案中，银行不用作为第三人参与诉讼。

母亲李某代持的50%房屋产权，因父亲是限制民事行为能力人也不能立遗嘱，如张某1的父母去世，该房屋张某2的两个孩子依法有权继承相应的份额。

（3）依据家庭房产分配协定、房屋首期款支付凭证、按揭还款凭证等证据，提起物权纠纷之诉，请求母亲李某和张某2的法定继承人共同返还房屋市场价值500多万元，银行作为第三人参与诉讼。因李某已近80岁、年纪大，银行不会同意变更还贷人，由李某偿还贷款，张某2的妻儿也没有接受房屋份额、支付房款的经济能力。

该方案中，张某1虽可以不用承担张某2的债务，并可以拿到房屋返还款，但张某2的债务也不一定能避开，一是债权人可能会率先起诉查封该房屋；二是张某2的妻子没有经济支付能力，只能继承房屋后变卖份额给李某，由李某占有该房屋的全部份额，但是因李某的丈夫是限制民事行为能力人，无法立遗嘱，其财产由张某1全部继承，张某2的两个未成年子女依法可继承爷爷的遗产。

当然还可以继承房屋后，把房屋卖掉，但是张某1不想卖掉房屋，想保留房屋。

目前只有诉讼的方案（2）和（3）可以行得通，但两种方案各有利弊，结果也会不同，只能择其一。本案没有万全解决之策，因每种解决方案都有绕不开的节点。

该案最终经律师与张某1多次沟通，并释明各种方案的风险和利弊，张某1决定提起继承纠纷之诉。

第五篇

离婚调解

协议离婚之优缺点探讨

郑　喜*

一、案情介绍

廖某与张某于2006年经人介绍相识，并于2010年8月在广州市某区民政局登记结婚，婚后张某于2012年5月生育一女廖某乙。后两人因生活琐事引发矛盾，从而开始分居，分居期间张某一直将女儿带在自己身边抚养，廖某只能跟随张某的时间不定期探望女儿，两年后张某向廖某提出离婚，廖某认为两人没有实质性矛盾，想挽回两人的感情，不同意离婚，但张某态度坚决，要求必须离婚，并声称如果不能协议离婚，就向法院起诉要求离婚。

出于挽回婚姻的考虑，廖某向律师求助，希望能在律师的调解下，缓和与张某的婚姻关系，继续与张某共同经营家庭。律师针对双方的情况开展了调解工作。

律师介入后，做的第一件事情就是建议当事人冷静、客观地考虑是否离婚。虽然廖某一开始并不想离婚，但是经过尝试挽回和多次沟通后，发现确实无法与张某达成继续共同生活的一致意见，最终还是同意了张某的离婚要求。

在达成离婚的一致意见以后，律师进一步协调两人对子女抚养权、探视权、财产分割、债权与债务、户口等问题进行了详细的讨论，双方最终达成一致意见并签署了离婚协议，共同在婚姻登记机关办理了离婚手续，各自开始了新的生活。

在办理离婚调解案件时，不能一味地以调和或调离为目标，而是要根据当事人需求，协助其和平解决问题。调解离婚案件一般需要经历以下三个阶段：

1. 建议慎重考虑是否离婚

在实践中，离婚的原因往往有很多，也存在各种各样的导火索，但确实也有不

* 郑喜，广东正大联合律师事务所律师。

少离婚的男女是因一时冲动或赌气而离婚，离婚之后又后悔，但是碍于面子又不好意思复婚，最后只好接受离婚的现实。在这其中，部分男女离婚之后又复婚，重新走到一起，兜兜转转又回到原点。因此，如果夫妻中的一方主动提起离婚或者被要求离婚，建议无论哪一方都要慎重考虑后再做决定，对于离婚绝不能情绪化，不能冲动，更不能意气用事。

2. 与对方真诚沟通和交流

如果一方已经考虑清楚决定离婚，那么建议选择合适的时机向对方提出，并与对方进行真诚的沟通和交流，说明理由和原因。作为被要求离婚的一方，在遇到对方提出离婚时，一定要保持冷静，仔细了解对方的想法和需求，看看是否能够挽回双方的感情，如果实在不能挽回，那么再考虑如何分开，绝对不能回避问题，否则只会导致矛盾升级。

3. 以协议离婚的方式办理离婚手续

如果经过多次沟通，双方对离婚决定已达成共识，也一致同意不用通过诉讼途径解决，那么通过协议离婚的方式办理离婚登记手续是最好的选择，对两人的感情和子女的伤害也可以降到最低。

本案的处理过程正是按照这三个阶段进行的。

二、案件评析

（一）本案是否离婚以及用何种方式离婚

1. 离婚与否的决定权

《中华人民共和国婚姻法》第31条规定："男女双方自愿离婚的，准予离婚……"因此，是否离婚，应由当事人自己决定，其他人不得干涉。当事人在寻求律师帮助的时候，不是因为想主动提离婚，而是不知道离婚会有什么法律后果，需要付出什么代价，就是被要求离婚，自己也不知如何应对，离还是不离，难以抉择，所以经常会有当事人询问："某律师，你说，这个婚我要不要离啊？"

作为律师，我们需要做的是帮当事人梳理事实、分析法律风险、给出法律建议，绝不是帮当事人做决定。离婚与否，应由当事人自己决定。如果当事人经过仔细考虑，不同意离婚，那么也就不可能适用协议离婚了。

2. 离婚的方式：协议离婚还是诉讼离婚

协议离婚又称两愿离婚或登记离婚，《中华人民共和国婚姻法》中称作"双方自愿离婚"，即协议离婚是指婚姻关系因双方当事人的合意而解除的离婚方式。

协议离婚与诉讼离婚相比具备如下特点：程序简易、便捷；自愿达成的离婚协议易于当事人自觉遵守和履行；有效避免讼累，缓解了婚姻当事人的敌对和仇视。

但协议离婚需要满足以下几个条件：（1）主体条件，协议离婚的主体是依法办理了结婚登记的合法配偶，既不包括非法同居的男女双方也不包括事实婚姻。（2）合意条件，要求“双方自愿”，即配偶双方就离婚问题达成一致的意思表示，并且这种意思表示必须真实、自愿。因受对方或他人的欺诈、胁迫或因重大误解所作出的离婚的意思表示无效。（3）其他条件，必须具备“对子女和财产问题已有适当处理”的法定条件。“适当处理”是指协议离婚双方当事人就子女抚养和财产问题处理达成协议。其中，子女问题适当处理，包括未成年人子女由何方承担监护责任，子女的抚养费和教育费如何负担，子女的姓氏是否改变，户口如何安排等；财产问题，包括共同财产合理的分割与处理，对共同债务的分担，对住房的分配，对生活困难方的经济帮助等内容。以上条件也是离婚协议书中所应当包含的内容。

与诉讼离婚相比，协议离婚是较为经济、快捷的离婚方式，只要双方就离婚的相关问题达成协议，婚姻登记机关当场就可以办理离婚登记手续，解除男女双方的婚姻关系。但是有其利必有其弊，协议离婚存在以下不足：

（1）离婚协议书的内容往往存有隐患。首先，离婚协议的内容，只要双方当事人协商一致就可以，但由于当事人的法律素质有限，因此，协议书中涉及财产、子女、债权债务的处分，往往考虑不周全，措辞不严谨，容易产生纠纷。其次，婚姻登记机关对离婚协议的内容审查不严格，相关工作人员也不一定具备较好的法律素养，因此，婚姻登记机关在审核相关离婚协议时，看不到离婚协议书中隐藏风险的情况时有发生，这也让登记离婚的男女双方无法看到离婚协议中潜在的法律风险，导致留有隐患。

（2）在民政局备案的离婚协议书，不具有法律强制执行效力。协议离婚后，当一方不履行离婚协议中的内容时，另一方必须向法院另行起诉解决，而离婚协议书中约定的内容，不一定百分之百能够得到法院的支持，因此具有较大的不确定性。

但男女双方若是在法院的主持下调解离婚或由法院判决离婚，法院出具的生效的民事调解书以及判决书具有可强制执行的效力，当一方不履行调解书或判决书的内容时，另一方可以申请强制执行，法院通过强制措施使对方必须履行义务，更有保障。

（3）对于离婚协议书的内容，当事人从诉讼程序上有反悔的权利。《最高人民法院关于适用〈中华人民共和国婚姻法〉若干问题的解释（二）》第9条规定：“男女双方协议离婚后一年内就财产分割问题反悔，请求变更或者撤销财产分割协议的，人民法院应当受理。人民法院审理后，未发现订立财产分割协议时存在欺诈、胁迫等情形的，应当依法驳回当事人的诉讼请求。”该规定赋予了一方当事人在协议离婚后一年内对夫妻财产分割方案反悔的权利。

（二）协议离婚问题的处理

1. 一方当事人反悔

（1）后悔协议离婚时约定的条件。登记离婚时双方自愿签订的财产分割协议，对双方均有约束力。但一定条件下可以通过提起诉讼重新分割。

一是离婚后，对财产分割后悔。男女双方协议离婚后一年内就财产分割问题反悔，请求变更或者撤销财产分割协议的，人民法院应当受理。但是人民法院在审理后，发现不存在订立财产分割协议时一方有欺诈、胁迫等情形的，会依法驳回当事人的诉讼请求。

二是离婚后，对损害赔偿后悔。当事人在登记离婚后，以《中华人民共和国婚姻法》第46条规定的几种法定情形为由（重婚的；有配偶者与他人同居的；实施家庭暴力的；虐待、遗弃家庭成员）向人民法院提出损害赔偿请求的，人民法院应当受理。但当事人在协议离婚时已经明确表示放弃该项请求，或者在办理离婚登记手续一年后提出的，不予支持。

三是离婚后，对子女抚养问题后悔。双方可以协商确定，如协议不成，可通过另行起诉请求人民法院判决变更，但是在一般情况下，如果没有特殊的事实和理由，得到法院支持的可能性相对较小。

（2）后悔离婚，如果当事人一方想夫妻重归于好，另一方也表示同意的，双方可以共同到一方户籍所在地婚姻登记机关申请复婚登记。

2. 一方不履行离婚协议上约定的义务

由于离婚协议不具有强制力，当事人一方不按照离婚协议的约定履行应尽的义务，或者在子女抚养、财产问题上发生纠纷的，当事人可以向人民法院提起民事诉讼，如果诉讼请求得到人民法院支持，另一方仍不履行生效司法文书确定的义务时，一方可以向人民法院申请强制执行。

夫妻在离婚诉讼中如何有效进行调解

关　莹*

一、案情介绍

原、被告相识于20世纪70年代，双方在同一个单位共事，平常工作中接触并不算很多。被告（女方）出生在一个富裕的家庭，才貌出众并且性格温婉，因此追求者一直众多，而原告（男方）只是一名普通的技术工人，家里也没有任何权势可言。虽然双方的家庭背景迥异，但是依然没有阻挡双方相爱的热情，后来被告不顾家人的反对，依然为了爱情嫁给了原告。结婚之初双方的感情还是不错的，尤其在女方生育子女后，男方为了养家也为了证明自己的能力，主动前往外地工作，以获得更高的经济回报。刚开始男方每周末都回家，但逐渐发展为每月回家一次。女方一直以为男方是忙于工作，无暇顾家，但无意之中发现原来男方早与他人有染。被女方发现后，男方痛哭流涕地写下悔过书，并在原、被告双方父母的调停下，承诺将痛改前非，与女方好好继续生活。自此男女双方开始了长达数十年的分隔两地的生活模式。

尽管男方言之凿凿会忠于妻子，回归家庭，但事实上男方一直不知悔改，背地里继续长期和不同的女性相处。女方得知实际情况后，虽然多次想提离婚，但苦于那个年代对离婚女性的歧视，也不想年幼的孩子失去父亲被人瞧不起，只好数十年如一日地苦苦守着这个风雨飘摇的家庭，她坚信自己的隐忍和宽容必将最终换来男方的幡然醒悟，男方会选择回归家庭、共享天伦之乐。

没想到女方多年来的苦苦等待，最终换来的却是男方一纸诉状。男方认为双方感情已经破裂，遂向法院提起离婚诉讼。女方虽然隐约知道男方长期与他人同居并已生下孩子，但苦于没有确凿的证据。女方表示，虽然对这段名存实亡的婚姻早已

* 关莹，北京大成（广州）律师事务所律师。

心死，但突然被男方起诉仍然觉得十分惊讶，并且男方要求分割多套夫妻共同财产，这让女方非常愤怒和失望。女方不甘心自己忍辱负重多年，到头来竟然要将夫妻共同财产分给男方和小三。

经过研判案情，女方在一审开庭时当庭表示不同意离婚，并表示夫妻已经走过了将近40个春秋，儿孙满堂，是该安享晚年的时候，女方愿意尽力去挽回这段婚姻。男方诉称其在外地生病住院期间，女方竟然没有去看望过一次。女方辩称是让子女过去看望，自己在家中照顾孙子，以后在生活中会更多地顾及原告。女方庭后私下表示，事实上男方住院期间由小三照顾，因此她才不愿意过去看望男方的。

最后，在一审法院主持调解下，男女双方自愿达成和解。

二、调解摘要

女方知道男方离婚的心意已决，虽然法院主持调解并达成和好的协议，但预计半年后男方仍然会第二次提出离婚诉讼，因此女方需要在半年的时间内准备好下一次诉讼的准备。

女方积极寻找法律上的解决方案，希望《中华人民共和国婚姻法》能更多地解决她目前的困境——在男方长期对婚姻不忠的情况下，如何能让男方净身出户？遗憾的是，如果仅根据现有的法律及司法解释其实是难以做到的。

首先，《中华人民共和国婚姻法》第46条规定："有下列情形之一，导致离婚的，无过错方有权请求损害赔偿：（一）重婚的；（二）有配偶者与他人同居的；……"据此，无过错的女方在其配偶重婚或同居的情况下，有权请求损害赔偿，但根据在裁判文书网上对无过错方有权请求损害赔偿数额的检索报告显示，一般赔偿数额最高也仅仅是数万元而已，对于本案的女方来说这样的保护力度远远不够，毕竟本案原、被告夫妻名下的财产按照上述法律规定仍需要平均分配。

其次，《中华人民共和国婚姻法》第47条规定："离婚时，一方隐藏、转移、变卖、毁损夫妻共同财产，或伪造债务企图侵占另一方财产的，分割夫妻共同财产时，对隐藏、转移、变卖、毁损夫妻共同财产或伪造债务的一方，可以少分或不分……"本案的女方获知，男方以他人名义与第三人在外地共同投资了多处宅基地，但因为原、被告两人长期分居无法获知上述宅基地的详细信息，而且上述宅基地涉及第三人，离婚案件一般不处理涉及第三人的财产。此外，女方还从亲朋好友处获悉，男方与小三共同居住在外地的房产是男方出全款一次性购买的，女方通过在不动产登记中心查询上述非法同居的房产并没有登记在男方名下，因此女方无法以男方隐藏、转移夫妻共同财产为理由，在本案中主张分割夫妻共同财产时，对男方进行少分或不分。并且，就算能证明男方对上述非法同居的房产进行了隐藏或转移，女方也仅仅是对该房产多分一部分，无法从根本上达到让男方净身出户的诉求。

至此，本案的女方迫切需要另外找一条诉讼途径，即用刑事犯罪构成，重新审视男方重婚这一事实，并以此作为谈判的突破口。

《中华人民共和国刑法》第258条规定："有配偶而重婚的，或者明知他人有配偶而与之结婚的，处二年以下有期徒刑或者拘役。"根据上述条款对重婚罪的构成要件的规定，本案中的男方是否构成重婚罪有两个关键点：1. 男方与小三是否以夫妻名义相称；2. 男方与小三是否持续、稳定地共同居住。

结合裁判文书网关于重婚罪的相关案例分析可知，证据收集的主要方向是：1. 证人证言（包括男方或小三公司同事、亲朋好友、与小三非法同居所在地的邻居、私生子的老师等），证实其二人以夫妻名义相称；2. 男方与小三摆婚宴的照片；3. 小三在街道人口和计划生育办公室是否有计生信息表、育龄信息卡上是否有记载本案男方的姓名；4. 小三的流动人员居住证信息登记表，核实是否有记载男方的姓名；5. 小三的产科入院告知书、知情同意书、产科分娩知情书等住院分娩手续中是否有注明与丈夫的"夫妻"关系；6. 私生子的医学出生证明、生日宴的照片、入学后的《学生家庭情况表》；7. 男方与小三非法同居住处的房屋租赁合同（商品房购买合同）、所在小区的业主卡、停车登记信息；8. 男方与小三之间的手机短信、微信、QQ空间、邮件、银行账号资料、银行交易明细、存折记录等材料。

女方在收集到上述材料清单中的部分证据后，开始与男方进行多次的谈判。女方第一次与男方谈判时，男方并不承认，女方只好将证据一一展示给其看，明确告知其与小三以夫妻名义相称并共同居住，已经涉嫌刑事犯罪，男方见势不妙便说为了儿孙未来的生活有所保障，并希望将所有夫妻共同财产都平分拿走，女方则要求男方放弃全部的财产净身出户。双方第二次谈判时，男方明知自己理亏并且现在证据确凿，只好答应女方大部分的要求，将大部分的财产留给女方，提出只要一处在郊区的房产给自己养老，女方考虑到谈判要速战速决，免得节外生枝，可以协商一致的就能免去旷日持久的离婚诉讼也能省下一笔诉讼费，因此同意了男方的请求。

女方为了保障双方的谈判结果能顺利履行，与男方共同签署了《婚内财产分割协议》并办理公证，公证后一个月，双方就在民政局办理了离婚登记。

本案中女方与男方签署的是《婚内财产分割协议》，而不是《离婚协议》的重要原因是，《最高人民法院关于适用〈中华人民共和国婚姻法〉若干问题的解释

（三）》第 14 条的规定：“当事人达成的以登记离婚或者到人民法院协议离婚为条件的财产分割协议，如果双方协议离婚未成，一方在离婚诉讼中反悔的，人民法院应当认定该财产分割协议没有生效，并根据实际情况依法对夫妻共同财产进行分割。”假如女方与男方签署《离婚协议》，男方在办理离婚登记前反悔，《离婚协议》便是一纸空文，现在女方与男方签订的《婚内财产分割协议》，就是防止男方反悔的利器，并且该《婚内财产分割协议》在签订时做了公证，万一男方不协助女方办理过户等手续的，女方将其起诉到法院，女方也是胜券在握的。

三、案件评析

综观整个案件，女方作为被告在一审过程中十分被动，如果女方一气之下答应了离婚，紧接着就是要分割财产，而女方在完全没有准备的情况下，夫妻共同财产很大可能是要平均分割的，这对女方多年来的隐忍和付出极其不公平。好在女方的冷静和睿智为自己扭转了劣势，积极应诉争取调解和好，为自己赢得了收集证据的宝贵时间，同时又听取专业律师的意见转换诉讼思路，让该案件最终反败为胜。因此，在家庭生活中，若在毫无准备的情况下，不幸遭遇诉讼离婚，建议千万不要意气用事，要保持冷静和克制，用法律的武器维护自己的合法权益。

离婚未成所签订的离婚协议能否作为法院定案的直接依据？

林　萱*

一、案情介绍

原告莫某（女方）因与被告李某（男方）发生离婚纠纷，向广州市某区人民法院提起诉讼。原告莫某诉称：原告莫某与被告李某于2012年上半年经人介绍相识，2013年3月双方登记结婚，同年12月生育一子李小某。由于婚前双方缺乏了解、草率结合，婚后双方性格完全不合，被告李某自私、多疑，把原告莫某当作个人财产。原告莫某作为一名医生，见到同事、病人或病人家属时，难免要互谈几句，沟通相关的工作事宜，但被告李某对于原告莫某日常的正常工作、朋友交往均干涉限制，有时还对原告莫某恶言相向，甚至侮辱原告莫某的人格。平时，原、被告之间很少沟通交流，原告莫某生病了，被告李某也漠不关心，双方之间根本无法建立应有的夫妻感情。

2016年年中，原告莫某为了家庭生活及缓解双方之间的矛盾，向被告李某提出去私立医院就职，但遭到被告李某反对，被告李某声称："如果要去私立医院就职，必须先办理离婚手续。"由于原、被告夫妻感情不断恶化，双方曾于2016年12月协商离婚事项，并就财产分割、孩子抚养等问题拟定了《离婚协议》，但后续被原告母亲出面制止而没有去办理离婚登记手续。

2017年7月初，被告李某将原告莫某赶出家门，并将家里的门锁全部换掉，原告莫某被迫在外租房与儿子共同生活。原、被告之间的夫妻感情彻底破裂、无和好可能。鉴于此，原告莫某坚决要求离婚。原告莫某特此向广州市某区人民法院提起

---

* 林萱，广东法制盛邦律师事务所律师。

离婚诉讼，诉请：1. 判令原告与被告离婚；2. 儿子李小某归原告抚养，抚养费由原、被告共同承担；3. 请求人民法院根据原、被告双方在2016年12月拟定的《离婚协议》的约定，判令位于越秀区的房产归原告所有，相关房产贷款债务由原告承担，原告无需向被告支付任何补偿。

被告李某辩称：原告莫某和被告李某经人介绍相识后，经一年的自由恋爱，双方对彼此的性格已完全了解，有着牢固的婚前基础。婚后，双方生育儿子李小某，被告李某通过自己的人脉关系为原告莫某调动了两次工作，使得原告莫某的工作环境和工资报酬都有了明显的改善，可见双方夫妻感情深厚、牢固。原、被告还有和好的可能，被告李某坚决不同意离婚，请求法官多做原告莫某的思想工作，使原告放弃离婚念头，挽救原、被告的婚姻关系。

二、裁判摘要

本案经法院主持调解，因原告莫某要求离婚，被告李某不同意离婚，调解未果。最终法院判决驳回原告莫某的离婚诉求。

三、裁判理由

一审法院提出，本案的争议焦点有二：1. 原、被告双方之间的夫妻感情是否已经彻底破裂？是否必须解除婚姻关系？2. 原告莫某和被告李某拟定的《离婚协议》是否生效？

一审法院认为：原告莫某和被告李某双方之间在婚前具有较好的感情基础。婚后，原、被告在生活上和工作上能相互扶持，双方培养了一定的夫妻感情；原、被告生育的儿子李小某尚年幼，从双方诉讼中反映的情况，现儿子极需父母的爱护，双方离婚，对儿子会造成伤害。因此，原告莫某主张离婚的诉讼请求，不予支持。

关于原、被告双方当事人签订的《离婚协议》的效力问题。《离婚协议》是解除夫妻双方人身关系的协议，该协议是一种要式协议，必须经双方当事人签名并办理离婚手续才能生效。否则，即使有证人在场见证，证明双方达成离婚合意，但由于双方没有办理离婚登记手续，故在法律上该《离婚协议》也是不成立的。原告莫某在2016年12月拟定了一份《离婚协议》交给被告李某，虽然李某口头同意离婚，但李某并没有在《离婚协议》上签名，也没有和莫某去办理离婚登记手续，故导致《离婚协议》欠缺成立的要件。事后李某反悔不愿意离婚，因此不能根据仅有一方签名的《离婚协议》来判决双方离婚，并按照《离婚协议》对于财产分割的约定来处理分割夫妻共同财产。

四、案件评析

本案的《离婚协议》是指男女双方在婚姻关系存续期间，以解除婚姻关系为基本目的，并就财产分割以及子女抚养问题达成的协议。离婚协议是以双方协议离婚为前提，一方或者双方为了达到离婚的目的，可能在子女抚养、财产分割等方面做出有条件的让步。但双方未能在婚姻登记机关办理离婚登记手续的情况下，该《离婚协议》并没有生效，对双方当事人均不产生法律约束力。其中关于子女抚养、财产分割的约定，不能当然作为人民法院处理离婚案件的直接依据。原告莫某和被告李某在协议离婚过程中经双方协商，对财产分割、儿子李小某的抚养权归属等进行了约定，是双方的真实意思表示，但由于李某并没有在离婚协议上签名，达不到离婚协议的成立要件，因此，该《离婚协议》未生效。

首先，附离婚条件的财产分割协议是指以离婚为条件的财产分割协议。附条件的财产分割协议通常是双方当事人之间平等协商的结果，因此具有类似合同的性质。但在此需要先厘清其是属于有关身份关系的协议还是属于有关财产关系的协议，抑或是兼而有之。《中华人民共和国合同法》第2条规定："本法所称合同是平等主体的自然人、法人、其他组织之间设立、变更、终止民事权利义务关系的协议。婚姻、收养、监护等有关身份关系的协议，适用其他法律的规定。"① 可见，有关身份关系的协议与有关财产关系的协议不同。有关身份关系的协议因涉及身份关系的设立、变更或解除，一般会受到法律的限制或特殊调整，不能完全由当事人的合意来完成。如婚姻、收养和监护法律关系的设立、变更或解除，除了需要有双方当事人的共同意思表示之外，还必须履行一定的法律程序。法律对于有关身份关系的协议给予了更多的监督和控制，以保证特定层面的人的基本需要。法律对于有关财产关系的协议持宽泛的态度，只要不违反法律、社会公共利益和他人利益，当事人可在自愿、平等的基础上协商设立、变更或终止某种法律关系。从法律对待身份关系和财产关系的态度来看，显然对身份关系的调整重于对财产关系的调整。附

① 《中华人民共和国民法典》第464条："合同是民事主体之间设立、变更、终止民事法律关系的协议。婚姻、收养、监护等有关身份关系的协议，适用有关该身份关系的法律规定；没有规定的，可以根据其性质参照适用本编规定。"

离婚条件的财产分割协议，以解除婚姻关系为先决条件，因此属于有关身份关系的协议。同时，附离婚条件的财产分割协议以分割夫妻财产为主要内容，因此兼具财产关系协议的性质。

其次，要厘清附离婚条件的财产分割协议是普通合同还是附条件合同。如果是附条件合同，在离婚和财产分割方面，谁是主合同？谁是所附条件？所谓附条件的合同，是指当事人在合同中特别规定的一定条件，以条件是否成就来决定合同效力的发生或消灭的根据。附离婚条件的财产分割协议从表现形式来看，无论是离婚协议还是财产分割协议，当事人一般都不会明确写明什么是所附条件，但从本质来看，离婚是财产分割的前提，因此该财产分割协议属于附条件的合同。这也是理论界和实务界将这种现象界定为附离婚条件的财产分割协议的原因。

从另外一个角度来看，如果把附离婚条件的财产分割协议视为普通合同，则应在双方签字时生效，一旦一方当事人反悔不想离婚，另一方当事人就有权通过法院强制对方履行该协议。那么法院在受理案件后，如一方当事人不能证明签署协议时存在欺诈、胁迫等情况，法院就要按该协议作出判决。但这种理解和操作显然忽略了婚姻案件的特点。法院判决是否准予离婚的标准是夫妻感情是否破裂，而不是当事人的书面约定。把这种协议视作普通合同显然是不对的。按照民法理论，有关身份关系的协议不允许附条件，因此离婚问题是不可以附条件的。财产分割属于财产方面的协议，允许附条件。从民法理论的角度来看，财产分割协议是主合同，离婚是所附条件。从现实生活来看，也是如此。主张离婚的当事人在签署协议时往往在财产分割、子女抚养、债务承担等方面作出让步，目的是希望顺利离婚，以减少离婚带来的负面影响。可见，顺利离婚是当事人在财产等方面作出让步的条件。

综上，如果双方当事人在签署《离婚协议》或《财产分割协议》后，有一方反悔，导致该协议未履行，一方向法院起诉要求按照协议履行，显然属于条件不成就，法院不应支持。

从吴某与王某离婚纠纷一案，谈律师在婚姻调解中的作用

刘海辉*

一、案情介绍

原告王某与被告吴某于2014年相识，2015年4月登记结婚，同年12月生育儿子吴某某。结婚后，双方经常因家庭琐事发生矛盾，原告王某称吴某对家庭缺乏关心、与前女友存在暧昧等，认为夫妻感情已破裂，向法院提出起诉离婚，并要求取得儿子的抚养权，由吴某每月支付抚养费3000元，同时要求分割广州某房产在婚姻存续期间共同还贷的金额及房屋增值价值。而被告吴某认为王某有出轨行为，也同意离婚，同意由王某抚养儿子，但抚养费过高，自身并无积蓄，工资需还房贷、房租等，经济压力大。至于房产补偿款，吴某认为应按吴某占70%，王某占30%的份额给予补偿，原因在于王某存在过错，且婚姻存续期间，吴某承担了家庭所有开支，涉案房产婚后均是吴某以个人工资还贷，家庭贡献大。双方在前述问题上争执不下，被告吴某委托笔者代理此案。

笔者接手案件后，经过深入分析，认为有促成原被告双方达成调解的可能性，便着手加强这方面的工作。

二、裁判摘要

经过我方的积极斡旋，最终促成双方达成调解，吴某每月支付2000元抚养费，涉案房产及车辆归吴某所有，吴某一次性支付房产补偿款及车辆补偿款20万元给王某。

---

* 刘海辉，广东金桥百信律师事务所律师。

三、案件评析

（一）本案亮点

本案事实清楚，法律关系明确，亮点在于突出了律师的调解作用。我方在庭审过程中，正确、恰当地运用调解技法，引导双方当事人冷静地进行沟通和交流，说服对方当事人接受调解方案，最终达成调解协议，避免了双方当事人矛盾激化。

离婚案件的争议内容无非包括三个方面：是否同意离婚、财产如何分割（包括债务如何承担）、子女如何抚养及抚养费如何支付。本案中，在是否同意离婚的问题上，双方感情基础不深，经常因琐事产生矛盾，女方称男方对家庭缺乏关心、与前女友存在暧昧等，男方认为女方有出轨行为，双方感情确已破裂且都同意离婚，已经达到离婚的条件。在抚养权的问题上，孩子年龄尚小，男方也同意由女方抚养，自己愿意支付抚养费。只是在抚养费的具体数额问题上，双方未能达成合意。在财产的问题上，涉案房屋产权清晰，但双方对财产分割的补偿款数额尚有争议。

笔者认为，针对这种类型的离婚案件，若能达成调解协议，将会减少当事人的诉累，因为诉讼离婚是一个耗费时间、精力和金钱的诉讼过程，少则几个月，多则几年。而通过调解离婚，将对当事人的损害降到最低，最大限度地维护当事人的利益。再者，调解能为双方在未来和谐相处创造条件。尤其是在子女的抚养问题上，父母之间的良好关系对孩子日后的健康成长也是有好处的。一开始，原告本不同意调解，经过我方多次与对方沟通，从中调和，帮助双方当事人协商，平息分歧、化解矛盾和对立，在双方具有初步调解意愿时，经过我方的努力，把握庭审的节奏以及法官的态度，说服对方合情合理地接受调解方案，最终双方达成调解。

（二）离婚纠纷中进行调解的必要性

《中华人民共和国婚姻法》第 32 条第 1 款和第 2 款规定：“男女一方要求离婚的，可由有关部门进行调解或直接向人民法院提出离婚诉讼。人民法院审理离婚案件，应当进行调解；如感情确已破裂，调解无效，应准予离婚。”从该条的规定可以看出，调解是离婚的必经程序，在调解无效的情形下，才准予离婚。

调解作为解决纠纷的一种方式，对社会的稳定发挥着重要作用，充分发挥调解的诉讼替代作用，使大量婚姻家庭纠纷解决在基层，通过沟通和说服，促进人际关系的和谐，维护社会关系的稳定和融合，其作用与意义是不可替代的。

1. 在婚姻尚未走到非要闹个鱼死网破的时候，适当的调解方法可以促进双方当事人冷静沟通，缓解、消除夫妻双方的矛盾，使双方重归于好，促使婚姻关系向和美的方向发展。

2. 如果能通过调解挽救一段婚姻，必然是好事，而对于已经到了无法挽回地步的婚姻，调解同样是必要的，因为双方当事人离婚涉及的远不止双方的婚姻关系，更涉及子女抚养、财产分割以及债务承担问题。正确、妥恰运用调解技法，可以更好地引导双方当事人冷静地面对这些问题，提出妥善解决办法，达成离婚协议，防止双方当事人矛盾激化。

3. 通过调解结案，尽量使男女双方能维持较为良好的关系，将因离婚对子女造成的身心创伤降到最低，避免当事人双方在打完官司后完全变成“敌人”，出现探望权难以实现的或者不支付抚养费等情况。

（三）律师在婚姻调解当中的作用

一方面，律师在化解矛盾纠纷方面具有独特的专业优势、职业优势和实践优势。专业的婚姻律师常年办理离婚纠纷案件，有离婚调解经验，掌握各种调解谈判沟通技巧，且通晓婚姻方面的法律，知悉离婚法律规定、夫妻共同财产和个人财产认定、财产分割、子女抚养等方面的法律适用，遇到各种障碍时，也知道如何解决和如何应对，能增加离婚调解的成功率。

另一方面，现在法院受理案件数量大幅上升，审判工作面临的压力越来越大，大量申诉、缠诉案件的增加和执行难等问题，不仅使法院工作陷入负重和被动，同时也使当事人对法院、法官的公信度降低，使法院工作面临严峻的挑战。而律师无论是在诉前还是诉中参与婚姻调解，以专业知识为当事人解决纷争，缓解矛盾，不仅能减轻法院的工作压力，节省社会资源，也有利于律师工作的进一步发展，促进律师参与社会纠纷的解决，增加其工作的权威性。

（四）律师应如何参与婚姻调解

结合办理离婚纠纷案件的经验，笔者认为无论是作为原告还是被告的代理律师，都应充分利用律师的专业知识和经验为当事人解决纠纷，维护当事人的利益，发挥作为代理律师的沟通和调解作用。当事人委托律师的目的是希望解决纠纷，但是解决纠纷不一定必须是通过打官司获得胜诉，争取调解结案或许会对当事人更有利！

1. 作为专业律师，更应该根据具体案情，选择最适合、损害最小的方案为当事人解决纠纷。像上述案件，在双方当事人对是否离婚以及子女抚养权都没有争议，只是在财产分割和抚养费数额上无法达成一致意见的情况下，若能以调解结案，无疑能将对当事人的损害降到最小。

2. 在参与离婚调解过程中，应当充分了解和分析案情，委托人往往是站在自己的角度向律师陈述事实的，需要通过与对方当事人的沟通和交流，进一步了解案情，才能抓住分歧的焦点，找出解决争议的途径，最终达成调解协议。

3. 作为家事律师，在代理类似案件时应当表现出应有的专业素质，无论是代理原告方还是代理被告方，都应站在一个相对公平的角度，帮助双方当事人沟通和协商。在调解中，不要对双方的是非过多发表意见，而是围绕缩小争议作努力，适度公开自己的和解想法，释明相关的法律规定，促使双方共同探讨调解思路与方案。在调解时，结合当事人的性格特点，留意调解时当事人的情绪，注意抓准调解时机，这样调解才更容易达成。

4. 在与双方当事人商谈过程中，应当给他们进行相应的普法，让他们能正确认识自己的哪些要求是合法的，哪些要求是不能得到法院支持的，特别是双方在财产分割方面出现分歧时，运用律师的专业知识为当事人指明方向，提供合理的解决方案，促使离婚调解成功。

总之，专业的律师在离婚案件中，要善于利用法律知识以及办案经验，把握调解时机，掌握调解方法和技巧，充分发挥律师的调解作用，维护当事人的利益。

家庭是社会的组成部分，而夫妻关系是家庭关系的核心，离婚案件妥善处理与否，关系到夫妻双方的生活和命运，也关系到家庭和社会的稳定。调解作为社会矛盾纠纷的“第一道防线”，应充分发挥其诉讼替代作用，使大量婚姻家庭纠纷解决在基层。通过调解，促进当事人之间的沟通与交流，缓和夫妻关系，将离婚矛盾给家庭、子女带来的伤害减到最小，促进人际关系的和谐，维护社会关系的稳定。

示弱，是经营和谐婚姻家庭融化矛盾的调和剂

——论律师如何进行家事案件调解

李瑜曾*

一、案情介绍

原告霍女士与被告青先生于2001年自愿登记结婚。婚后于2005年上半年生有一女，现已9岁，就读小学三年级。此后，女方做过多次人流术，使身体健康受到一定影响。双方婚后感情并未十分融洽，但还是能彼此承担相应责任的。从女儿出生后，夫妻感情出现裂隙。女儿刚满月，丈夫就没有耐心照顾妻子。妻子不但要照顾哺乳婴儿，还要承担养家庭、农场养殖劳务与家庭事务。故夫妻吵闹常有发生，伴随着时间的推移，双方有时甚至是会发生肢体冲突。

婚后，夫妻感情虽不太和谐，但通过共同劳动，家庭亦逐渐积累了一些劳动成果，盖起了房屋、三处养殖场舍、在某地还置有商品房一套，家庭经济、生活逐渐趋于稳定。但不时的家庭暴力与丈夫对妻子的无名之火，致使夫妻感情降至冰点。2011年春季，女方在无法忍受男方的家庭暴力后，带着5岁的女儿“逃离”，回到四川老家另谋生计。妻子出走后，丈夫意识到夫妻长期分居必然感情冷淡，便于2014年下半年接妻女回新疆新家。虽夫妻女儿团圆了，然而丈夫的“旧病恶习”不改，打骂妻子成了家常便饭。吵架不断，暴力不止，使妻子心灵伤痛不已，遂决心解除此恶魔般的婚姻。经其他人士调和均无改善。女方以常遭受丈夫家庭暴力，致使感情破裂，无法共同生活为由诉至法院，要求解除婚姻关系，同时向“六师法律援助中心”申请“法律援助”。经中心审查，女方符合法援条件，便指派志愿律师与中心科员代理本案。

---

* 李瑜曾，北京市浩天信和（广州）律师所律师。

本案中，原告的诉讼请求包括：1. 依法判决原被告双方离婚；2. 婚生女儿由原告抚养，被告每月支付抚养费800元；3. 依法分割婚后共同财产，包括原告取得土木结构房屋、三处养殖场舍价值约10万元，被告取得商品房一套价值约23万元。

二、裁判摘要

本案原告霍女士经法院调解，在法庭评议前，通过律师热诚而细致地进行调和后，向法庭提出撤诉。经法庭合议后，作出准予撤诉的裁定。至此，一桩在垦区范围闹得沸沸扬扬并濒临破裂的家庭，最终双方握手言和，重新燃起了憧憬未来幸福生活的无限希望。9岁女孩看着父母抹着泪水并百感交集的情景，露出了久违的微笑。

三、案件评析

这是笔者参加司法部2014—2015年度“1＋1”律师自愿服务团活动，被委派到新疆兵团农六师法援中心，接受法援中心指派与原告委托成功化解婚姻家庭矛盾的案例。

2014年12月，冬至刚过，兵团所在地已经进入漫长的冬季。笔者在法援地区法院参与了这起离婚案件的庭审。作为原告女方的代理律师，笔者在庭审中十分注意双方矛盾的起因，利用中华民族优秀传统文化经典，融合化解这对夫妇的心中隔阂，最终达成了女方当庭撤诉、双方和解的效果。

俗话说，婚姻家庭是社会细胞的组成部分。有如人的牙齿与舌头关系，夫妻和谐相处是最基本的常态，偶尔牙齿也会因不协调咬到舌头，疼痛难忍，但不能因此就把牙齿与舌头分离，永不相处。经营好婚姻家庭莫不如舌头牙齿“和谐”相守！虽然，此喻不一定准确，然而透示的哲义是：和谐社会是无数个婚姻家庭和谐相处，而后形成的和谐社会氛围。

古人造“家”“宀”（mián，意思是房屋，引申为覆盖）和“安”三个汉字，其含义为：在一个具有遮阴挡雨避风，并能防御被偷袭伤害的场所，即为“家”，需要女性的存在，才能是“平安”“安全”“安静”“安好”。因此，女性在家庭安宁与和谐中的作用是第一或不可或缺的前提。“好家风”的形成与传承，更多是品德良善仁义厚道的女性的代名词。如我国著名的“周室三母”——太姜、太妊、太姒，正是有了她们的精心培育和谆谆教诲，才有了周室的代代贤王，为周朝成为拥有 800 年历史的王朝奠定基础。因此，笔者认为，在律师参与家事案件调解的过程中，应当充分理解和运用我国的传统文化，以达到化解当事人矛盾的目的。

（一）婚姻是人生一辈子最庄重的事情，“离婚”不能作口头语

古人云：一日夫妻百日恩，百日夫妻似海深！能做一天的夫妻，是许多世修来的福分。一百世的修行，能让你们一起渡船（相遇）。一千世的修行，才能修得同床共枕。婚姻需要双方共同精心经营与呵护。“离婚”二字是夫妻家庭中的忌语与咒语！

1. 濒临解体的家庭冷漠，无辜女儿难以承受

身为原告代理律师，笔者在仔细查阅了案卷材料并与女方作了深入的交谈，了解到本案双方当事人的感情曾长时间停滞于冷漠状态，争执吵架频繁，且双方分居两地达四年之久。还了解到夫妇二人婚后育有一女，已 9 岁，在读小学三年级。笔者通过与女方的接触了解了夫妻感情冷漠至破裂边缘的各种原因，帮助其分析双方的不足、缺陷，尽量说服女方，给予男方一次机会化解濒临感情破裂的危机。更重要的是，如何给未成年的 9 岁女儿提供一个温馨舒适的家庭氛围，让女儿在没有恐惧与忧虑中快乐成长！

2. 作为被告的男士如何肩负为人夫、人父的角色与责任

开庭前笔者与被告方接触了解具体情况，并约其到法援中心细谈其中的缘由。男方如约前来交谈介绍情况，笔者提醒其作为一家之主，在家庭中应当有担当、付出与责任。被告也意识到自己在此场婚姻危机酝酿与形成过程中存在的问题，以及其在履行作为丈夫、父亲的责任上做得不到位或者未尽责。

3. 父母离婚给孩子带来心灵伤痛而造成心灵阴影，最终影响其健康成长的案例比比皆是

是否还有化解融冰与冰释前嫌和好的可能？父母离婚给孩子造成心灵阴影，最终影响其健康成长的案例有很多，而使父母后悔与痛苦不已也屡有所闻。离婚是否就解决了一切烦恼？在解决夫妻各方的烦恼的同时，还应当考虑到可能产生对孩子的心灵烦恼与伤害。故冷静而理智、慎之又慎地对待夫妻矛盾并化解婚姻危机，挽救散伙边缘的家庭，涉及双方最少三代人（各方、父母、子女）的和谐关系！

（二）尊重子女尤其是未成年子女的自尊

《中华人民共和国婚姻法》虽未规定夫妻离婚需尊重子女的自尊，但在家庭伦理上却十分重要。夫妻闹“离婚”是向未成年子女告知“离婚”的含义，是父母双方从此天各一方不在一起生活，以此考验孩子的心理承受能力。每位离婚的当事

人在深思熟虑后，别无选择，唯有“分离”时，若未成年子女表示震惊、恐惧、害怕、忧虑等，说明对未成年子女的心理损害将会持续。

（三）中华民族优秀传统文化，仍然是今后建设和谐社会不可或缺的定海神针与风向标

5000 年的中华民族优秀传统文化，是老祖宗遗留给炎黄子孙的精神财富与智慧结晶。习近平总书记于 2015 年 9 月 24 日在人民大会堂出席纪念孔子诞辰 2565 周年国际学术研讨会暨国际儒学联合会第五届会员大会开幕会并发表重要讲话。他谈道：中国优秀传统文化的丰富哲学思想、人文精神、教化思想、道德理念等，可以为人们认识和改造世界提供有益启迪，可以为治国理政提供有益启示，也可以为道德建设提供有益启发。在建设和谐社会与幸福婚姻家庭中，“示弱”是家庭经营所不可或缺的经验“上策”。《道德经》中“上善若水”“刚强者死，柔弱者生，柔弱胜刚强”这些古训在经营和谐家庭中，有着十分深邃的哲理。

第六篇

新型家事纠纷

意定监护

——我的人身我做主

刘　珂*

一、案情介绍

彭女士与林先生于1990年结婚，婚后生育一儿一女，现都已成年，兄妹二人感情融洽。林先生因与其他女性发生婚外情，且婚外生子，导致与彭女士感情破裂，彭女士遂于2017年12月向法院提起离婚诉讼，第一次起诉法院判决不准离婚。

在等待六个月后的第二次起诉期间，彭女士一直有个顾虑：自己和林先生打拼半辈子，积累了几千万元的财产，离婚官司又不可能在短期内结束，而自己目前身体状况并不好，多种疾病缠身，同时因林先生的婚外情和私生子的烦扰，精神状态也不稳定。彭女士担心如果离婚诉讼还没结束自己因身体或精神问题失能，成为无民事行为能力人，那林先生作为配偶是否会以法定监护人的身份侵占自己该分得的财产？

二、案件评析

（一）我国法律关于"监护"的规定

彭女士的担忧是否是多余的，先来看一下我国法律关于"监护"的相关规定。

《中华人民共和国民法通则》第17条第1款规定："无民事行为能力或者限制

* 刘珂，北京大成（广州）律师事务所律师。

民事行为能力的精神病人，由下列人员担任监护人：（一）配偶；（二）父母；（三）成年子女；（四）其他近亲属；（五）关系密切的其他亲属、朋友愿意承担监护责任，经精神病人的所在单位或者住所地的居民委员会、村民委员会同意的。”第18条第1款规定：“监护人应当履行监护职责，保护被监护人的人身、财产及其他合法权益，除为被监护人的利益外，不得处理被监护人的财产。”①

《最高人民法院关于贯彻执行〈中华人民共和国民法通则〉若干问题的意见（试行）》第10条规定：“监护人的监护职责包括：保护被监护人的身体健康，照顾被监护人的生活，管理和保护被监护人的财产，代理被监护人进行民事活动，对被监护人进行管理和教育，在被监护人合法权益受到侵害或者与人发生争议时，代理其进行诉讼。”

《中华人民共和国民法总则》第28条规定：“无民事行为能力或者限制民事行为能力的成年人，由下列有监护能力的人按顺序担任监护人：（一）配偶；（二）父母、子女；（三）其他近亲属；（四）其他愿意担任监护人的个人或者组织，但是须经被监护人住所地的居民委员会、村民委员会或者民政部门同意。”第34条规定：“监护人的职责是代理被监护人实施民事法律行为，保护被监护人的人身权利、财产权利以及其他合法权益等。监护人依法履行监护职责产生的权利，受法律保护。监护人不履行监护职责或者侵害被监护人合法权益的，应当承担法律责任。”

无论是33年前的《中华人民共和国民法通则》还是现在的《中华人民共和国民法总则》，根据以上法律规定，在本案中，如果彭女士成为无民事行为能力人或限制民事行为能力人，林先生作为彭女士的配偶即成为法定第一顺序监护人，其不仅有义务照顾彭女士的身体健康，也有权利管理彭女士的财产。而此时彭女士与林先生感情已经破裂，且正在离婚过程中，外加林先生婚外情和私生子，彭女士完全不相信在其失能后，林先生可以悉心照顾她的生活和医疗，彭女士更加不相信林先生可以按照自己的意愿、为自己的利益管理自己的财产。显然，将来由林先生作为自己的监护人完全违背彭女士的意愿。

---

① 《中华人民共和国民法典》第27条：“父母是未成年子女的监护人。未成年人的父母已经死亡或者没有监护能力的，由下列有监护能力的人按监护顺序担任监护人：（一）祖父母、外祖父母；（二）兄、姐；（三）其他愿意担任监护人的个人或者组织，但是须经未成年人住所地的居民委员会、村民委员会或者民政部门同意。”第28条：“无民事行为能力或者限制民事行为能力的成年人，由下列有监护能力的人按顺序担任监护人：（一）配偶；（二）父母、子女；（三）其他近亲属；（四）其他愿意担任监护人的个人或者组织，但是须经被监护人住所地的居民委员会、村民委员会或者民政部门同意。”

（二）如何破解法定监护之困

《中华人民共和国民法总则》第33条新增加了意定监护的条款，即“具有完全民事行为能力的成年人，可以与其近亲属、其他愿意担任监护人的个人或者组织事先协商，以书面形式确定自己的监护人。协商确定的监护人在该成年人丧失或者部分丧失民事行为能力时，履行监护职责。”①

该条规定是我国关于成年监护制度的重大进步，也与《中华人民共和国老年人权益保障法》第26条的意定监护规定一致。《中华人民共和国老年人权益保障法》第26条第1款规定：“具备完全民事行为能力的老年人，可以在近亲属或者其他与自己关系密切、愿意承担监护责任的个人、组织中协商确定自己的监护人。监护人在老年人丧失或者部分丧失民事行为能力时，依法承担监护责任。”意定监护这一新的监护制度，允许具有完全民事行为能力的成年人根据本人的意愿确定自己的监护人，赋予当事人更充分的选择权利，既是对当事人的尊重和保护，也避免了其他法定监护人为财产利益而争夺监护权，从而有利于维护稳定的社会秩序。

本案的彭女士为了避免将来自己由林先生监护，于2018年3月与自己的两个子女签订了《意定监护协议》，约定如果彭女士被认定为无民事行为能力人或限制民事行为能力人，由彭女士的两个子女共同作为监护人，照顾彭女士的生活，并有权管理和处置彭女士的财产。虽然婚还没离完，但当彭女士签完《意定监护协议》后，她心里的一块石头终于落了地。

（三）意定监护的应用场景

除了上述在婚姻感情破裂，当事人对自己的配偶不信任的情况下，可以与其信任的亲友或组织签订意定监护协议之外，意定监护还有以下应用场景：

1. 当同一顺序法定监护人有多个，而当事人名下又有较多财产时，为避免将来多个监护人为财产而争夺监护权，当事人也可以提前与自己信任的亲友或组织签订意定监护协议，以保证自己在失能时，人身能够得到及时的照顾，财产能够得到妥善的安排。

2. 没有法定监护人的成年人，可以通过签订遗赠抚养协议确定监护人及其职责：意定监护人照顾被监护人的生活，被监护人在世及身故后，监护人可以依据遗赠抚养协议获得被监护人经济上的补偿或回报。这种形式的意定监护非常适合无子

---

① 《中华人民共和国民法典》第33条：“具有完全民事行为能力的成年人，可以与其近亲属、其他愿意担任监护人的个人或者组织事先协商，以书面形式确定自己的监护人，在自己丧失或者部分丧失民事行为能力时，由该监护人履行监护职责。”

女的孤寡老人，一方面，孤寡老人的养老得到基本的保障；另一方面，他们的个人财产能够得到更科学、合理的分配。

3.《中华人民共和国民法总则》第29条规定的遗嘱指定监护也是意定监护的一种情形。该条规定："被监护人的父母担任监护人的，可以通过遗嘱指定监护人。"[①] 无论是对于成年人还是未成年人，如果其父母此时是监护人，则父母不仅在遗嘱中可以对自己的财产按自己的意愿进行分配，也可以在遗嘱中为受其照顾的被监护人指定将来的监护人，以保证被监护人的监护符合其父母在世时的意愿，也保证被监护人的人身和财产得到更好的保护。

无论是成年人为自己签订意定监护协议，还是父母为子女签订意定监护协议，或是父母在遗嘱中为子女指定监护人，均体现了法律在监护制度上的巨大进步。没有什么人比自己更了解自己的需求和意愿，没有什么人比父母更关心子女未来的生活。意定监护制度在以上三种场景的应用既是对当事人意愿的充分尊重，也是对被监护人利益最大限度的保护。

（四）律师建议

如同法定继承常常不符合当事人的意愿，需要当事人订立遗嘱按照自己的意愿分配财产一样，当法定监护可能不符合当事人意愿时，当事人也可以通过签订意定监护协议保护自己将来的人身权益和财产权益。

关于意定监护，笔者有如下五点建议：

1. 无论是遗嘱还是意定监护，都必须在当事人有民事行为能力时订立，一旦当事人丧失民事行为能力，其所签订的遗嘱或意定监护协议均为无效。

2. 选择意定监护人时，要综合考虑监护人的监护能力及监护意愿，如监护人的经济条件、语言行动能力、时间精力分配、生活工作的稳定性、与被监护人的亲疏关系等。

3. 需要考虑意定监护的可持续性。如意定监护人失去监护能力、身故或不履行监护职责时，是否有预备的意定监护人继续承担监护责任。

4. 给予意定监护人合理的经济补偿或报酬。照顾被监护人需要花费时间、精力、金钱，长期无偿付出是对人性的巨大考验，委托人如果在能力范围内给予监护人合理的补偿或报酬，实则是对被监护人更充分的保护。

5. 对意定监护协议的执行设置监督人，防止意定监护人侵犯被监护人的人身安全和财产权益。

---

① 《中华人民共和国民法典》第29条："被监护人的父母担任监护人的，可以通过遗嘱指定监护人。"

委屈“被小三”，法律来维权

——胡某诉汪某人格权侵权纠纷案

李小非*

一、要旨

1. 夫妻双方对于婚姻、感情应当专一忠诚，这是社会主义基本伦理道德的要求之一，对婚姻家庭的不忠有违公序良俗，对该行为应当予以训诫。

2. 公民的一般人格权应当受到法律的保护。公民的人格尊严是一般人格权的重要内容，是公民对自身价值的认识与其在社会上享有的最起码尊重的结合。

3. 男女交往过程中，一方故意隐瞒自己的已婚身份，没有将另一方视为平等的、具有人格尊严的民事主体进行对待，侵犯了另一方的一般人格权。一般人格权属于人身权的内容，人身权受到侵犯，实施侵害行为的一方应当承担相应的精神损害赔偿责任。

二、案情介绍

胡某（女）于2001年结婚，2003年其配偶死亡。汪某（男）于2005年与李某某登记结婚，2008年生育一子，2017年汪某与李某某协议离婚。

汪某在与李某某婚姻关系存续期间，向胡某声称其无配偶，主动追求胡某，并以结婚为借口多次哄骗胡某与其发生性关系，并最终致使胡某怀孕。胡某怀孕之后，汪某便想方设法让胡某打掉胎儿，2015年8月，汪某陪同胡某在某区妇幼保健院进行早期妊娠人工流产手术，并在《手术知情同意书》中“患者家属”一

---

* 李小非，广东五美律师事务所律师。

栏签名。

2017年年初，胡某发现汪某已婚已育的事实，坚决与汪某断绝恋爱关系，但汪某仍坚称自己已经离婚并继续骚扰胡某及胡某的亲人、朋友和同事，严重影响了胡某的正常工作和生活。为此，胡某诉至法院，认为汪某的行为已经构成侵权，要求汪某进行赔偿。

三、裁判摘要

一审法院判决被告汪某侵犯了原告胡某的一般人格权，汪某自判决生效之日起五日内支付胡某精神损害抚慰金人民币50000元。

后汪某提出上诉，二审法院经审理，维持原判。

四、案件评析

本案中，令胡某最难以接受的是汪某长期以来在情感上的欺骗，那么，婚内出轨的“渣男”是否应当对“被小三”的受害者承担侵权责任？

众所周知，夫妻之间有相互忠诚的义务。如果一方在婚姻关系存续期间与其他异性发生不正当男女关系、与他人同居甚至重婚，则过错方应当承担给予无过错方精神损害赔偿的法律责任。但是，本案中汪某与胡某双方之间并没有法定的忠诚义务，不能适用婚姻法的上述规定，这也是很多居心不良的渣男肆无忌惮欺骗、玩弄善良女性的根源所在。那么善良的女性遭受渣男欺骗、始乱终弃之后，是否就忍气吞声、自认倒霉而任由渣男逍遥法外呢？答案当然是否定的，本案就给善良女性保护自己的合法权利提供了很好的思路，即可以以人格权遭受侵害为由向渣男主张精神损害抚慰金。

（一）如何证明胡某是“被小三”的事实

本案中汪某的婚姻关系是从什么时间开始、存续期间有多长、什么时候解除，这都是比较容易证明的。但怎么证明胡某在与汪某交往期间并不了解汪某的婚姻家庭情况、汪某存在故意瞒骗的行为呢？对此，证据的收集就非常重要了。本案中，胡某在律师的指导下多次取得汪某否认其已婚已育的信息记录及通话录音。之后，待胡某明确其已经掌握了汪某已婚已育的事实后，汪某又继续实施哄骗称一定会和现在的妻子离婚，与胡某在一起等，这又间接证实了其是在婚姻关系存续期间与胡某交往。

本案的成功办理再次提示我们：当事人要树立起保护、收集证据的意识。男女双方在交往过程中会有很多的通话、聊天记录，其中的不少内容在诉讼过程中都是十分有力的证据。在双方关系决裂时，切勿赌气删除相关记录，而是要将其保存下来。在本案中，汪某与胡某之间的聊天记录是证明汪某隐瞒自己已婚事实的强有力证据，其行为足以使胡某误认为双方确实是以缔结婚姻为目的进行的交往，使胡某在错误认识的基础上与汪某发生性关系。在获得了这些证据之后，任凭汪某在法庭中再怎么狡辩，也无法否认其隐瞒婚育情况与胡某交往的事实。

此外，在追讨损害赔偿费用时，受到对方伤害就医时所产生的相关票据也是十分重要的证据材料之一。本案中汪某导致胡某怀孕并人工流产，胡某的身体健康也受到了伤害，为此，胡某主张要求汪某赔偿医疗费、交通费、误工费、营养费合计10000元。但遗憾的是，胡某无法提供相关证据证实这些费用的存在，导致其要求赔偿医疗费的诉讼主张最后没有得到法庭的支持。

（二）如何帮助受害人实现精神损害赔偿的诉讼请求

众所周知，即使是存在婚姻关系的男女双方，在离婚时若过错方的行为不符合《中华人民共和国婚姻法》第46条规定的几种过错情形，无过错方也将难以获得精神损害赔偿。更何况本案的双方当事人并无婚姻关系，要争取精神损害赔偿更是难上加难。那么，本案律师团队又是如何帮助受害人胡某获得精神损害赔偿的呢？

首先，胡某是在汪某的欺骗下与其交往。双方在交往的过程中，汪某隐瞒其已婚已育的事实，将汪某与胡某之间的关系置于不正当男女关系的境地。在双方的交往关系中，胡某无过错，但由于汪某在未离婚的情况下与胡某发展恋爱关系，迫使胡某在不知情的情况下成为汪某婚姻的第三者，违反了社会的公序良俗原则，使胡某的社会评价降低，人格尊严遭受侵害。

其次，人格尊严是公民所享有的一般人格权的重要内容之一，也属于公民人身权的重要范畴。在律师的帮助下，胡某积极主张自己的人格尊严受到侵犯的事实，从收集到的与汪某的微信聊天记录来看，汪某在与胡某聊天的过程中明确否认了自己已婚的事实，足以使胡某认为双方确实是以结婚为目的进行交往，使胡某陷入错误认识的基础上与汪某发生关系，导致胡某怀孕，并进行人工流产，伤害了胡某的身体健康。汪某的欺骗行为存在主观上的故意，客观上也并没有将胡某视为平等的民事主体来对待，而是将其视为自己婚姻之外的附属玩伴。故基于上述事实，胡某提出的精神损害赔偿诉求得到了法庭的支持。

（三）帮助受害者取得精神损害抚慰金

本案的亮点在于成功帮助受害者取得50000元的精神损害抚慰金。

律师团队于2019年3月对全国法院于2011年初至2019年2月作出的共935份

因配偶一方出轨而涉及精神损害赔偿的离婚判决进行了数据分析，分析报告显示绝大部分精神损害赔偿金的数额集中在2万元以内，甚至有相当多的案例支持的精神损害赔偿金在1万元以下。

在879份有效判决中，各法院支持的精神损害赔偿金额主要在3万元以下。赔偿金额为1万元以下的案件数量最多，共344件，占39%；赔偿金额为1万元以上2万元以下的案件数量次之，共179件，占20.4%；赔偿金额为5万元以上的案件数量很少，共35件，占4%。①

为了给受害人胡某争取更高的精神损害抚慰金，本案中律师团队充分收集整理了大量证据以证明汪某有充足的经济承受能力、汪某的过错程度，以及为逃避法律制裁而故意提供虚假证人证言、多次前后陈述自相矛盾、无法给出合理解释，并利用胡某孤儿寡母的弱势地位，欺骗胡某感情长达六年之久，使胡某无辜、被动、长期地充当了第三者的角色，致使胡某的身心遭受了严重的伤害等事实。最终，为胡某争取到50000元的精神损害抚慰金。

婚内出轨是备受社会大众指责的不道德行为，出轨的对象更是被公众强烈唾弃和谩骂的对象。然而在本案中，看似不道德的外观下其实另有隐情。以为遇到了真爱的胡某被迫成了汪某出轨的对象，背上了“小三”的骂名。在不了解此案真实情况的时候，舆论很容易一边倒地斥责胡某插足别人婚姻的行为，但在了解真相之后，会发现胡某其实也是受害者。本案提示我们：男女交往过程中，应该真诚相待，双方在确定恋爱关系之前应该多了解对方的关系背景，有无家室、子女等情况。切勿被一时的感情冲昏了头脑，只听信对方的一面之词。在实务中，也确实存在不少打着恋爱交往的名号，欺骗感情、榨取钱财的案件，而此类案件中因为双方之间只存在恋爱关系，即使被骗财骗色，受害一方要维权也会存在一定的难度。本案中，胡某正是在交往过程中缺少警惕性，听信了汪某的花言巧语，过多的投入感情，最后不仅人工流产还被贴上了“第三者”的标签，既损失了感情又损害了自己的健康，败坏了自己的名誉。庆幸的是，受害人最终能够勇敢地拿起法律的武器保护自己，一方面维护自己的合法权益，另一方面也给那些在婚内出轨的人予以震慑。

---

① 来源：微信公众号“家事法律圈”《配偶出轨带来的痛，要多少精神损害赔偿才能治?》。

目睹暴力的孩子，法律一样保护

——小李申请人身安全保护令案

李小非*

一、要旨

1.《中华人民共和国反家庭暴力法》规定，对于因遭受家暴以及面临家庭暴力现实危险的当事人都可以向法院申请人身安全保护令。

2. 在涉家暴的离婚案件中，尽管孩子没有直接遭受肢体暴力，但目睹亲人之间的家暴行为同样会对孩子的身心造成严重的伤害，目睹家暴儿童是家庭暴力的受害人。因此，目睹家暴儿童可以作为独立的主体向人民法院申请人身安全保护令，对于这类申请，法院应当予以准许。

二、案情介绍

丁某（女）因与李某（男）离婚纠纷一事起诉至法院，李某得知此事后以协商解决问题为由前往丁某父母的家中。在协商的过程中，李某情绪一度难以自控，持刀追砍丁某，被丁某的父母拦下，但仍造成丁某身体多处受伤，同时，双方的女儿小李在场目睹了这一幕。丁某随后在律师的帮助下成功向法院申请了人身安全保护令，保护范围包括丁某、丁某的父母和女儿小李。

人身安全保护令生效期间，李某没有再骚扰丁某和小李。在人身安全保护令失效前，丁某向法院提出了延期申请，但法院最终以李某在保护令生效期间未对丁某以及小李实施家庭暴力及骚扰行为，不存在“有遭受家庭暴力或者面临家庭暴力现

---

* 李小非，广东五美律师事务所律师。

实危险的情形”为由驳回了丁某的延期申请。

人身安全保护令失效后，李某提出要求接走小李，由于小李多次目睹了李某对丁某的家暴行为，其心理上对父亲极度恐惧，多次表示拒绝与李某及奶奶接触。为缓解小李的恐惧心理，小李母亲丁某在此前曾带小李去看心理医生，在医生的帮助下，小李的紧张恐惧情绪有所缓解，但要彻底消除恐惧心理，仍然需要假以时日。因此丁某未同意李某接走小李的请求。

在请求遭到拒绝后不久，某天下午，李某带着两位亲属来到小李就读的学校门口，企图强行带走放学的小李。丁某与李某及各自的亲属在学校门口发生争执。过程中，小李表现十分抗拒，多次明确表示拒绝跟随李某回去。眼见孩子态度坚决，几番劝说仍然不起作用，李某及其家人只得悻悻离去。但经过这么一折腾，原本在丁某和医生的共同努力下已经慢慢走出家暴阴影的小李，又再度变得紧张不安。

几天后，李某再次带着亲属到学校门口围堵放学的小李。小李一见到李某，吓得扭头就往学校里面跑，李某立刻追到学校里面，企图强行带走小李。小李表现十分抗拒，明确表示拒绝跟随李某离去。后来学校的老师赶来劝阻，并将李某带出了学校。

面对屡次发生的强行抢夺孩子事件，丁某再次向律师团队求助，希望能够运用法律的武器阻止对方再伤害孩子，同时也保障离婚案件的顺利进行。律师团队经过反复斟酌和研究，决定以小李的名义向法院提出人身安全保护令申请，请求法院禁止李某骚扰、跟踪、接触小李及其母亲丁某。

三、裁判摘要

针对小李的诉求，法院经审理查明：申请人小李作为未成年人，其心理及人格正在成长发育过程中，心理素质比较脆弱，抗压能力低。小李目睹了两个最亲近的人——父母反目成仇，父亲李某挥刀砍伤母亲丁某，对小李身心造成严重伤害，产生了极大的心理压力。李某于20××年×月×日、×月×日与小李见面，并要求小李随其离开，小李表示抗拒并予拒绝，在此情况下，李某仍坚持要带走小李，造成小李更大的心理压力，严重影响了小李正常的生活学习。

综上，申请人小李的申请符合《中华人民共和国反家庭暴力法》第29条的规定，裁定如下：

禁止被申请人李某骚扰、跟踪、接触申请人小李及其母亲丁某。本裁定书自作出之日起生效，为期六个月。如被申请人李某违反上述禁令，本院将根据《中华人民共和国民事诉讼法》第 111 条的规定，视情节轻重处以罚款、拘留；构成犯罪的，依法追究刑事责任。

四、案件评析

（一）此类案件的办理难点

1. 家庭暴力对目睹家暴儿童的伤害如何体现

《中华人民共和国反家庭暴力法》并未将目睹家暴儿童直接列为保护对象，但是家庭暴力对目睹家暴儿童的伤害在全社会是有普遍共识的。有研究表明，对目睹家暴儿童而言，暴力对心理层面的影响是同时失去双亲。一位是可怕的施虐者，一位是软弱、可怜的受害者。而目睹家暴儿童通常会出现自虐、自残、易紧张焦虑、睡眠问题、尿床、厌食或暴食等身心失调的生理问题，以及好斗、不服从规范、有侵略性攻击倾向、低自尊、低社交能力、反社会行为、忧郁、焦虑、恐惧等倾向性和情绪问题。这些心理问题、情绪问题以及社会行为与那些遭到暴力行为直接侵害的儿童是极为相似的，甚至在一定程度上，其危害性还会高于后者。

基于对目睹家暴儿童所遭受的伤害的认识，世界上许多国家和地区都在立法中明确将目睹家暴儿童作为法律的直接保护对象，例如我国台湾地区于 2015 年 2 月修正了“家庭暴力防治法”，将目睹暴力儿童纳入法律保护范围。根据台湾地区的有关规定，县市主管机关接获通报后，依法对有需要的少年儿童进行评估，确认是否有目睹家暴情形；评估后为有需要的儿童链接相关辅导资源，提供适当的转介及处理服务。如目睹暴力儿童仍在上学，则应通知教育资源协助。

2. 小李的情况是否符合申请人身安全保护令的条件

《中华人民共和国反家庭暴力法》中列举的家庭暴力情形为：家庭成员之间以殴打、捆绑、残害、限制人身自由以及经常性谩骂、恐吓等方式实施的身体、精神等侵害行为。同时，该法第 23 条明确规定申请人身安全保护令的条件是“当事人因遭受家庭暴力或者面临家庭暴力的现实危险”。

本案中，从表面上看，小李似乎没有直接遭到肢体上或者精神上的暴力侵害，那么小李的情况是否符合申请人身安全保护令的条件呢？

律师团队经过分析，认为小李的情况符合申请人身安全保护令的条件。首先，如前所述，小李是目睹家庭暴力儿童，发生在父母之间的家庭暴力行为已经对其造成了严重的伤害；其次，在以小李母亲丁某作为申请人的人身安全保护令失效之后不久，施暴人李某多次试图限制小李的人身自由，在其明确表示不同意的情况下仍试图将其从学校强行带走，这种行为令小李十分恐惧，又一次给其带来精神上的严重伤害。这些情形，均符合我国反家庭暴力法中对于家庭暴力行为的定性。

（二）办理思路及策略

1. 全面客观地呈现家暴行为对小李造成的精神伤害

案件办理过程中，为了客观呈现李某的家庭暴力行为对小李造成的心理创伤情况，律师团队联系了长期陪伴和帮助丁某以及小李的社工和心理辅导老师，详细了解了小李在整个案件发生发展阶段的心理及情绪波动情况，并以报告的形式书面将这些情况呈现给办案法官。

2. 协助法院深入了解案情以及小李目前所面临的困境

在收到小李递交的人身安全保护令申请后，法院专门委托了社会观护员到小李就读的学校调查了解情况。观护员经过与学校相关部门负责人、小李的老师以及事发当天在场的其他人员的交流，进一步了解了李某到学校欲强行带走小李的事情经过，以及目前小李的学习生活状态和所面临的主要问题。

最终，在律师团队的努力下，小李的申请得到了法院的准许。

（三）案件办理的启示

在家庭暴力案件当中，受伤的不仅是受暴者，目睹家暴儿童也是需要被保护的对象。当家庭中有人对其他成员做出肢体暴力、精神暴力或是其他暴力行为，都可能对同时身在家庭环境中的未成年人造成影响。他们虽然未必直接遭到暴力对待，却可能直接或间接地暴露于暴力之中。本案中目睹父亲对母亲实施家庭暴力的小李正是家庭暴力对目睹家暴儿童造成心理创伤的典型例子。

小李在目睹家暴后接受了近一年的心理咨询，即便如此，小李仍时长做噩梦，有烦躁以及对父亲明显抗拒的情绪。从本案中我们可以发现，对于家庭暴力案件的处置，不仅要关注家暴的直接受害者，也要关注处于家暴环境中的儿童。在具体的工作思路和方法上可借鉴本案的做法，即结合多种方式、方法向法院呈现家庭暴力对受害者造成的伤害，如委托专业的心理咨询师出具心理评估报告、向法院申请家事调查员深入调查当事人的家庭情况等。

未来，我们希望通过各方的努力，将目睹家暴儿童纳入反家暴法特别是人身安全保护令制度的保护范围，使得遭受暴力侵害的儿童维权之路不再难走。

附录：

民法典婚姻家庭编、继承编与相关规定对照表

（左栏删除线部分为删除的内容，右栏黑体部分为增加的内容，两栏下划线部分为修改的内容）

相关法律规定	民法典
	第五编　婚姻家庭
	第一章　一般规定
《婚姻法》① **第一条**　本法是婚姻家庭~~关系的基本准则~~。	**第一千零四十条**　本编**调整因**婚姻家庭**产生的民事关系**。
第二条　实行婚姻自由、一夫一妻、男女平等的婚姻制度。 保护妇女、儿童和老人的合法权益。 ~~实行计划生育。~~	**第一千零四十一条**　婚姻家庭受国家保护。 实行婚姻自由、一夫一妻、男女平等的婚姻制度。 保护妇女、未成年人、老年人**、残疾人**的合法权益。
第三条　禁止包办、买卖婚姻和其他干涉婚姻自由的行为。禁止借婚姻索取财物。 禁止重婚。禁止有配偶者与他人同居。禁止家庭暴力。禁止家庭成员间的虐待和遗弃。	**第一千零四十二条**　禁止包办、买卖婚姻和其他干涉婚姻自由的行为。禁止借婚姻索取财物。 禁止重婚。禁止有配偶者与他人同居。 禁止家庭暴力。禁止家庭成员间的虐待和遗弃。
第四条　夫妻应当互相忠实，互相尊重；家庭成员~~间~~应当敬老爱幼，互相帮助，维护平等、和睦、文明的婚姻家庭关系。	**第一千零四十三条　家庭应当树立优良家风，弘扬家庭美德，重视家庭文明建设。** 夫妻应当互相忠实，互相尊重，**互相关爱**；家庭成员应当敬老爱幼，互相帮助，维护平等、和睦、文明的婚姻家庭关系。
《收养法》 **第一条**　为保护合法的收养关系，维护收养关系当事人的权利，制定本法。	**第一千零四十四条　收养应当遵循最有利于被收养人的原则，保障被收养人和收养人的合法权益。** **禁止借收养名义买卖未成年人。**

① “第五编　婚姻家庭”对照表左侧列中，没有特别标注法名的，内容为《婚姻法》条文。

相关法律规定	民法典
《民通意见》 12. 民法通则中规定的近亲属，包括配偶、父母、子女、兄弟姐妹、祖父母、外祖父母、孙子女、外孙子女。	**第一千零四十五条　亲属包括配偶、血亲和姻亲。** 配偶、父母、子女、兄弟姐妹、祖父母、外祖父母、孙子女、外孙子女为近亲属。 **配偶、父母、子女和其他共同生活的近亲属为家庭成员。**
	第二章　结　　婚
第五条　结婚必须男女双方完全自愿，不许任何一方对他方加以强迫或任何第三者加以干涉。	**第一千零四十六条**　结婚应当男女双方完全自愿，禁止任何一方对另一方加以强迫**，禁止任何**组织或者个人加以干涉。
第六条　结婚年龄，男不得早于二十二周岁，女不得早于二十周岁。~~晚婚晚育应予鼓励~~。	**第一千零四十七条**　结婚年龄，男不得早于二十二周岁，女不得早于二十周岁。
第七条　~~有下列情形之一的，~~禁止结婚： ~~（一）~~直系血亲和三代以内的旁系血亲~~；~~ ~~（二）患有医学上认为不应当结婚的疾病~~。	**第一千零四十八条**　直系血亲或者三代以内的旁系血亲禁止结婚。
第八条　要求结婚的男女双方必须亲自到婚姻登记机关进行结婚登记。符合本法规定的，予以登记，发给结婚证。取得结婚证，即确立夫妻关系。未办理结婚登记的，应当补办登记。	**第一千零四十九条**　要求结婚的男女双方应当亲自到婚姻登记机关申请结婚登记。符合本法规定的，予以登记，发给结婚证。完成结婚登记，即确立婚姻关系。未办理结婚登记的，应当补办登记。
第九条　登记结婚后，根据男女双方约定，女方可以成为男方家庭的成员，男方可以成为女方家庭的成员。	**第一千零五十条**　登记结婚后，按照男女双方约定，女方可以成为男方家庭的成员，男方可以成为女方家庭的成员。
第十条　有下列情形之一的，婚姻无效： （一）重婚~~的~~； （二）有禁止结婚的亲属关系~~的~~； ~~（三）婚前患有医学上认为不应当结婚的疾病，婚后尚未治愈的；~~ （四）未到法定婚龄~~的~~。	**第一千零五十一条**　有下列情形之一的，婚姻无效： （一）重婚； （二）有禁止结婚的亲属关系； （三）未到法定婚龄。

相关法律规定	民法典
第十一条 因胁迫结婚的，受胁迫的一方可以向~~婚姻登记机关或~~人民法院请求撤销~~该~~婚姻。受胁迫的一方撤销婚姻的请求，应当自~~结婚登记~~之日起一年内提出。被非法限制人身自由的当事人请求撤销婚姻的，应当自恢复人身自由之日起一年内提出。	**第一千零五十二条** 因胁迫结婚的，受胁迫的一方可以向人民法院请求撤销婚姻。 请求撤销婚姻的，应当自**胁迫行为终止**之日起一年内提出。 被非法限制人身自由的当事人请求撤销婚姻的，应当自恢复人身自由之日起一年内提出。
	第一千零五十三条 一方患有重大疾病的，应当在结婚登记前如实告知另一方；不如实告知的，另一方可以向人民法院请求撤销婚姻。 **请求撤销婚姻的，应当自知道或者应当知道撤销事由之日起一年内提出。**
第十二条 无效或被撤销的婚姻，自始无效。当事人不具有夫妻的权利和义务。同居期间所得的财产，由当事人协议处理；协议不成时，由人民法院根据照顾无过错方的原则判决。对重婚导致的婚姻无效的财产处理，不得侵害合法婚姻当事人的财产权益。当事人所生的子女，适用本法有关父母子女的规定。	**第一千零五十四条** 无效的或者被撤销的婚姻自始没有法律约束力，当事人不具有夫妻的权利和义务。同居期间所得的财产，由当事人协议处理；协议不成的，由人民法院根据照顾无过错方的原则判决。对重婚导致的无效婚姻的财产处理，不得侵害合法婚姻当事人的财产权益。当事人所生的子女，适用本法关于父母子女的规定。 **婚姻无效或者被撤销的，无过错方有权请求损害赔偿。**
	第三章 家庭关系
	第一节 夫妻关系
第十三条 夫妻在家庭中地位平等。	**第一千零五十五条** 夫妻在**婚姻**家庭中地位平等。
第十四条 夫妻双方都有各用自己姓名的权利。	**第一千零五十六条** 夫妻双方都有各自使用自己姓名的权利。
第十五条 夫妻双方都有参加生产、工作、学习和社会活动的自由，一方不得对他方加以限制或干涉。	**第一千零五十七条** 夫妻双方都有参加生产、工作、学习和社会活动的自由，一方不得对另一方加以限制或者干涉。

相关法律规定	民法典
第二十一条第一款 父母对子女有抚养教育的义务~~；子女对父母有赡养扶助的义务~~。	**第一千零五十八条** 夫妻双方**平等享有对未成年子女抚养、教育和保护的权利，共同承担**对**未成年**子女抚养、**教育和保护**的义务。
第二十条 夫妻有互相扶养的义务。 一方不履行扶养义务时，需要扶养的一方，有要求对方付给扶养费的权利。	**第一千零五十九条** 夫妻有相互扶养的义务。 需要扶养的一方，在另一方不履行扶养义务时，有要求其给付扶养费的权利。
《最高人民法院关于适用〈中华人民共和国婚姻法〉若干问题的解释（一）》 **第十七条** 婚姻法第十七条关于“夫妻对夫妻共同所有的财产，有平等的处理权”的规定，应当理解为： （一）夫或妻在处理夫妻共同财产上的权利是平等的。因日常生活需要而处理夫妻共同财产的，任何一方均有权决定。 （二）夫或妻非因日常生活需要对夫妻共同财产做重要处理决定，夫妻双方应当平等协商，取得一致意见。他人有理由相信其为夫妻双方共同意思表示的，另一方不得以不同意或不知道为由对抗善意第三人。	**第一千零六十条** **夫妻一方因家庭日常生活需要而实施的民事法律行为，对夫妻双方发生效力，但是夫妻一方与相对人另有约定的除外。** **夫妻之间对一方可以实施的民事法律行为范围的限制，不得对抗善意相对人。**
第二十四条第一款 夫妻有相互继承遗产的权利。	**第一千零六十一条** 夫妻有相互继承遗产的权利。
第十七条 夫妻在婚姻关系存续期间所得的下列财产，归夫妻共同所有： （一）工资、奖金； （二）生产、经营的收益； （三）知识产权的收益； （四）继承或赠与所得的财产，但本法第十八条第三项规定的除外； （五）其他应当归共同所有的财产。 夫妻对共同~~所有的~~财产，有平等的处理权。	**第一千零六十二条** 夫妻在婚姻关系存续期间所得的下列财产，**为夫妻的共同财产，**归夫妻共同所有： （一）工资、奖金、**劳务报酬**； （二）生产、经营、**投资**的收益； （三）知识产权的收益； （四）继承或者受赠的财产，但是本法第一千零六十三条第三项规定的除外； （五）其他应当归共同所有的财产。 夫妻对共同财产，有平等的处理权。

相关法律规定	民法典
第十八条 有下列~~情形之一的，~~为夫妻一方的财产： （一）一方的婚前财产； （二）一方因身体受到伤害获得的医疗费、残疾人生活补助费等费用； （三）遗嘱或赠与合同中确定只归~~夫或妻~~一方的财产； （四）一方专用的生活用品； （五）其他应当归一方的财产。	**第一千零六十三条** 下列**财产**为夫妻一方的**个人**财产： （一）一方的婚前财产； （二）一方因受到人身损害获得的赔偿或者补偿； （三）遗嘱或者赠与合同中确定只归一方的财产； （四）一方专用的生活用品； （五）其他应当归一方的财产。
《最高人民法院关于审理涉及夫妻债务纠纷案件适用法律有关问题的解释》 **第一条** 夫妻双方共同签字或者夫妻一方事后追认等共同意思表示所负的债务~~，应当认定为夫妻共同债务。~~ **第二条** 夫妻一方在婚姻关系存续期间以个人名义为家庭日常生活需要所负的债务，债权人以属于夫妻共同债务为由主张权利的，人民法院应予支持。 **第三条** 夫妻一方在婚姻关系存续期间以个人名义超出家庭日常生活需要所负的债务，债权人以属于夫妻共同债务为由主张权利的，人民法院不予支持，但债权人能够证明该债务用于夫妻共同生活、共同生产经营或者基于夫妻双方共同意思表示的除外。	**第一千零六十四条** 夫妻双方共同签名或者夫妻一方事后追认等共同意思表示所负的债务，**以及**夫妻一方在婚姻关系存续期间以个人名义为家庭日常生活需要所负的债务，属于夫妻共同债务。 夫妻一方在婚姻关系存续期间以个人名义超出家庭日常生活需要所负的债务，不属于夫妻共同债务；但是，债权人能够证明该债务用于夫妻共同生活、共同生产经营或者基于夫妻双方共同意思表示的除外。
第十九条 夫妻可以约定婚姻关系存续期间所得的财产以及婚前财产归各自所有、共同所有或部分各自所有、部分共同所有。约定应当采用书面形式。没有约定或约定不明确的，适用本法第十七条、第十八条的规定。 夫妻对婚姻关系存续期间所得的财产以及婚前财产的约定，对双方具有约束力。 夫妻对婚姻关系存续期间所得的财产约定归各自所有~~的~~，夫或妻一方对外所负的债务，第三人知道该约定的，以夫或妻一方所有的财产清偿。	**第一千零六十五条** 男女双方可以约定婚姻关系存续期间所得的财产以及婚前财产归各自所有、共同所有或者部分各自所有、部分共同所有。约定应当采用书面形式。没有约定或者约定不明确的，适用本法第一千零六十二条、第一千零六十三条的规定。 夫妻对婚姻关系存续期间所得的财产以及婚前财产的约定，对双方具有**法律**约束力。 夫妻对婚姻关系存续期间所得的财产约定归各自所有，夫或者妻一方对外所负的债务，相对人知道该约定的，以夫或者妻一方的个人财产清偿。

相关法律规定	民法典
《最高人民法院关于适用〈中华人民共和国婚姻法〉若干问题的解释（三）》 **第四条** 婚姻关系存续期间，夫妻一方请求分割共同财产的，人民法院不予支持，但有下列重大理由且不损害债权人利益的除外： （一）一方有隐藏、转移、变卖、毁损、挥霍夫妻共同财产或者伪造夫妻共同债务等严重损害夫妻共同财产利益行为~~的~~； （二）一方负有法定扶养义务的人患重大疾病需要医治，另一方不同意支付相关医疗费用~~的~~。	**第一千零六十六条** 婚姻关系存续期间，有下列情形之一的，夫妻一方可以向人民法院请求分割共同财产： （一）一方有隐藏、转移、变卖、毁损、挥霍夫妻共同财产或者伪造夫妻共同债务等严重损害夫妻共同财产利益的行为； （二）一方负有法定扶养义务的人患重大疾病需要医治，另一方不同意支付相关医疗费用。
	第二节 父母子女关系和其他近亲属关系
第二十一条 ~~父母对子女有抚养教育的义务；子女对父母有赡养扶助的义务。~~ 父母不履行抚养义务时，未成年~~的~~或不能独立生活的子女，有要求父母付给抚养费的权利。 子女不履行赡养义务时，无劳动能力~~的~~或生活困难的父母，有要求子女付给赡养费的权利。 ~~禁止溺婴、弃婴和其他残害婴儿的行为。~~	**第一千零六十七条** 父母不履行抚养义务的，未成年**子女**或者不能独立生活的**成年**子女，有要求父母给付抚养费的权利。 **成年**子女不履行赡养义务的，缺乏劳动能力或者生活困难的父母，有要求**成年**子女给付赡养费的权利。
第二十三条 父母有保护和教育未成年子女的权利和义务。~~在~~未成年子女对国家、集体或他人造成损害时，父母~~有~~承担民事责任~~的义务~~。	**第一千零六十八条** 父母有教育、保护未成年子女的权利和义务。未成年子女造成他人损害的，父母**应当依法**承担民事责任。
第三十条 子女应当尊重父母的婚姻权利，不得干涉父母再婚以及婚后的生活。子女对父母的赡养义务，不因父母的婚姻关系变化而终止。	**第一千零六十九条** 子女应当尊重父母的婚姻权利，不得干涉父母**离婚、**再婚以及婚后的生活。子女对父母的赡养义务，不因父母的婚姻关系变化而终止。
第二十四条第二款 父母和子女有相互继承遗产的权利。	**第一千零七十条** 父母和子女有相互继承遗产的权利。
第二十五条 非婚生子女享有与婚生子女同等的权利，任何人不得加以危害和歧视。	**第一千零七十一条** 非婚生子女享有与婚生子女同等的权利，任何组织或者个人不得加以危害和歧视。

相关法律规定	民法典
不直接抚养非婚生子女的生父或生母，应当负担子女的~~生活费和教育费，直至子女能独立生活为止~~。	不直接抚养非婚生子女的生父或者生母，应当负担**未成年**子女**或者不能独立生活的成年子女**的**抚养费**。
第二十七条 继父母与继子女间，不得虐待或歧视。 继父或继母和受其抚养教育的继子女间的权利~~和~~义务，适用本法对父母子女关系的~~有关~~规定。	**第一千零七十二条** 继父母与继子女间，不得虐待或者歧视。 继父或者继母和受其抚养教育的继子女间的权利义务**关系**，适用本法关于父母子女关系的规定。
	第一千零七十三条 对亲子关系有异议且有正当理由的，父或者母可以向人民法院提起诉讼，请求确认或者否认亲子关系。 **对亲子关系有异议且有正当理由的，成年子女可以向人民法院提起诉讼，请求确认亲子关系。**
第二十八条 有负担能力的祖父母、外祖父母，对于父母已经死亡或父母无力抚养的未成年~~的~~孙子女、外孙子女，有抚养的义务。有负担能力的孙子女、外孙子女，对于子女已经死亡或子女无力赡养的祖父母、外祖父母，有赡养的义务。	**第一千零七十四条** 有负担能力的祖父母、外祖父母，对于父母已经死亡或者父母无力抚养的未成年孙子女、外孙子女，有抚养的义务。 有负担能力的孙子女、外孙子女，对于子女已经死亡或者子女无力赡养的祖父母、外祖父母，有赡养的义务。
第二十九条 有负担能力的兄、姐，对于父母已经死亡或父母无力抚养的未成年~~的~~弟、妹，有扶养的义务。由兄、姐扶养长大的有负担能力的弟、妹，对于缺乏劳动能力又缺乏生活来源的兄、姐，有扶养的义务。	**第一千零七十五条** 有负担能力的兄、姐，对于父母已经死亡或者父母无力抚养的未成年弟、妹，有扶养的义务。 由兄、姐扶养长大的有负担能力的弟、妹，对于缺乏劳动能力又缺乏生活来源的兄、姐，有扶养的义务。
	第四章 离 婚
第三十一条 男女双方自愿离婚的，~~准予离婚。双方必须~~到婚姻登记机关申请离婚。~~婚姻登记机关查明双方确实是自愿并对子女和财产问题已有适当处理时，发给离婚证。~~	**第一千零七十六条** 夫妻双方自愿离婚的，**应当签订书面离婚协议，并亲自**到婚姻登记机关申请离婚**登记**。 **离婚协议应当载明双方自愿离婚的意思表示和对子女抚养、财产以及债务处理等事项协商一致的意见。**

相关法律规定	民法典
	第一千零七十七条　自婚姻登记机关收到离婚登记申请之日起三十日内，任何一方不愿意离婚的，可以向婚姻登记机关撤回离婚登记申请。 **前款规定期限届满后三十日内，双方应当亲自到婚姻登记机关申请发给离婚证；未申请的，视为撤回离婚登记申请。**
第三十一条　~~男女双方自愿离婚的，准予离婚。双方必须到婚姻登记机关申请离婚。~~婚姻登记机关查明双方确实是自愿并对子女和财产~~问题已有适当处理时，~~发给离婚证。	**第一千零七十八条**　婚姻登记机关查明双方确实是自愿**离婚，并已经对子女抚养、**财产**以及债务处理等事项协商一致的，予以登记**，发给离婚证。
第三十二条　男女一方要求离婚的，可由有关部门进行调解或直接向人民法院提出离婚诉讼。 人民法院审理离婚案件，应当进行调解；如感情确已破裂，调解无效，应准予离婚。 有下列情形之一，调解无效的，应准予离婚： （一）重婚或~~有配偶者~~与他人同居~~的~~； （二）实施家庭暴力或虐待、遗弃家庭成员~~的~~； （三）有赌博、吸毒等恶习屡教不改~~的~~； （四）因感情不和分居满二年~~的~~； （五）其他导致夫妻感情破裂的情形。 一方被宣告失踪，另一方提出离婚诉讼的，应准予离婚。	**第一千零七十九条**　夫妻一方要求离婚的，可以由有关组织进行调解或者直接向人民法院提起离婚诉讼。 人民法院审理离婚案件，应当进行调解；如果感情确已破裂，调解无效**的**，应当准予离婚。 有下列情形之一，调解无效的，应当准予离婚： （一）重婚或者与他人同居； （二）实施家庭暴力或者虐待、遗弃家庭成员； （三）有赌博、吸毒等恶习屡教不改； （四）因感情不和分居满二年； （五）其他导致夫妻感情破裂的情形。 一方被宣告失踪，另一方提起离婚诉讼的，应当准予离婚。 **经人民法院判决不准离婚后，双方又分居满一年，一方再次提起离婚诉讼的，应当准予离婚。**
	第一千零八十条　完成离婚登记，或者离婚判决书、调解书生效，即解除婚姻关系。
第三十三条　现役军人的配偶要求离婚，须得军人同意，但军人一方有重大过错的除外。	**第一千零八十一条**　现役军人的配偶要求离婚，应当征得军人同意，但是军人一方有重大过错的除外。

相关法律规定	民法典
第三十四条 女方在怀孕期间、分娩后一年内或中止妊娠后六个月内，男方不得提出离婚。女方提出离婚的，或人民法院认为确有必要受理男方离婚请求的，不在此限。	**第一千零八十二条** 女方在怀孕期间、分娩后一年内或者终止妊娠后六个月内，男方不得提出离婚；**但是**，女方提出离婚或者人民法院认为确有必要受理男方离婚请求的除外。
第三十五条 离婚后，男女双方自愿恢复夫妻关系的，必须到婚姻登记机关进行复婚登记。	**第一千零八十三条** 离婚后，男女双方自愿恢复婚姻关系的，应当到婚姻登记机关**重新**进行**结婚**登记。
第三十六条 父母与子女间的关系，不因父母离婚而消除。离婚后，子女无论由父或母直接抚养，仍是父母双方的子女。 离婚后，父母对于子女仍有抚养和教育的权利和义务。 离婚后，哺乳期内的子女，以随哺乳的母亲抚养为原则。哺乳期后的子女，如双方因抚养问题发生争执不能达成协议时，由人民法院根据子女的权益和双方的具体情况判决。	**第一千零八十四条** 父母与子女间的关系，不因父母离婚而消除。离婚后，子女无论由父或者母直接抚养，仍是父母双方的子女。 离婚后，父母对于子女仍有抚养、教育、**保护**的权利和义务。 离婚后，**不满两周岁的子女，以由母亲直接抚养为原则。已满两周岁的子女，父母双方对抚养问题协议不成的，由人民法院根据双方的具体情况，按照最有利于未成年子女的原则**判决。**子女已满八周岁的，应当尊重其真实意愿。**
第三十七条 离婚后，一方抚养的子女，另一方应负担必要的生活费和教育费的一部或全部，负担费用的多少和期限的长短，由双方协议；协议不成时，由人民法院判决。 关于子女生活费和教育费的协议或判决，不妨碍子女在必要时向父母任何一方提出超过协议或判决原定数额的合理要求。	**第一千零八十五条** 离婚后，子女由一方直接抚养的，另一方应当负担**部分或者**全部**抚养费**。负担费用的多少和期限的长短，由双方协议；协议不成的，由人民法院判决。 前款规定的协议或者判决，不妨碍子女在必要时向父母任何一方提出超过协议或者判决原定数额的合理要求。
第三十八条 离婚后，不直接抚养子女的父或母，有探望子女的权利，另一方有协助的义务。 行使探望权利的方式、时间由当事人协议；协议不成时，由人民法院判决。 父或母探望子女，不利于子女身心健康的，由人民法院依法中止探望的权利；中止的事由消失后，应当恢复探望的权利。	**第一千零八十六条** 离婚后，不直接抚养子女的父或者母，有探望子女的权利，另一方有协助的义务。 行使探望权利的方式、时间由当事人协议；协议不成的，由人民法院判决。 父或者母探望子女，不利于子女身心健康的，由人民法院依法中止探望；中止的事由消失后，应当恢复探望。

相关法律规定	民法典
第三十九条 离婚时，夫妻的共同财产由双方协议处理；协议不成时，由人民法院根据财产的具体情况，照顾子女和女方权益的原则判决。 夫或妻在家庭土地承包经营中享有的权益等，应当依法予以保护。	**第一千零八十七条** 离婚时，夫妻的共同财产由双方协议处理；协议不成的，由人民法院根据财产的具体情况，**按照**照顾子女、女方**和无过错方**权益的原则判决。 **对**夫或者妻在家庭土地承包经营中享有的权益等，应当依法予以保护。
第四十条 夫妻书面约定婚姻关系存续期间所得的财产归各自所有，一方因抚育子女、照料老人、协助另一方工作等付出较多义务的，离婚时有权向另一方请求补偿，另一方应当予以补偿。	**第一千零八十八条** **夫妻**一方因抚育子女、照料老年人、协助另一方工作等负担较多义务的，离婚时有权向另一方请求补偿，另一方应当给予补偿。**具体办法由双方协议；协议不成的，由人民法院判决。**
第四十一条 离婚时，原为夫妻共同生活所负的债务，应当共同偿还。共同财产不足清偿的，或财产归各自所有的，由双方协议清偿；协议不成时，由人民法院判决。	**第一千零八十九条** 离婚时，**夫妻共同债务**应当共同偿还。共同财产不足清偿或者财产归各自所有的，由双方协议清偿；协议不成的，由人民法院判决。
第四十二条 离婚时，如一方生活困难，另一方应从其住房等个人财产中给予适当帮助。具体办法由双方协议；协议不成时，由人民法院判决。	**第一千零九十条** 离婚时，如果一方生活困难，**有负担能力的**另一方应当给予适当帮助。具体办法由双方协议；协议不成的，由人民法院判决。
第四十六条 有下列情形之一，导致离婚的，无过错方有权请求损害赔偿： （一）重婚的； （二）有配偶者与他人同居的； （三）实施家庭暴力的； （四）虐待、遗弃家庭成员的。	**第一千零九十一条** 有下列情形之一，导致离婚的，无过错方有权请求损害赔偿： （一）重婚； （二）与他人同居； （三）实施家庭暴力； （四）虐待、遗弃家庭成员； **（五）有其他重大过错。**
第四十七条 离婚时，一方隐藏、转移、变卖、毁损夫妻共同财产，或伪造债务企图侵占另一方财产的，分割夫妻共同财产时，对隐藏、转移、变卖、毁损夫妻共同财产或伪造债务的一方，可以少分或不分。离婚后，另一方发现有上述行为的，可以向人民法院提起诉讼，请求再次分割夫妻共同财产。 人民法院对前款规定的妨害民事诉讼的行为，依照民事诉讼法的规定予以制裁。	**第一千零九十二条** **夫妻**一方隐藏、转移、变卖、毁损、**挥霍**夫妻共同财产，或者伪造**夫妻共同**债务企图侵占另一方财产的，**在离婚**分割夫妻共同财产时，对该方可以少分或者不分。离婚后，另一方发现有上述行为的，可以向人民法院提起诉讼，请求再次分割夫妻共同财产。

相关法律规定	民法典
	第五章 收　　养
	第一节 收养关系的成立
《收养法》 **第四条** 下列~~不满十四周岁的~~未成年人可以被收养： （一）丧失父母的孤儿； （二）查找不到生父母的弃婴和儿童； （三）生父母有特殊困难无力抚养的子女。	**第一千零九十三条** 下列未成年人，可以被收养： （一）丧失父母的孤儿； （二）查找不到生父母的未成年人； （三）生父母有特殊困难无力抚养的子女。
《收养法》 **第五条** 下列公民、组织可以作送养人： （一）孤儿的监护人； （二）社会福利机构； （三）有特殊困难无力抚养子女的生父母。	**第一千零九十四条** 下列个人、组织可以作送养人： （一）孤儿的监护人； （二）儿童福利机构； （三）有特殊困难无力抚养子女的生父母。
《收养法》 **第十二条** 未成年人的父母均不具备完全民事行为能力的，该未成年人的监护人~~不得将其送养，但父母对该未成年人有严重危害可能的除外~~。	**第一千零九十五条** 未成年人的父母均不具备完全民事行为能力**且可能严重危害该未成年人**的，该未成年人的监护人**可以将其送养**。
《收养法》 **第十三条** 监护人送养~~未成年~~孤儿的，须征得有抚养义务的人同意。有抚养义务的人不同意送养、监护人不愿意继续履行监护职责的，应当依照《中华人民共和国民法通则》的规定变更监护人。	**第一千零九十六条** 监护人送养孤儿的，应当征得有抚养义务的人同意。有抚养义务的人不同意送养、监护人不愿意继续履行监护职责的，应当依照本法第一编的规定另行确定监护人。
《收养法》 **第十条第一款** 生父母送养子女，须双方共同送养。生父母一方不明或者查找不到的可以单方送养。	**第一千零九十七条** 生父母送养子女，应当双方共同送养。生父母一方不明或者查找不到的，可以单方送养。
《收养法》 **第六条** 收养人应当同时具备下列条件： （一）无子女； （二）有抚养教育被收养人的能力； （三）未患有在医学上认为不应当收养	**第一千零九十八条** 收养人应当同时具备下列条件： （一）无子女**或者只有一名子女**； （二）有抚养、教育**和保护**被收养人的能力；

相关法律规定	民法典
子女的疾病； （四）年满三十周岁。	（三）未患有在医学上认为不应当收养子女的疾病； **（四）无不利于被收养人健康成长的违法犯罪记录；** （五）年满三十周岁。
《收养法》 **第七条**　收养三代以内同辈旁系血亲的子女，可以不受本法第四条第三项、第五条第三项、第九条和被收养人不满十四周岁的限制。 华侨收养三代以内同辈旁系血亲的子女，还可以不受~~收养人无子女~~的限制。	**第一千零九十九条**　收养三代以内旁系同辈血亲的子女，可以不受本法第一千零九十三条第三项、第一千零九十四条第三项和第一千一百零二条**规定**的限制。 华侨收养三代以内旁系同辈血亲的子女，还可以不受**本法第一千零九十八条第一项规定**的限制。
《收养法》 **第八条**　~~收养人只能收养一名子女。~~ 收养孤儿、残疾~~儿童~~或者社会福利机构抚养的查找不到生父母的~~弃婴和儿童~~，可以不受~~收养人无子女和收养一名~~的限制。	**第一千一百条**　**无子女的收养人可以收养两名子女；有子女的收养人只能收养一名子女。** 收养孤儿、残疾**未成年人**或者儿童福利机构抚养的查找不到生父母的**未成年人**，可以不受**前款和本法第一千零九十八条第一项规定**的限制。
《收养法》 **第十条第二款**　有配偶者收养子女，须夫妻共同收养。	**第一千一百零一条**　有配偶者收养子女，应当夫妻共同收养。
《收养法》 **第九条**　~~无配偶的男性收养女性的~~，收养人与被收养人的年龄应当相差四十周岁以上。	**第一千一百零二条**　**无配偶者收养异性子女的**，收养人与被收养人的年龄应当相差四十周岁以上。
《收养法》 **第十四条**　继父或者继母经继子女的生父母同意，可以收养继子女，并可以不受本法第四条第三项、第五条第三项、第六条和被收养人不满十四周岁以及收养一名的限制。	**第一千一百零三条**　继父或者继母经继子女的生父母同意，可以收养继子女，并可以不受本法第一千零九十三条第三项、第一千零九十四条第三项、第一千零九十八条和第一千一百条第一款**规定**的限制。
《收养法》 **第十一条**　收养人收养与送养人送养，须双方自愿。收养~~年满~~十周岁以上未成年人的，应当征得被收养人的同意。	**第一千一百零四条**　收养人收养与送养人送养，应当双方自愿。收养八周岁以上未成年人的，应当征得被收养人的同意。

相关法律规定	民法典
《收养法》 **第十五条** 收养应当向县级以上人民政府民政部门登记。收养关系自登记之日起成立。 收养查找不到生父母的~~弃婴和儿童~~的，办理登记的民政部门应当在登记前予以公告。 收养关系当事人愿意订立收养协议的，可以订立收养协议。 收养关系当事人各方或者一方要求办理收养公证的，应当办理收养公证。	**第一千一百零五条** 收养应当向县级以上人民政府民政部门登记。收养关系自登记之日起成立。 收养查找不到生父母的**未成年人**的，办理登记的民政部门应当在登记前予以公告。 收养关系当事人愿意签订收养协议的，可以签订收养协议。 收养关系当事人各方或者一方要求办理收养公证的，应当办理收养公证。 **县级以上人民政府民政部门应当依法进行收养评估。**
《收养法》 **第十六条** 收养关系成立后，公安部门应当依照国家有关规定为被收养人办理户口登记。	**第一千一百零六条** 收养关系成立后，公安机关应当按照国家有关规定为被收养人办理户口登记。
《收养法》 **第十七条** 孤儿或者生父母无力抚养的子女，可以由生父母的亲属、朋友抚养。 抚养人与被抚养人的关系不适用收养关系。	**第一千一百零七条** 孤儿或者生父母无力抚养的子女，可以由生父母的亲属、朋友抚养；抚养人与被抚养人的关系不适用本章规定。
《收养法》 **第十八条** 配偶一方死亡，另一方送养未成年子女的，死亡一方的父母有优先抚养的权利。	**第一千一百零八条** 配偶一方死亡，另一方送养未成年子女的，死亡一方的父母有优先抚养的权利。
《收养法》 **第二十一条** 外国人依~~照本~~法可以在中华人民共和国收养子女。 外国人在中华人民共和国收养子女，应当经其所在国主管机关依照该国法律审查同意。收养人应当提供由其所在国有权机构出具的有关收养人的年龄、婚姻、职业、财产、健康、有无受过刑事处罚等状况的证明材料~~；该~~证明材料应当经其所在国外交机关或者外交机关授权的机构认证，并经中华人民共和国驻该国使领馆认证。该收养人应当与送养人订立书面协议，亲自向省级人民政府民政部门登记。	**第一千一百零九条** 外国人依法可以在中华人民共和国收养子女。 外国人在中华人民共和国收养子女，应当经其所在国主管机关依照该国法律审查同意。收养人应当提供由其所在国有权机构出具的有关其年龄、婚姻、职业、财产、健康、有无受过刑事处罚等状况的证明材料，**并**与送养人签订书面协议，亲自向省、自治区、直辖市人民政府民政部门登记。 **前款规定的**证明材料应当经收养人所在国外交机关或者外交机关授权的机构认证，并经中华人民共和国驻该国使领馆认证，**但是国家另有规定的除外**。

相关法律规定	民法典
~~收养关系当事人各方或者一方要求办理收养公证的，应当到国务院司法行政部门认定的具有办理涉外公证资格的公证机构办理收养公证~~。	
《收养法》 **第二十二条**　收养人、送养人要求保守收养秘密的，其他人应当尊重其意愿，不得泄露。	**第一千一百一十条**　收养人、送养人要求保守收养秘密的，其他人应当尊重其意愿，不得泄露。
	第二节　收养的效力
《婚姻法》 **第二十六条**　国家保护合法的收养关系。养父母和养子女间的权利和义务，适用本法对父母子女关系的有关规定。 养子女和生父母间的权利和义务，因收养关系的成立而消除。 《收养法》 **第二十三条**　自收养关系成立之日起，养父母与养子女间的权利义务关系，适用~~法律~~关于父母子女关系的规定；养子女与养父母的近亲属间的权利义务关系，适用~~法律~~关于子女与父母的近亲属关系的规定。 养子女与生父母及其他近亲属间的权利义务关系，因收养关系的成立而消除。	**第一千一百一十一条**　自收养关系成立之日起，养父母与养子女间的权利义务关系，适用**本法**关于父母子女关系的规定；养子女与养父母的近亲属间的权利义务关系，适用**本法**关于子女与父母的近亲属关系的规定。 养子女与生父母以及其他近亲属间的权利义务关系，因收养关系的成立而消除。
《收养法》 **第二十四条**　养子女可以随养父或者养母的姓，经当事人协商一致，也可以保留原姓。	**第一千一百一十二条**　养子女可以随养父或者养母的姓氏，经当事人协商一致，也可以保留原姓氏。
《收养法》 **第二十五条**　~~违反《中华人民共和国民法通则》第五十五条和本法~~规定的收养行为无法律效力。 收养行为被人民法院确认无效的，从行为开始时起就没有法律效力。	**第一千一百一十三条　有本法第一编关于民事法律行为无效规定情形或者违反本编**规定的收养行为无效。 无效的收养行为自始没有法律约束力。

相关法律规定	民法典
	第三节　收养关系的解除
《收养法》 **第二十六条**　收养人在被收养人成年以前，不得解除收养关系，但收养人、送养人双方协议解除的除外，养子女~~年满~~十周岁以上的，应当征得本人同意。 收养人不履行抚养义务，有虐待、遗弃等侵害未成年养子女合法权益行为的，送养人有权要求解除养父母与养子女间的收养关系。送养人、收养人不能达成解除收养关系协议的，可以向人民法院起诉。	**第一千一百一十四条**　收养人在被收养人成年以前，不得解除收养关系，但是收养人、送养人双方协议解除的除外。养子女八周岁以上的，应当征得本人同意。 收养人不履行抚养义务，有虐待、遗弃等侵害未成年养子女合法权益行为的，送养人有权要求解除养父母与养子女间的收养关系。送养人、收养人不能达成解除收养关系协议的，可以向人民法院提起诉讼。
《收养法》 **第二十七条**　养父母与成年养子女关系恶化、无法共同生活的，可以协议解除收养关系。不能达成协议的，可以向人民法院起诉。	**第一千一百一十五条**　养父母与成年养子女关系恶化、无法共同生活的，可以协议解除收养关系。不能达成协议的，可以向人民法院提起诉讼。
《收养法》 **第二十八条**　当事人协议解除收养关系的，应当到民政部门办理解除收养关系~~的~~登记。	**第一千一百一十六条**　当事人协议解除收养关系的，应当到民政部门办理解除收养关系登记。
《收养法》 **第二十九条**　收养关系解除后，养子女与养父母及其他近亲属间的权利义务关系即行消除，与生父母及其他近亲属间的权利义务关系自行恢复，但成年养子女与生父母及其他近亲属间的权利义务关系是否恢复，可以协商确定。	**第一千一百一十七条**　收养关系解除后，养子女与养父母以及其他近亲属间的权利义务关系即行消除，与生父母以及其他近亲属间的权利义务关系自行恢复。但是，成年养子女与生父母以及其他近亲属间的权利义务关系是否恢复，可以协商确定。
《收养法》 **第三十条**　收养关系解除后，经养父母抚养的成年养子女，对缺乏劳动能力又缺乏生活来源的养父母，应当给付生活费。因养子女成年后虐待、遗弃养父母而解除收养关系的，养父母可以要求养子女补偿收养期间支出的~~生活费和教育费~~。 生父母要求解除收养关系的，养父母可以要求生父母适当补偿收养期间支出的~~生活费和教育费~~，但因养父母虐待、遗弃养子女而解除收养关系的除外。	**第一千一百一十八条**　收养关系解除后，经养父母抚养的成年养子女，对缺乏劳动能力又缺乏生活来源的养父母，应当给付生活费。因养子女成年后虐待、遗弃养父母而解除收养关系的，养父母可以要求养子女补偿收养期间支出的**抚养费**。 生父母要求解除收养关系的，养父母可以要求生父母适当补偿收养期间支出的**抚养费**；但是，因养父母虐待、遗弃养子女而解除收养关系的除外。

相关法律规定	民法典
	第六编　继　承
	第一章　一般规定
《继承法》① **第一条**　根据《中华人民共和国宪法》规定，为保护公民的私有财产的继承权，制定本法。	**第一千一百一十九条　本编调整因继承产生的民事关系。**
第一条　~~根据《中华人民共和国宪法》规定，为~~保护公民~~的私有财产~~的继承权，~~制定本法~~。	**第一千一百二十条　国家**保护自然人的继承权。
第二条　继承从被继承人死亡时开始。 **《继承法解释》②** 2. 相互有继承关系的几个人在同一事件中死亡，如不能确定死亡先后时间的，推定没有继承人的人先死亡。~~死亡人各自~~都有继承人的，~~如几个死亡人~~辈分不同，推定长辈先死亡；~~几个死亡人~~辈分相同，推定同时死亡，彼此不发生继承~~，由他们各自的继承人分别继承~~。	**第一千一百二十一条**　继承从被继承人死亡时开始。 相互有继承关系的数人在同一事件中死亡，难以确定死亡时间的，推定没有**其他**继承人的人先死亡。都有**其他**继承人，辈份不同**的**，推定长辈先死亡；辈份相同**的**，推定同时死亡，相互不发生继承。
第三条　遗产是公民死亡时遗留的个人合法财产~~，包括：~~ ~~（一）公民的收入；~~ ~~（二）公民的房屋、储蓄和生活用品；~~ ~~（三）公民的林木、牲畜和家禽；~~ ~~（四）公民的文物、图书资料；~~ ~~（五）法律允许公民所有的生产资料；~~ ~~（六）公民的著作权、专利权中的财产权利；~~ ~~（七）公民的其他合法财产~~。	**第一千一百二十二条**　遗产是自然人死亡时遗留的个人合法财产。 **依照法律规定或者根据其性质不得继承的遗产，不得继承。**
第五条　继承开始后，按照法定继承办理；有遗嘱的，按照遗嘱继承或者遗赠办理；有遗赠扶养协议的，按照协议办理。	**第一千一百二十三条**　继承开始后，按照法定继承办理；有遗嘱的，按照遗嘱继承或者遗赠办理；有遗赠扶养协议的，按照协议办理。

① "第六编　继承"对照表左侧列中，没有特别标注法名的，内容为《继承法》条文。

② 《最高人民法院关于贯彻执行〈中华人民共和国继承法〉若干问题的意见》简称《继承法解释》。

相关法律规定	民法典
第二十五条 继承开始后，继承人放弃继承的，应当在遗产处理前，作出放弃继承的表示。没有表示的，视为接受继承。 受遗赠人应当在知道受遗赠后两个月内，作出接受或者放弃受遗赠的表示。到期没有表示的，视为放弃受遗赠。	**第一千一百二十四条** 继承开始后，继承人放弃继承的，应当在遗产处理前，**以书面形式**作出放弃继承的表示；没有表示的，视为接受继承。 受遗赠人应当在知道受遗赠后六十日内，作出接受或者放弃受遗赠的表示；到期没有表示的，视为放弃受遗赠。
第七条 继承人有下列行为之一的，丧失继承权： （一）故意杀害被继承人~~的~~； （二）为争夺遗产而杀害其他继承人~~的~~； （三）遗弃被继承人~~的~~，或者虐待被继承人情节严重~~的~~； （四）伪造、篡改或者销毁遗嘱，情节严重~~的~~。	**第一千一百二十五条** 继承人有下列行为之一的，丧失继承权： （一）故意杀害被继承人； （二）为争夺遗产而杀害其他继承人； （三）遗弃被继承人，或者虐待被继承人情节严重； （四）伪造、篡改、**隐匿**或者销毁遗嘱，情节严重； **（五）以欺诈、胁迫手段迫使或者妨碍被继承人设立、变更或者撤回遗嘱，情节严重。** **继承人有前款第三项至第五项行为，确有悔改表现，被继承人表示宽恕或者事后在遗嘱中将其列为继承人的，该继承人不丧失继承权。** **受遗赠人有本条第一款规定行为的，丧失受遗赠权。**
	第二章 法定继承
第九条 继承权男女平等。	**第一千一百二十六条** 继承权男女平等。
第十条 遗产按照下列顺序继承： 第一顺序：配偶、子女、父母。 第二顺序：兄弟姐妹、祖父母、外祖父母。 继承开始后，由第一顺序继承人继承，第二顺序继承人不继承。没有第一顺序继承人继承的，由第二顺序继承人继承。 本法所说~~的~~子女，包括婚生子女、非婚生子女、养子女和有扶养关系的继子女。 本法所说~~的~~父母，包括生父母、养父母和有扶养关系的继父母。	**第一千一百二十七条** 遗产按照下列顺序继承： **（一）**第一顺序：配偶、子女、父母； **（二）**第二顺序：兄弟姐妹、祖父母、外祖父母。 继承开始后，由第一顺序继承人继承，第二顺序继承人不继承；没有第一顺序继承人继承的，由第二顺序继承人继承。 本编所称子女，包括婚生子女、非婚生子女、养子女和有扶养关系的继子女。 本编所称父母，包括生父母、养父母和有扶养关系的继父母。

相关法律规定	民法典
本法所说~~的~~兄弟姐妹，包括同父母的兄弟姐妹、同父异母或者同母异父的兄弟姐妹、养兄弟姐妹、有扶养关系的继兄弟姐妹。	本编所称兄弟姐妹，包括同父母的兄弟姐妹、同父异母或者同母异父的兄弟姐妹、养兄弟姐妹、有扶养关系的继兄弟姐妹。
第十一条 被继承人的子女先于被继承人死亡的，由被继承人的子女的晚辈直系血亲代位继承。代位继承人一般只能继承~~他的父亲或者母亲~~有权继承的遗产份额。	**第一千一百二十八条** 被继承人的子女先于被继承人死亡的，由被继承人的子女的直系晚辈血亲代位继承。 **被继承人的兄弟姐妹先于被继承人死亡的，由被继承人的兄弟姐妹的子女代位继承。** 代位继承人一般只能继承**被代位继承人**有权继承的遗产份额。
第十二条 丧偶儿媳对公、婆，丧偶女婿对岳父、岳母，尽了主要赡养义务的，作为第一顺序继承人。	**第一千一百二十九条** 丧偶儿媳对公婆，丧偶女婿对岳父母，尽了主要赡养义务的，作为第一顺序继承人。
第十三条 同一顺序继承人继承遗产的份额，一般应当均等。 对生活有特殊困难的缺乏劳动能力的继承人，分配遗产时，应当予以照顾。 对被继承人尽了主要扶养义务或者与被继承人共同生活的继承人，分配遗产时，可以多分。 有扶养能力和有扶养条件的继承人，不尽扶养义务的，分配遗产时，应当不分或者少分。 继承人协商同意的，也可以不均等。	**第一千一百三十条** 同一顺序继承人继承遗产的份额，一般应当均等。 对生活有特殊困难又缺乏劳动能力的继承人，分配遗产时，应当予以照顾。 对被继承人尽了主要扶养义务或者与被继承人共同生活的继承人，分配遗产时，可以多分。 有扶养能力和有扶养条件的继承人，不尽扶养义务的，分配遗产时，应当不分或者少分。 继承人协商同意的，也可以不均等。
第十四条 对继承人以外的依靠被继承人扶养~~的缺乏劳动能力又没有生活来源~~的人，或者继承人以外的对被继承人扶养较多的人，可以分给~~他们~~适当的遗产。	**第一千一百三十一条** 对继承人以外的依靠被继承人扶养的人，或者继承人以外的对被继承人扶养较多的人，可以分给适当的遗产。
第十五条 继承人应当本着互谅互让、和睦团结的精神，协商处理继承问题。遗产分割的时间、办法和份额，由继承人协商确定。协商不成的，可以由人民调解委员会调解或者向人民法院提起诉讼。	**第一千一百三十二条** 继承人应当本着互谅互让、和睦团结的精神，协商处理继承问题。遗产分割的时间、办法和份额，由继承人协商确定；协商不成的，可以由人民调解委员会调解或者向人民法院提起诉讼。

相关法律规定	民法典
	第三章 遗嘱继承和遗赠
第十六条 公民可以依照本法规定立遗嘱处分个人财产，并可以指定遗嘱执行人。 公民可以立遗嘱将个人财产指定由法定继承人的一人或者数人继承。 公民可以立遗嘱将个人财产赠给国家、集体或者法定继承人以外的人。	**第一千一百三十三条** 自然人可以依照本法规定立遗嘱处分个人财产，并可以指定遗嘱执行人。 自然人可以立遗嘱将个人财产指定由法定继承人**中**的一人或者数人继承。 自然人可以立遗嘱将个人财产赠与国家、集体或者法定继承人以外的**组织、**个人。 **自然人可以依法设立遗嘱信托。**
第十七条第二款 自书遗嘱由遗嘱人亲笔书写，签名，注明年、月、日。	**第一千一百三十四条** 自书遗嘱由遗嘱人亲笔书写，签名，注明年、月、日。
第十七条第三款 代书遗嘱应当有两个以上见证人在场见证，由其中一人代书，注明年、月、日，并由代书人、其他见证人和遗嘱人签名。	**第一千一百三十五条** 代书遗嘱应当有两个以上见证人在场见证，由其中一人代书，并由遗嘱人、代书人和其他见证人签名，注明年、月、日。
	第一千一百三十六条 打印遗嘱应当有两个以上见证人在场见证。遗嘱人和见证人应当在遗嘱每一页签名，注明年、月、日。
第十七条第四款 以录音形式立的遗嘱，应当有两个以上见证人在场见证。	**第一千一百三十七条** 以录音**录像**形式立的遗嘱，应当有两个以上见证人在场见证。**遗嘱人和见证人应当在录音录像中记录其姓名或者肖像，以及年、月、日。**
第十七条第五款 遗嘱人在危急情况下，可以立口头遗嘱。口头遗嘱应当有两个以上见证人在场见证。危急情况解除后，遗嘱人能够用书面或者录音形式立遗嘱的，所立的口头遗嘱无效。	**第一千一百三十八条** 遗嘱人在危急情况下，可以立口头遗嘱。口头遗嘱应当有两个以上见证人在场见证。危急情况消除后，遗嘱人能够以书面或者录音**录像**形式立遗嘱的，所立的口头遗嘱无效。
第十七条第一款 公证遗嘱由遗嘱人经公证机关办理。	**第一千一百三十九条** 公证遗嘱由遗嘱人经公证机构办理。
第十八条 下列人员不能作为遗嘱见证人： （一）无行为能力人、限制行为能力人； （二）继承人、受遗赠人； （三）与继承人、受遗赠人有利害关系的人。	**第一千一百四十条** 下列人员不能作为遗嘱见证人： （一）无**民事**行为能力人、限制**民事**行为能力人**以及其他不具有见证能力的人**； （二）继承人、受遗赠人； （三）与继承人、受遗赠人有利害关系的人。

相关法律规定	民法典
第十九条 遗嘱应当对缺乏劳动能力又没有生活来源的继承人保留必要的遗产份额。	**第一千一百四十一条** 遗嘱应当为缺乏劳动能力又没有生活来源的继承人保留必要的遗产份额。
第二十条 遗嘱人可以撤销、变更自己所立的遗嘱。 立有数份遗嘱，内容相抵触的，以最后的遗嘱为准。 ~~自书、代书、录音、口头遗嘱，不得撤销、变更公证遗嘱。~~	**第一千一百四十二条** 遗嘱人可以撤回、变更自己所立的遗嘱。 **立遗嘱后，遗嘱人实施与遗嘱内容相反的民事法律行为的，视为对遗嘱相关内容的撤回。** 立有数份遗嘱，内容相抵触的，以最后的遗嘱为准。
第二十二条 无行为能力人或者限制行为能力人所立的遗嘱无效。 遗嘱必须表示遗嘱人的真实意思，受胁迫、欺骗所立的遗嘱无效。 伪造的遗嘱无效。 遗嘱被篡改的，篡改的内容无效。	**第一千一百四十三条** 无**民事**行为能力人或者限制**民事**行为能力人所立的遗嘱无效。 遗嘱必须表示遗嘱人的真实意思，受欺诈、胁迫所立的遗嘱无效。 伪造的遗嘱无效。 遗嘱被篡改的，篡改的内容无效。
第二十一条 遗嘱继承或者遗赠附有义务的，继承人或者受遗赠人应当履行义务。没有正当理由不履行义务的，经有关单位或者个人请求，人民法院可以取消他接受遗产的权利。	**第一千一百四十四条** 遗嘱继承或者遗赠附有义务的，继承人或者受遗赠人应当履行义务。没有正当理由不履行义务的，经利害关系人或者有关组织请求，人民法院可以取消其接受附义务部分遗产的权利。
	第四章　遗产的处理
	第一千一百四十五条　继承开始后，遗嘱执行人为遗产管理人；没有遗嘱执行人的，继承人应当及时推选遗产管理人；继承人未推选的，由继承人共同担任遗产管理人；没有继承人或者继承人均放弃继承的，由被继承人生前住所地的民政部门或者村民委员会担任遗产管理人。
	第一千一百四十六条　对遗产管理人的确定有争议的，利害关系人可以向人民法院申请指定遗产管理人。
	第一千一百四十七条　遗产管理人应当履行下列职责：

相关法律规定	民法典
	（一）清理遗产并制作遗产清单； **（二）向继承人报告遗产情况；** **（三）采取必要措施防止遗产毁损、灭失；** **（四）处理被继承人的债权债务；** **（五）按照遗嘱或者依照法律规定分割遗产；** **（六）实施与管理遗产有关的其他必要行为。**
	第一千一百四十八条　遗产管理人应当依法履行职责，因故意或者重大过失造成继承人、受遗赠人、债权人损害的，应当承担民事责任。
	第一千一百四十九条　遗产管理人可以依照法律规定或者按照约定获得报酬。
第二十三条　继承开始后，知道被继承人死亡的继承人应当及时通知其他继承人和遗嘱执行人。继承人中无人知道被继承人死亡或者知道被继承人死亡而不能通知的，由被继承人生前所在单位或者住所地的居民委员会、村民委员会负责通知。	**第一千一百五十条**　继承开始后，知道被继承人死亡的继承人应当及时通知其他继承人和遗嘱执行人。继承人中无人知道被继承人死亡或者知道被继承人死亡而不能通知的，由被继承人生前所在单位或者住所地的居民委员会、村民委员会负责通知。
第二十四条　存有遗产的人，应当妥善保管遗产，任何人不得侵吞或者争抢。	**第一千一百五十一条**　存有遗产的人，应当妥善保管遗产，任何**组织或者**个人不得侵吞或者争抢。
《继承法解释》 52. 继承开始后，继承人没有表示放弃继承，并于遗产分割前死亡的，其继承遗产的权利转移给他的~~合法~~继承人。	**第一千一百五十二条**　继承开始后，继承人于遗产分割前死亡，并没有放弃继承的，该继承人应当继承的遗产转给其继承人，**但是遗嘱另有安排的除外**。
第二十六条　夫妻~~在婚姻关系存续期间所得的~~共同所有的财产，除有约定的以外，如果分割遗产，应当先将共同所有的财产的一半分出为配偶所有，其余的为被继承人的遗产。 遗产在家庭共有财产之中的，遗产分割时，应当先分出他人的财产。	**第一千一百五十三条**　夫妻共同所有的财产，除有约定的外，遗产分割时，应当先将共同所有的财产的一半分出为配偶所有，其余的为被继承人的遗产。 遗产在家庭共有财产之中的，遗产分割时，应当先分出他人的财产。

相关法律规定	民法典
第二十七条 有下列情形之一的，遗产中的有关部分按照法定继承办理： （一）遗嘱继承人放弃继承或者受遗赠人放弃受遗赠~~的~~； （二）遗嘱继承人丧失继承权~~的~~； （三）遗嘱继承人、受遗赠人先于遗嘱人死亡~~的~~； （四）遗嘱无效部分所涉及的遗产； （五）遗嘱未处分的遗产。	**第一千一百五十四条** 有下列情形之一的，遗产中的有关部分按照法定继承办理： （一）遗嘱继承人放弃继承或者受遗赠人放弃受遗赠； （二）遗嘱继承人丧失继承权**或者受遗赠人丧失受遗赠权**； （三）遗嘱继承人、受遗赠人先于遗嘱人死亡**或者终止**； （四）遗嘱无效部分所涉及的遗产； （五）遗嘱未处分的遗产。
第二十八条 遗产分割时，应当保留胎儿的继承份额。胎儿<u>出生</u>时是死体的，保留的份额按照法定继承办理。	**第一千一百五十五条** 遗产分割时，应当保留胎儿的继承份额。胎儿<u>娩出</u>时是死体的，保留的份额按照法定继承办理。
第二十九条 遗产分割应当有利于生产和生活需要，不损害遗产的效用。 不宜分割的遗产，可以采取折价、适当补偿或者共有等方法处理。	**第一千一百五十六条** 遗产分割应当有利于生产和生活需要，不损害遗产的效用。 不宜分割的遗产，可以采取折价、适当补偿或者共有等方法处理。
第三十条 夫妻一方死亡后另一方再婚的，有权处分所继承的财产，任何人不得干涉。	**第一千一百五十七条** 夫妻一方死亡后另一方再婚的，有权处分所继承的财产，任何**组织或者个**人不得干涉。
第三十一条 <u>公民</u>可以与<u>扶养人</u>签订遗赠扶养协议。按照协议，<u>扶养人</u>承担该<u>公民</u>生养死葬的义务，享有受遗赠的权利。 ~~公民可以与集体所有制组织签订遗赠扶养协议。按照协议，集体所有制组织承担该公民生养死葬的义务，享有受遗赠的权利。~~	**第一千一百五十八条** <u>自然人</u>可以与<u>继承人以外的组织或者个人</u>签订遗赠扶养协议。按照协议，<u>该组织或者个人</u>承担该<u>自然人</u>生养死葬的义务，享有受遗赠的权利。
《继承法解释》 61. ~~继承人中有~~缺乏劳动能力又没有生活来源的~~人，即使遗产不足清偿债务，也应为其~~保留<u>适当</u>遗产~~，然后再按继承法第三十三条和民事诉讼法第一百八十条的规定清偿债务~~。	**第一千一百五十九条 分割遗产，应当清偿被继承人依法应当缴纳的税款和债务；但是，应当为**缺乏劳动能力又没有生活来源的**继承人**保留<u>必要</u>的遗产。
第三十二条 无人继承又无人受遗赠的遗产，归国家所有；死者生前是集体所有制组织成员的，归所在集体所有制组织所有。	**第一千一百六十条** 无人继承又无人受遗赠的遗产，归国家所有，**用于公益事业**；死者生前是集体所有制组织成员的，归所在集体所有制组织所有。

相关法律规定	民法典
第三十三条 继承遗产应当清偿被继承人依法应当缴纳的税款和债务，缴纳税款和清偿债务以他的遗产实际价值为限。超过遗产实际价值部分，继承人自愿偿还的不在此限。 继承人放弃继承的，对被继承人依法应当缴纳的税款和债务可以不负偿还责任。	**第一千一百六十一条** **继承人以所得遗产实际价值为限**清偿被继承人依法应当缴纳的税款和债务。超过遗产实际价值部分，继承人自愿偿还的不在此限。 继承人放弃继承的，对被继承人依法应当缴纳的税款和债务可以不负清偿责任。
第三十四条 执行遗赠不得妨碍清偿遗赠人依法应当缴纳的税款和债务。	**第一千一百六十二条** 执行遗赠不得妨碍清偿遗赠人依法应当缴纳的税款和债务。
《继承法解释》 62. 遗产已被分割而未清偿债务时，如有法定继承又有遗嘱继承和遗赠的，首先由法定继承人用其所得遗产清偿债务；不足清偿时，剩余的债务由遗嘱继承人和受遗赠人按比例用所得遗产偿还；如果只有遗嘱继承和遗赠的，由遗嘱继承人和受遗赠人按比例用所得遗产偿还。	**第一千一百六十三条** 既有法定继承又有遗嘱继承、遗赠的，由法定继承人清偿**被继承人依法应当缴纳的税款和**债务；超过法定继承遗产实际价值部分，由遗嘱继承人和受遗赠人按比例以所得遗产清偿。

图书在版编目（CIP）数据

华南地区婚姻继承典型案例评析 / 广州市律师协会编 . —北京：中国法制出版社，2020. 8
（广州律师业务研究丛书）
ISBN 978 -7 -5216 -1179 -3

Ⅰ. ①华… Ⅱ. ①广… Ⅲ. ①婚姻法 - 案例 - 华南地区②继承法 - 案例 - 华南地区 Ⅳ. ①D923. 05

中国版本图书馆 CIP 数据核字（2020）第 116837 号

责任编辑：戴蕊（dora6322@ sina. com）　朱自文　　封面设计：杨泽江

华南地区婚姻继承典型案例评析
HUANAN DIQU HUNYIN JICHENG DIANXING ANLI PINGXI

编者/广州市律师协会
经销/新华书店
印刷/三河市紫恒印装有限公司
开本/710 毫米 ×1000 毫米　16 开　　印张/ 21. 75　字数/ 269 千
版次/2020 年 8 月第 1 版　　2020 年 8 月第 1 次印刷

中国法制出版社出版
书号 ISBN 978 -7 -5216 -1179 -3　　定价：88. 00 元

北京西单横二条 2 号
邮政编码 100031　　传真：010 -66031119
网址：http：//www. zgfzs. com　　编辑部电话：010 -66010406
市场营销部电话：010 -66033393　　邮购部电话：010 -66033288

（如有印装质量问题，请与本社印务部联系调换。电话：010 -66032926）